JN095425

ワンステップ民法

［第2版］

宮本健蔵 編著

明石真昭/西牧正義/齋田　統/益井公司/松田佳久
甲斐好文/大木　満/武田政明/森田悦史 著

嵯峨野書院

は　し　が　き

　人々の生活は何事もなく平穏に一日が過ぎるのが通常であり，そこでは特に法律が意識されることはない。しかし，購入した食材による食中毒やアルバイト先での怪我，暴走自転車との衝突など，何らかの事故が発生すると，たちまち法律の世界に引き込まれることになる。このような場合に，紛争解決の手がかりとなるのが民法である。親が認知症になった場合の財産管理や死亡した場合の相続なども同様である。

　このように民法は我々の日常生活に最も密着した法律の一つである。しかし，これを理解するには相当の努力を要する。その主たる要因は法規範の抽象性や民法典の論理的な体系構成（物権と債権，総則と各論），さらには難解な専門用語などにあるといえよう。

　本書は，とりわけ民法を初めて学ぶときは，民法典の構成にとらわれずに，もっとも身近な取引類型である「売買」から出発し，これとの関連で民法の各種の制度を横断的に見ていくことが法との距離感なしに学修できる最も合理的な方法ではないかと考えた。そこで，売買契約を念頭に置きながら，取引の展開過程に応じて，契約の締結，契約に基づく権利と義務，所有権と占有権，債権の担保など取引一般に共通する事柄を順を追って解説した。その上で，売買以外の契約類型や不法行為，親族法や相続法などを含めて民法の全体像を示した。

　また，各章の冒頭で［相談内容］という形で典型的な紛争事例を提示して，民法の規律をより具体的に理解し，かつ法的な問題を主体的に考察できるように試みた。そして，各章の末尾に［相談に対する回答］を載せた。これらが単に法知識の確認にとどまらず，さらに「法の適用による紛争解決」の醍醐味を味わう契機となれば幸いである。

　なお，本書の刊行にあたっては，執筆者各位はもちろん，嵯峨野書院編集部の中江俊治氏に大変お世話になった。心から感謝申し上げたい。

2022年2月吉日

編著者　宮本　健蔵

［第2版］はしがき

　本書（初版）の公刊後の大きな法改正としては，親子法制の見直し法案の成立があげられる。これは主として近時社会の耳目を集めている二つの社会問題の解消に向けられたものである。その一つは児童虐待である。躾と称して食事を与えないとか，ベランダに長時間立たせる，風呂場で冷水を浴びせるなどして幼い命が奪われる悲惨な事案が後を絶たない。他の一つは，無戸籍児の存在である。DVなどが原因で別居し事実上の離婚状態にある女性が新しいパートナーとの間に子を授かった場合には，この子を血縁上の父である現在のパートナーを親として届けることはできない。離婚が正式に成立していないときはもちろん，たとえ前夫との離婚が成立していたとしても離婚成立後300日以内に生まれた子は前夫の子と推定されるからである。そのため自分の子どもを前夫の子とするわけにもいかず，無戸籍の子とするしかないという状況が生じた。このような無戸籍児は義務教育を受けることさえ困難であり，健康保険証を持つことができないために医療費の全額自己負担，健康診断や予防注射といった行政サービスも受けられない。さらには運転免許やパスポートの取得，銀行口座の開設や携帯電話の契約ができないなど多くの障害に直面し，通常の日常生活をまともに送ることさえ難しい状況にある。

　そこで，親の懲戒権に関する規定等を見直すとともに，嫡出推定制度に関する規定等の見直しが行われた。改正法は令和4年12月16日に公布，施行日は令和5年4月21日の閣議決定により令和6年4月1日と定められた（ただし，懲戒権に関する規定等については即日施行）。

　この法改正は内容的に大きな変更を伴うために，本書では第2版としてこれを反映させることにした。また，全般にわたり記述の見直しなどを適宜行った。

　執筆者各位および嵯峨野書院編集部の中江俊治氏のご尽力に深く感謝したい。

2023年6月吉日

編著者　宮本　健蔵

目　　次

略　語　表

【法令名】

条文数のみ	民法
憲	日本国憲法
一般法人	一般社団法人及び一般財団法人に関する法律
恩給	恩給法
会社	会社法
家事	家事事件手続法
仮登	仮登記担保契約に関する法律
建設	建設業法
公益法人	公益社団法人及び公益財団法人の認定等に関する法律
国年	国民年金法
戸	戸籍法
国賠	国家賠償法
自賠	自動車損害賠償保障法
自動車運転致死傷	自動車の運転により人を死傷させる行為等の処罰に関する法律
児福	児童福祉法
借地借家	借地借家法
出資	出資の受入れ，預り金及び金利等の取締りに関する法律
消費契約	消費者契約法
人訴	人事訴訟法
生活保護	生活保護法
製造物	製造物責任法
建物区分	建物の区分所有等に関する法律
通貨	通貨の単位及び貨幣の発行等に関する法律
動産債権譲渡特	動産及び債権の譲渡の対抗要件に関する民法の特例等に関する法律
道交	道路交通法
農地	農地法
不登	不動産登記法
民執	民事執行法
民訴	民事訴訟法
利息	利息制限法
立木	立木ニ関スル法律
労基	労働基準法
労契	労働契約法

【判例】

大（連）判	大審院（連合部）判決
大（連）決	大審院（連合部）決定
最（大）判	最高裁判所（大法廷）判決
最（大）決	最高裁判所（大法廷）決定
高判	高等裁判所判決
高決	高等裁判所決定
地判	地方裁判所判決
支判	支部判決
家審	家庭裁判所審判

【雑誌名】

民（刑）録	大審院民（刑）事判決録
判決全集	大審院判決全集
民（刑）集	最高裁判所民（刑）事判例集
下民集	下級裁判所民事裁判例集
家月	家庭裁判所月報
金法	旬刊金融法務事情
訟月	訟務月報
新聞	法律新聞
判時	判例時報
判タ	判例タイムズ
法学	法学

執 筆 者 一 覧

（執筆順，＊印編者）

＊宮 本 健 蔵（法政大学名誉教授）　　　　　　　　　　第 1 章，第 3 章

　明 石 真 昭（宮崎産業経営大学法学部准教授）　　　　第 2 章

　西 牧 正 義（岩手大学人文社会科学部准教授）　　　　第 4 章

　齋 田　　統（跡見学園女子大学マネジメント学部教授）　第 5 章

　益 井 公 司（白鴎大学法学部教授）　　　　　　　　　第 6 章

　松 田 佳 久（創価大学法学部教授）　　　　　　　　　第 7 章

　甲 斐 好 文（熊本学園大学経済学部准教授）　　　　　第 8 章

　大 木　　満（明治学院大学法学部教授）　　　　　　　第 9 章

　武 田 政 明（元明治大学情報コミュニケーション学部准教授）　第10章

　森 田 悦 史（国士舘大学法学部教授）　　　　　　　　第11章

第1章
民法典とその構成

第1節 民法典

1 民法の意味

　法とは人間の社会生活を規律する規範である。人間の社会生活は，大きく2つに分けられる。1つは，国家を構成・維持しまたは直接にその保護を受ける生活関係であり，これを規律する法律が**公法**である。憲法や刑法，行政法，訴訟法などがそうである。他の1つは，国家とは直接に関係しない私人としての生活関係が存在するが，この生活関係を規律する法律をまとめて**私法**という。

　私法の領域で中核をなす法律が**民法**と**商法**である。民法はその適用領域に限定はないが，商法はもっぱら「商事」関係に適用される。つまり，民法は私人としての生活関係を規律する**一般法**であるのに対して，商法はこれの**特別法**の関係に立つ。商事に関しては，まず商法が優先的に適用されるが，商法に定めのない事項については，民法の規定による（**特別法は一般法に優先する**）。

　私人としての生活関係を規律する一般法を民法というのであるから，この意味では，借地借家法，利息制限法，製造物責任法なども民法に含まれる（**実質的意味での民法**）。しかし，民法といえば，通常は，法律名として「民法」という名称が付された明治31年7月16日施行の法律を意味する（**形式的意味での民法**）。

2 民法典の編纂

　明治政府は，明治維新直後から，民法典の編纂に力を注いだ。その主たる理由は安政の不平等条約を改正するために法典の整備を必要としたことにあるが，法律が地域によって異なるという事態を解消し，これを統一化するためにも，統一的な法典の整備が必要とされた。

　(1)　民法典の編纂事業は，当初，江藤新平を中心に進められた。すなわち，明治３年，太政官制度局において，江藤を長として民法典の編纂が開始された。江藤は箕作麟祥にフランス民法の翻訳を命じ，民法編纂会議でこれを検討した。明治４年に左院が設置され，制度局はこれに吸収された。左院の副議長となった江藤は，左院に民法会議を設けて民法編纂事業を継続した。翌明治５年，江藤が司法卿になると，民法会議は司法省で行われることになった。江藤は法典を早期に完成させることを第一とした。このことは，箕作麟祥にフランス民法の翻訳を命じた際に「誤訳も可なり。ただ速訳せよ」と言ったことからも明らかである。しかし，その作業は民法仮法則身分証書88箇条の草案を完成させるにとどまった。

　(2)　明治６年，大木喬任が江藤に代わって司法卿となり，編纂事業は彼に引き継がれた。しかし，２年余りの間は，国家的重大事件の続発などにより，具体的な進展はなかった。明治９年６月，大木は箕作麟祥に民法編纂を命じた。箕作は，明治10年９月に草案第１編「人事」，第２編「財産及ヒ財産所有権ノ種類」の２編を完成させた。

　そして，明治11年１月に第３編「財産所有権ヲ得ル方法」総則および第３巻「契約」，第４巻「契約無クシテ生スル義務」が，明治11年４月に残りの第３編第１巻「財産相続」，第２巻「贈遺」，第５巻「婚姻ノ契約」ないし第18巻「期満得免」が完成し，民法編纂事業はひとまず完了した。この11年草案はフランス民法典をほぼ直訳したものであるが，明治12年，審議の結果，廃案となった。

　(3)　そこで，明治13年，大木はボアソナードに民法典草案の起草を委嘱した。ボアソナードはパリ大学准教授であったが，政府の招請により明治６年11月15

日に来日し，司法省法律顧問および司法省明法寮（後の司法省法学校）の教師を勤めていた。彼は財産法の部分を担当し，家族法の部分は熊野敏三や磯部四郎などの日本人委員が起草にあたった。編纂の主体は，元老院民法編纂局から司法省民法編纂委員会，外務省法律取調委員会，さらに司法省法律取調委員会へと変わったが，司法大臣山田顕義を委員長とする司法省法律取調委員会において，明治21年12月にボアソナードの担当部分の全部，明治23年4月に日本人委員担当部分の審議が完了し，内閣総理大臣に提出された。

　そして，元老院と枢密院の審議を経て，明治23年4月21日に前者が法律第28号として，続いて同年10月7日に後者が法律第98号として公布された。施行はいずれも明治26年1月1日と定められた。これが**旧民法**と呼ばれるものであり，人事編，財産編，財産取得編，債権担保編，証拠編の5編，1760条余の大法典である。

　ところが，公布に先立つ明治22年5月に「法典編纂ニ関スル法学士会ノ意見」が公表され，これを契機として延期派と断行派の争いが始まった。明治24年の「民法出でて忠孝亡ぶ」と題する穂積八束の論文はこの論争を大いに刺激し，民法典論争は明治25年にピークに達した。

　この論争は，イギリス法派対フランス法派，封建的家族主義派対ブルジョア民主主義派の対立の側面を有していた。ついに，明治25年の第3回帝国議会で「民法商法施行延期法律案」が可決され，民法典の施行はその修正のために明治29年12月31日まで延期された。

　(4)　政府は明治26年に法典調査会を設置し，総裁には首相の伊藤博文，副総裁には西園寺公望が就任した。そして，穂積陳重，富井政章，梅謙次郎が起草委員，仁井田益太郎，松波仁一郎，仁保亀松が起草補助委員に任命された。起草委員3名は，当初，小田原にある伊藤博文の別荘滄浪閣に籠もったが，明治26年の秋以降の起草は主として東京で行われた。

　明治27年に審査組織の簡略化が行われ，法典調査委員会の審議を経ればよいことになった。新機構による第1回調査会は明治27年4月6日に開かれ，以後4日毎に開会された。そして，明治28年10月10日の第123回調査会で総則編，

物権編，債権編の審議が終了し，明治29年1月の第9回帝国議会に提出され，若干の修正を経た後，同年4月27日に法律第89号として公布された。親族編相続編の修正が間に合わないために，旧民法の施行がさらに1年半延期された。親族編相続編の審議は明治28年10月14日の第124回調査会から始められ，明治29年12月16日の第202回調査会（閉会午後6時20分）をもって終了した。整理会での整理を経て，修正案親族編相続編は明治31年5月の第12回帝国議会に提出され，同年6月21日，法律第9号として公布された。その施行は，いずれも明治31年7月16日であった。30年間に及ぶ民法典編纂の大事業はここに達成されたのである。

　旧民法典と異なる点としては，①法典の体裁は総則，物権，債権，親族，相続の5編に分ける**パンデクテン方式**を採用したこと，②法人や法律行為など，フランス民法典にはないが，ドイツ民法典にある制度を導入したこと，③定義や民法の大原則，分類などの規定をほとんど削除したことなどがあげられる。

　親族編と相続編は第二次世界大戦後に全面改正された。その後，主に次のような改正がなされた。すなわち，①昭和46年　根抵当権の規定の追加。②平成11年　成年後見制度の導入。③平成15年　担保物権の一部改正（短期賃貸借制度の廃止など）。④平成16年　民法の条文表記の現代語化および根保証関連の改正。⑤平成20年　民法の法人制度の改革。⑥平成29年　民法（債権関係）の改正。⑦平成30年　成年年齢の引下げ，および相続法の改正（配偶者居住権・遺留分制度の見直しなど）。⑧令和3年　所有者不明土地問題に関連して，相隣関係や共有物の変更・管理，遺産分割に関する規定の改正，および所有者不明土地・建物管理制度の創設（なお，同時に，相続登記の申請義務化などの不動産登記法の改正，および相続土地国庫帰属法の制定）。⑨令和4年　親子法制の改正（懲戒権や嫡出推定，嫡出否認，認知無効の訴え等の見直し）がそうである。

第2節　民法典の構成

　民法は私人としての生活関係を規律する法律である。このような私人として

の生活関係は，取引を中心とする**財産関係**と血縁を中心とする**家族関係**から成り立つ。

1　財　産　関　係

1　物権と債権

　財産関係は**私的所有**と**交換**を特徴とする資本主義の下で，次のように規律される。まず第1に，私的所有は，法的には，ある人（A）がある物に対して所有する権利（所有権）を有すると表現される。ここで，人が物に対して有する権利すなわち**物権**が観念される。所有者は自己の所有物を自由に利用できる。他の者がこの物を奪いあるいは利用を妨げる場合には，所有権の効力として，所有者は返還あるいは妨害の排除を請求することができる。このように所有権（物権）は強く保護されている（**所有権絶対の原則＝個人財産権絶対の原則**）。

　そこで，BがAの物を取得（交換）しようとする場合には，Aの意思に基づいて所有権の移転を受ける必要がある。つまり，所有権の移転は，AとBの意思の合致すなわち**契約**によって行わなければならない。契約が締結されると，物の引渡しを求める請求権がBに，代金請求権がAに生ずる。ここで，ある特定の人が他の特定の人に対して一定の行為を請求しうる権利すなわち**債権**が観念される。契約を締結するか否か，契約内容をどのように定めるかは，当事者の自由に任される（**私的自治の原則＝契約自由の原則**）。

　法秩序の下では，他人に損害を与えることは許されない。物を破壊して所有

[図表 1-1]　**財産法の体系**

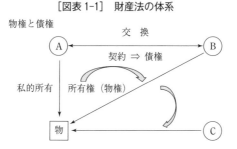

者に損害を与えたり，逆に，所有者が物の利用を通して他人に損害を与えたような場合には，損害を賠償する責任が生ずる（**不法行為責任**）。また，約束（契約）に違反して損害を生じさせた場合には，これを賠償しなければならない（**債務不履行責任**）。もっとも，常に賠償責任が生ずるのではなく，損害を与えた者に過失や帰責事由がある場合に限られる（**過失責任の原則**）。

2　財産法の構成

　財産関係はこのように物権と債権という2つの権利概念によって構成される。権利を中心とする法体系の下では，権利の主体（人），権利の客体（物），権利の変動（法律行為，時効）が共通して問題となる。そこで，民法典は，パンデクテン方式に従い，これらを第一編**総則**として規定した。第二編**物権**では，所有権以外に，占有権，用益物権（地上権，永小作権，地役権，入会権）および担保

［図表1-2］　民法典の構成

```
第一編　総則（1条〜174条）
    第一章　通則 ┐
    第二章　人  │
    第三章　法人 │
    第四章　物  ├─民法総則 ┐
    第五章　法律行為│       │
    第六章　期間の計算│      │
    第七章　時効 ┘          │
第二編　物権（175条〜398条の22）  │
    第一章　総則 ┐          ├─財産法
    第二章　占有権│          │
    第三章　所有権│          │
    第四章　地上権│          │
    第五章　永小作権├─物権法   │
    第六章　地役権│          │
    第七章　留置権│          │
    第八章　先取特権│         │
    第九章　質権 │          │
    第十章　抵当権┘          │
第三編　債権（399条〜724条の2）  │
    第一章　総則 ┐          │
    第二章　契約 │          │
    第三章　事務管理├─債権法  ┘
    第四章　不当利得│
    第五章　不法行為┘

第四編　親族（725条〜881条）
    第一章　総則 ┐
    第二章　婚姻 │
    第三章　親子 │
    第四章　親権 ├─親族法 ┐
    第五章　後見 │       │
    第六章　保佐及び補助│   │
    第七章　扶養 ┘       │
第五編　相続（882条〜1050条）  ├─家族法
    第一章　総則 ┐         │
    第二章　相続人│         │
    第三章　相続の効力│       │
    第四章　相続の承認及び放棄│  │
    第五章　財産分離├─相続法  ┘
    第六章　相続人の不存在│
    第七章　遺言 │
    第八章　配偶者の居住の権利│
    第九章　遺留分│
    第十章　特別の寄与┘
```

物権（留置権，先取特権，質権，抵当権）が規定されるとともに，物権に共通する事柄を第一章総則で定めている。第三編**債権**では，債権の発生原因に応じて，契約，事務管理，不当利得および不法行為を規定するとともに，債権に共通する事項を第一章総則として規定する。

2 家 族 関 係

血縁を中心とする家族関係についてみると，現在の家族関係は夫婦・親子という強い結合関係が中心であり，これをとりまく親族的集団との関係は家制度と異なって比較的弱い。このような夫婦間・親子間の権利・義務などを規律するのが**親族法**であり，第四編で規定される。また，親族的集団の生存の基礎としての財産は原則的には親の死亡によって子に承継されるが，このような財産の承継を規律するのが**相続法**である。民法典はこれを第五編で規定する。

第3節 物権と債権

I 定 義

財産法は物権と債権という基本的な2つの権利概念によって構成される。**物権**は一般的には「ある特定の物を直接的に支配しうる権利」として定義される。物を支配するというのは，特定の物から一定の利益を享受することをいう。たとえば，所有者は自己の所有物を自由に使用し，またはこれを他人に賃貸するなどして収益することも，他人に売却するなどの処分をなすこともできる。このように特定の物を使用・収益・処分しうることが物の支配の具体的な内容である。

これに対して，**債権**は「ある特定の者が他の特定の者に対して一定の行為をなすべきことを請求しうる権利」と定義される。これに対応して，「他の特定の者はある特定の者に対して一定の行為をなすべき義務を負う」ことになる。これを**債務**という。このように債権と債務は1個のコインの表と裏の関係と同

じような対概念である。債権を有する者を**債権者**，債務を負う者を**債務者**という。請求しうる対象すなわち**債権の客体**（債権の目的）は債務者の「一定の行為」であり，この債務者のなすべき「行為」を**給付**という。そうすると，上記の債権の定義は「債権者が債務者に対して一定の給付を請求しうる権利」と書き表すことができる（**給付請求権**）。

　たとえば，AB 間である家屋の贈与契約が締結された場合，受贈者Bは贈与者Aに対して家屋を引き渡すべきことを請求しうる権利（債権）を取得する。これに対応して，贈与者Aは受贈者Bに対して家屋を引き渡すべき義務（債務）を負う。したがって，受贈者Bが債権者，贈与者Aが債務者となる。

　CD 間で売買契約が締結された場合には，買主Dは建物引渡請求権を取得し，売主Cは代金請求権を取得する。建物引渡請求権に関しては，Dが債権者，Cが債務者となり，代金請求権に関しては，逆に，Dが債務者，Cが債権者となる。もっとも，ここでは建物の取得が契約の主たる目的であり，代金はこれの対価に過ぎないから，売買契約において債権者といえば通常は買主を意味することが多い（536条参照）。

[図表 1-3]　贈与と売買

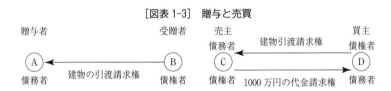

　債務者が給付をなすことを**債務の履行**という。これによって，債権・債務は消滅する。これに対して，債務者が給付しないかあるいは不完全な給付をした場合を**債務の不履行**という。債務不履行は不履行の原因と態様に応じて，次のような類型に分かれる。

　(a)　**履行遅滞**　履行自体は可能であるが，履行すべき時（履行期）に履行しない場合をいう。

　(b)　**履行不能**　目的物が地震や火災などによって滅失した場合など，債務を履行することが客観的に不可能な場合をいう。

（c）**不完全履行**　　履行は一応なされたが，それが不完全な場合をいう。

このような債務不履行が生ずると，①現実的履行の強制（いわゆる強制執行），②損害賠償請求権，③契約の解除権などの法的救済手段が債権者に認められる（**債務不履行の効果**）。

Ⅱ　物権と債権の対比

1　権 利 の 分 類

法律上の権利は種々の観点から分類できるが，これとの関連では物権と債権は次のように位置づけられる。

（1）　対物権・対人権　　権利の対象を基準とすると，物権は物に対して成立する権利（**対物権**）であるのに対して，債権は人に対する権利（**対人権**）である。

（2）　支配権・請求権　　権利の作用からみると，物権は物を支配しうる権利（**支配権**）であるのに対して，債権は一定の行為を請求しうる権利（**請求権**）である。

（3）　絶対権・相対権　　権利の効力の範囲に関しては，物権はすべての人に対して主張しうるのに対して（**絶対権**），債権は債務者に対してのみ行使しうる（**相対権**）。

（4）　財産権　　権利の内容である利益からみると，物権と債権はいずれも財産的利益を内容とする点で共通する（**財産権**）。この基準による権利としては，財産権の他に身分権や人格権，社員権などがあげられる。

2　権 利 の 本 質

物権と債権は権利の本質との関連では次のようにいうことができる。

1　絶対性と相対性

この点は上記の絶対権・相対権の説明を参照。

2　直接性と間接性

権利実現の態様に関する相違である。物権の場合には，物権者は他人の意思

や行為とかかわりなく，自己の意思のみによって物権の内容を実現することができる。物権では人（物権者）対物の関係が存在するだけだから，他人の意思や行為を問題とする余地はない。これを**物権の直接性**という。

これに対して，債権は債務者に対する請求権であるから，債権は債務者の行為を介して実現される。この意味において，債権の実現は間接的である。

たとえば，土地の賃貸借契約では，賃借人が土地を現実に使用できるのは目的物を使用収益させるべき賃貸人の債務の履行があってはじめて可能となる。これに対して，地上権は同様に他人の土地の使用を内容とする権利であるが，地上権の設定を受けた者（地上権者）は土地所有者の行為を待つことなくその土地を使用することができ，この点で賃借権とは大きく異なる。

3 排他性と平等性

権利の重複的な成立の可能性についてみると，物権は物に対する直接的な支配を内容とするから，同一の目的物の上に同一内容の物権は重ねて成立し得ない（**一物一権主義**）。したがって，先に成立した物権が優先し，その後の同一内容の物権は排除される。これを**物権の排他性**という。

これに対して，債権の場合には，同一の債務者に対して同一内容の債権は複数成立しうる。たとえば，所有者Aがある土地をBに売却する契約を締結し，同時にCとの間でも同じく売買契約を締結した場合には（**二重譲渡**），Aに対して土地の引渡しを求める請求権がBおよびCに成立する。このように時間的な先後を問うことなく，いずれの債権も有効に成立し，平等の効力をもって併存する（**平等性**）。

4 譲 渡 性

物権者は自己の意思のみによって自由に譲渡することができる。この自由譲渡性は直接的な支配を内容とする物権の本来的な性質に属する。

これに対して，債権は特定の債権者と特定の債務者の間の請求関係であるから，本質的には自由譲渡性に馴染まない。しかし，近代法では，財産責任の確立によって債権は債務者の人格から切り離されて独立的な経済的価値が認められるに至った。その結果，債権も自由譲渡性を獲得した。もっとも，物権のよ

うに絶対的なものではなく，譲渡性が否定される場合もある（466条1項ただし書・466条の5第1項）。

5　不 可 侵 性

物権者による物の支配が侵害された場合には，侵害者は不法行為による損害賠償義務を負う。同様に，債権侵害によって債権者に損害を与えた場合にも，損害の賠償義務が侵害者に課される。ただし，物権の侵害とは異なって，債権侵害が直ちに違法となるわけではない。

Ⅲ　物 権 の 種 類

物権の種類と内容は民法その他の法律によって定められる（**物権法定主義**・175条）。私人が契約などによって新たな物権や異なる内容の物権を創設することは許されない。

民法の定める物権には次の10種類のものがある。

1　所有権と占有権

① 　所有権　　ある物を全面的に使用・収益・処分し得る権利（206条）。
② 　占有権　　ある物を事実上支配していることに基づいて認められる権利（180条）。

2　用 益 物 権

用益物権とは他人の土地を一定の目的のために使用・収益しうることを内容とする物権をいう。次の4つの物権がこれに属する。

③ 　地上権　　他人の土地において工作物または竹木を所有するため，その土地を使用し得る権利（265条）。
④ 　永小作権　　小作料を支払って他人の土地において耕作または牧畜をする権利（270条）。
⑤ 　地役権　　設定行為で定めた目的に従い，他人の土地（承役地）を自己の土地（要役地）の便益に供する権利（280条）。たとえば，他人の土地を自

己の土地への通行のために利用することを内容とする**通行地役権**，自己の
土地の眺望を確保するために，他人の土地に一定の高さ以上の建物を建て
ないことを内容とする**眺望地役権**（観望地役権）などがそうである。

⑥　入会権　　一定の地域の住民が，一定の山林原野等において共同して収
益——主として雑草・薪炭用雑木等の採取——をすることができる慣習上
の権利（263条・294条）。

3　担 保 物 権

担保物権とは債権の弁済を確保するための物権をいう。担保物権の効力の一
つとして，**優先弁済権**が担保権者に認められる（**担保物権の優先弁済的効力**）。
すなわち，担保物権を有する債権者は担保目的物の経済的価値から優先的に自
己の債権の弁済を受けることができる（留置権を除く）。たとえば，AがBに対
する1000万円の債権を担保するために，Bの土地に抵当権を有する場合には，
Bが任意でこれを弁済しないときは，Aは抵当権を実行して，その競売代金の
中から他の債権者に優先して弁済を受けることができる（369条）。Aがこのよ
うな抵当権を有しない場合には，AがBの土地を差し押さえて競売にかけても，
その競売代金は配当加入してきたBの他の債権者との間で債権額に応じて分割
（按分）されることになる（**債権者平等の原則**）。担保物権はこのような債権者
平等の原則を排除することによって担保権者に債権の弁済を確保させるもので
ある。

なお，担保物権は担保目的物の価値を把握するものであり，この点で**物的担保**
といわれる。これに対して，保証債務のように，債務者の頭数の増加，これに
よる執行可能な責任財産の拡大によって債権を担保する場合を**人的担保**という。

担保物権には，次の４つのものがある。

⑦　留置権　　他人の物を占有する者がその物に関して生じた債権を有する
ときに，当該債権の弁済を受けるまでその物を留置することができる権利
（295条）

⑧　先取特権　　民法その他の法律の規定に従い，債務者の財産について，

他の債権者に先立って自己の債権の弁済を受けることができる権利（303条）。これには，一般の先取特権（306条），動産の先取特権（311条），不動産の先取特権（325条）の3つがある。

⑨　質権　　債権者が債権の担保として債務者または第三者から受け取った物を占有し，かつ，その物について他の債権者に先立って自己の債権の弁済を受けることができる権利（342条）。質権の目的物に応じて，動産質（352条），不動産質（356条），権利質（362条）に分けられる。

⑩　抵当権　　債務者または第三者が占有を移転しないで債務の担保に供した不動産について，他の債権者に先立って自己の債権の弁済を受けることができる権利（369条）。

［図表1-4］　物権の種類

	用益物権	担保物権
所有権	地上権	留置権
占有権	永小作権	先取特権
	地役権	質権
	入会権	抵当権

Ⅳ　債権の発生原因と契約の種類

　債権の発生原因としては，**契約に基づく場合**と**法律の規定に基づく場合**の2つがある。

　契約に基づく場合には，債権は契約の有効な成立によって発生する。すなわち，当事者間で締結された契約が**成立要件**および**有効要件**を満たさなければならない。具体的には，契約が成立するためには，①当事者の存在，②権利能力の存在，③意思の合致が必要である。さらに，この成立した契約が有効であるためには，有効要件（無効原因や取消原因の不存在）を満たさなければならない。①当事者の意思能力・行為能力，②瑕疵ある意思表示（詐欺・強迫）と意思の欠缺（心裡留保・通謀虚偽表示・錯誤），③給付の要件（適法性・確定可能性・社会的妥当性）がこれとの関連で問題となる。

[図表1-5]　債権の発生原因

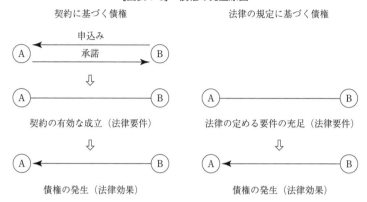

これに対して，法律の規定に基づく場合には，当該規定が定める要件を満たせば，これによって債権は発生する。つまり，ここでは債権発生の統一的な要件は存在せず，それぞれの規定に基づいて個別的に判断される。

1 契約に基づいて債権が生ずる場合

当事者間において契約が有効に成立すると，その法律効果として，債権が発生する。民法典はこのような契約の典型的な類型として13種類の契約を規定する（**典型契約・有名契約**）。もちろん物権とは異なり，契約当事者は契約内容を自由に決定しうるから，民法典の定める契約類型に制限されるわけではない（**非典型契約・無名契約**）。

1 財産権移転型の契約類型

(1) 無償取引によるもの

① 贈与　　当事者の一方が自己の財産を無償で相手方に与える意思を表示し，相手方が受諾をすることによって効力を生ずる契約（549条）。

(2) 有償取引によるもの

② 売買　　当事者の一方がある財産権を相手方に移転することを約し，相手方がこれに対してその代金を支払うことを約する契約（555条）。

③ 交換　　当事者が互いに金銭の所有権以外の財産権を移転することを約

する契約（586条）。

2 物使用型の契約類型

④ 消費貸借　当事者の一方（借主）が金銭その他の代替物を相手方（貸主）から受け取り，後にこれと同種・同等・同量の物を返還することを約する契約（587条）。

⑤ 使用貸借　当事者の一方がある物を引き渡すことを約し，相手方が無償でこれを使用及び収益をして契約が終了したときに返還することを約する契約（593条）。

⑥ 賃貸借　当事者の一方（賃貸人）がある物の使用および収益を相手方（賃借人）にさせることを約し，相手方（賃借人）がこれに対してその賃料を支払うこと及び引渡しを受けた物を契約が終了したときに返還することを約する契約（601条）。

3 労務利用型の契約類型

⑦ 雇用　当事者の一方（労働者）が相手方（使用者）に対して労務に従事することを約し，相手方がこれに対してその報酬を与えることを約する契約（623条）。

⑧ 請負　当事者の一方（請負人）がある仕事を完成させ，相手方（注文者）がその仕事の結果に対して報酬を支払うことを約する契約（632条）。

⑨ 委任　当事者の一方（委任者）が法律行為をすることを相手方（受任者）に委託し，相手方がこれを承諾することによって効力を生ずる契約（643条）。

⑩ 寄託　当事者の一方（受寄者）が相手方（寄託者）のためにある物を保管することを約する契約（657条）。

4 その他の契約類型

⑪ 組合　数人が金銭その他の財産・労務などの出資をして，共同の事業を営むことを約する契約（667条）。

⑫ 終身定期金　当事者の一方が自己・相手方または第三者の死亡に至るまで，定期に金銭その他の物を相手方または第三者に給付することを約す

る契約（689条）。

⑬ 和解　　当事者が互いに譲歩をしてその間に存する争いをやめることを約する契約（695条）。

2　法律の規定に基づいて債権が生ずる場合

① 事務管理　　法律上の義務がないのに他人のためにその事務を処理する場合（697条）。費用償還請求権などが事務管理者に認められる。

② 不当利得　　法律上の原因がないのに，他人の財産または労務により利益を受け，そのために他人に損失を及ぼした場合（703条）。不当利得返還請求権が生ずる。

③ 不法行為　　故意または過失によって他人の権利または法律上保護される利益を侵害した場合（709条）。不法行為に基づく損害賠償請求権が発生する。

[図表1-6]　債権の発生原因と契約の種類

契約				法律の規定
財産権移転型	物使用型	労務利用型	その他	
贈与	消費貸借	雇用	組合	事務管理
売買	使用貸借	請負	終身定期金	不当利得
交換	賃貸借	委任	和解	不法行為
		寄託		

第2章
売買契約の有効な成立

·相·談·内·容·

　ＢはＡとの間でＡの所有する家屋を1000万円で購入する契約を締結した。しかし，約束の日になっても，引き渡さないので，ＢはＡに電話をしたところ，Ａはこの売買契約は有効に成立していないと主張して，この引渡しを拒否した。なぜＡはこのように主張するのか，Ｂは理解できないという。Ｂからこのような相談を受けたが，どのようにＢに説明すべきだろうか。ＣがＡの代理人としてＢとの間で売買契約を締結した場合はどうか。

第1節　契約の成立要件

　契約が成立するためには，①当事者の存在，②権利能力の存在，および③意思の合致（合意）が必要である。これに加えて，物の引渡その他の給付が必要な契約（**要物契約**）や，契約書の作成等の一定の方式が必要な契約（**要式契約**）もある。たとえば，書面によらない消費貸借（587条）は要物契約であり，保証契約（446条2項）は，要式契約である。これに対し，売買契約は，当事者の一方（売主）がある財産権を相手方（買主）に移転することを約し，相手方がこれに対してその代金を支払うことを約することによって，その効力を生ずる（555条）とされており，付加的な要件は必要とされていない。このように，合意のみによって成立する契約を**諾成契約**という。冒頭の「相談内容」を例にすると，「この家屋を1000万円で買いませんか」というＡの意思表示と，「その家屋を1000万円で買いましょう」というＢの意思表示が合致することで契約が成立する。すなわち，Ａの「申込み」に対しＢが「承諾」をすることで契約が成立する。

1 当事者の存在

　契約が有効に成立すれば権利義務が発生する。したがって，契約当事者は権利を有し義務を負うことになる。民法上，このような権利の主体として考えられているのは「人」である。人にはすべての人間（**自然人**）と**法人**の2種類がある。

1　自　然　人

　権利の主体のうち，われわれ生身の人間は「自然人」と呼ばれる。いわゆるアマミノクロウサギ訴訟では，原告の1人としてアマミノクロウサギやアマミヤマシギなどが加えられたが，わが国の法制度は，権利や義務の主体を自然人と法人に限っており，動植物ないし森林等の自然そのものは，権利の客体となることはあっても権利の主体となることはない，として行政訴訟における争訟適格としての「原告適格」を否定した（鹿児島地判平13・1・22LEX/DB 文献番号28061380）。

2　法　　　人

　(1)　法人の意義　　自然人以外のもので，権利能力を有するもの，すなわち権利・義務の帰属主体となりうるものを**法人**という。たとえば，われわれの身の回りにあるデパートや百貨店，銀行，農業協同組合，鉄道会社等はすべて法人である。これらは我々の生活に不可欠な存在であるが，なぜ，会社のような人の集合体に権利能力を認める必要があるのだろうか。

　第1に，法人が法律関係を単純化するための技術として機能している点である。たとえば，多数の人間が集まったある団体が共同事業を営もうとする場合，その取引の際には構成員全員の名で契約をしなければならず，訴訟も全員の名で提起し，不動産登記も全員の名でしなければならない。これは，自分たちにとっても相手方にとっても非常に不便である。しかし，このような団体がその団体の名で取引をし，訴訟をし，登記をすることができれば非常に簡便である。

　第2に，財産関係を分別するための技術として機能している点である。たとえば，団体の代表者個人の名で不動産登記をした場合，その不動産が代表者個

人の財産であるのか団体の財産であるのか区別することができない。このような場合，法人自体が権利義務の主体となり，したがって不動産の所有者となって不動産登記をすることができれば，構成員の財産と法人の財産を区別することができるようになる。そうすると，構成員の債権者は法人の財産を差し押さえることはできなくなるし，また，法人の債権者は構成員の財産を差し押さえることができなくなり，両者の財産の分別を図ることができる。

　なお，法人制度については，従来民法に規定があったが，平成18年の民法の一部改正によって旧民法33条以下が改正され，3つの特別法が制定された。すなわち，①一般法人法（一般社団法人及び一般財団法人に関する法律，平成18年法48号），②公益法人認定法（公益社団法人及び公益財団法人の認定等に関する法律，平成18年法49号），③法人整備法（一般社団法人及び一般財団法人に関する法律及び公益社団法人及び公益財団法人の認定等に関する法律の施行に伴う関係法律の整備等に関する法律，平成18年法50号）である。これらの法律は平成20年12月1日に施行されている。

　(2)　法人の種類　　(a)　社団法人・財団法人　　法人はその形態に応じて社団法人と財団法人に分けられる。**社団法人**とは，一定の目的の下に集まった人の集合体に法人格が付与されたものである。構成員の意思を総合して，これに基づいて活動を行う。**財団法人**は，一定の目的のために提供された財産の集合体に法人格が付与されたものである。設立者の意思に基づいて一定の活動を行う。

　　(b)　営利法人・非営利法人　　これは，上記(a)とは異なり，法人の目的に応じた分類である。**営利法人**とは，「営利事業を営むことを目的とする法人」（33条2項）である。すなわち，構成員が事業によって得られた利益の分配にあずかることを目的とする法人である。会社は営利法人であり，株式会社，合名会社，合資会社，合同会社がある（会社2条1号）。営利法人としては，営利社団法人のみが認められ，営利財団法人は認められない。

　これに対し，**非営利法人**とは，営利を目的としない法人である。たとえば，学術，技芸，慈善・祭祀・宗教その他の公益を目的とした**公益法人**はこれに含まれる（33条2項）。従来，民法上の法人は公益法人に限られていたため，営利

でも公益でもない目的，たとえば同業者の相互扶助や共通利益の増進，親睦を
目的とする団体は，特別法によって認められたもの（たとえば，労働組合，農業
協同組合など）以外は法人となることができなかった。しかし，平成13年に**中
間法人法**が成立し，このような団体にも法人化の途が開かれることとなった。
なお，中間法人法は，上述の法人制度の改正によって成立した一般法人法の施
行に伴って廃止された。

　　(c)　非営利法人と一般法人・公益法人　　上述した通り，従来，非営利法
人には公益法人と中間法人が含まれていたが，現在ではこれら非営利法人は，
一般法人として，一般法人法により規律されるに至った。**一般法人**とは，一般
法人法によって認められる営利を目的としない法人であり，一般社団法人と一
般財団法人がある。

　一般法人のうち，公益法人認定法に基づき，行政庁から公益性があると認定
された法人は公益法人となる（公益法人4条）。公益法人認定法によれば，**公益法
人**は，学術，技芸，慈善その他の公益に関する種類の事業であって，不特定か
つ多数の者の利益の増進に寄与する事業を目的とする法人であると定義される
（公益法人2条4号）。公益法人には，公益社団法人と公益財団法人がある。

　(3)　法人の設立　　一般社団法人は，社員（団体の構成員）2人以上で設立
することができる。設立しようとする者が共同して定款を作成し，全員がこれ
に署名し，又は記名押印しなければならない（一般法人10条）。そして，その主た
る事務者の所在地で設立の登記をすることで成立する（一般法人22条）。**定款**とは，
法人の根本規則を記載した書面であり，目的，名称，主たる事務所の所在地等
が記載されなければならない（一般法人11条1項）。定款は公証人の認証を受けな
ければ効力を生じない（一般法人13条）。

　一般財団法人を設立するには，設立者全員が定款を作成し，これに署名し，
又は記名押印しなければならない（一般法人152条1項）。定款には，目的，名称，
主たる事務所の所在地等が記載されなければならず（一般法人153条1項），公証
人の認証を受けなければ効力を生じない（一般法人155条）。設立者は公証人の認
証後遅滞なく300万円以上の財産を拠出しなければならない（一般法人157条・153

条2項）。そして，その主たる事務所の所在地で設立の登記をすることによって成立する（一般法人163条）。

　(4)　法人の解散　　一般法人は，定款で定めた存続期間の満了や解散事由の発生その他の事由によって解散する（一般法人148条，202条）。そして解散した後は，清算をしなければならない（一般法人206条）。

　(5)　権利能力なき社団・財団　　人が複数集まった団体は，法人格を付与されれば社団法人となるが，法人格を得ていない団体も多数存在する。たとえば，同窓会，町内会，商店会などである。これらの団体は実質的には社団法人と同様の組織を有している場合が多いが，法人格を取得していないため権利義務の主体としての地位が認められていない。しかしこのような団体は，内部的にも対外的にも法人と同様の扱いをする方が妥当である。そこで，団体であって，その実体が社団であるにもかかわらず法人格をもたないものを**権利能力なき社団**といい，法人に近い扱いをしている。

　判例は，権利能力なき社団の成立要件として，①団体としての組織を備えていること，②多数決の原則が行われていること，③構成員の変更にかかわらず団体自体が存続していること，④代表の方法・総会の運営・財産の管理その他団体としての主要な点が確定していることを挙げる（最判昭39・10・15民集18・8・1671）。

　権利能力なき社団の財産が誰にどのように帰属するかが問題となるが，判例は，構成員に総有的に帰属するとしている（最判昭32・11・14民集11・12・1943）。そして，不動産の登記方法については，社団名義の登記や代表者の肩書を付した登記は認められず，構成員全員の共有名義で登記するか，代表者の個人名義で登録するほかないとされる（最判昭47・6・2民集26・5・957）。なお，銀行預金については，代表者の肩書を付した代表者名義が認められている。

　権利能力なき社団の構成員の責任については，権利能力なき社団の債務が社団の構成員全員に1個の義務として総有的に帰属し，社団の総有財産だけがその責任財産となるので，各構成員は取引の相手方に対し直接個人的債務ないし責任を負わないとしている（最判昭48・10・9民集27・9・1129）。

　従来，権利能力なき社団の中心的な存在として挙げられていたのは，法人格を取得したくてもできない団体であった。営利も公益も目的としない団体は，特別法がなければ法人となることができず，平成13年に成立した中間法人法によっても，法人格取得のためのハードルは高かったため，権利能力なき社団概念はこれらの団体にとって大いに意義のあるものであった。しかし，平成18年の一般法人法成立により，このような団体も容易に法人格を取得することができるようになった。そのため，現在では，権利能力なき社団として問題となるのは，法人の設立登記をしていない団体に限られる。

2　権 利 能 力

　権利能力とは，権利義務の主体となりうる資格である。たとえば，建物の売買契約を締結すれば，これによって債権・債務が発生し，買主は建物引渡しを求める権利を取得し，売主は代金支払いを求める権利を取得する。この権利を有することができる資格が権利能力である。「能力」という語を用いているが「知能」の問題ではない。したがって，人間以上に知能が高い動物がいたとしても，これによって権利能力が付与されることはない。民法は，すべての人間（自然人）と法人に権利能力を認めている。

1　自 然 人

　権利能力は，すべての人間に認められる（**権利能力平等の原則**）。近代以前の奴隷制度が存在していた社会では，奴隷は人でありながら一種の物として取引対象とされており，すべての人間が同様に扱われていたわけではなかったが，このような制度を否定して成立した近代市民法は，個人の自由・独立・平等を尊重しており，わが民法も権利能力平等の原則を当然の前提としている。

　(1)　権利能力の始期　　権利能力の始期について，民法は，「出生」によって権利能力を取得すると定めている（3条）。すなわち，「出生」が権利能力の始期となる。したがって，胎児には原則として権利能力が認められないが，不法行為に基づく損害賠償請求権（721条），相続（886条1項）および遺贈（965条）については，例外的に「既に生まれたものとみなす」としている。これにより，

胎児は，生きて生まれた場合に，問題となる時点にさかのぼって権利能力を有していたものと扱われることになる（大判昭7・10・6民集11・2023）。このことを法律上は，生きて生まれてくることを「停止条件」として胎児に権利能力が付与されると表現される（停止条件説。なお，「停止条件」の意味については後述する）。

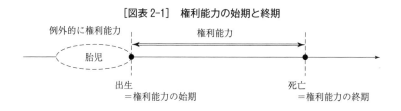

[図表 2-1]　権利能力の始期と終期

例外的に権利能力　　　権利能力

胎児

出生　　　　　　　　　　　死亡
＝権利能力の始期　　　　　　＝権利能力の終期

（2）　権利能力の終期　　権利能力の終期は「死亡」である。明文規定はないが，死亡によって相続が開始されることから（882条），これが当然とされている。なお，死亡と同様に扱われる制度として，民法上，**失踪宣告**の制度がある。すなわち，行方が分からなくなって生死不明の状態が7年間続いた場合（**普通失踪**）や，戦地に臨んだ者や沈没した船に乗っていた者などがその危難が去った後1年間生死不明の場合（**特別失踪**）には，利害関係人の請求によって，家庭裁判所によって失踪宣告がなされ，死亡したものと扱われる（30条・31条）。また，同様の制度として，戸籍法上の認定死亡（戸89条）がある。

[図表 2-2]　普通失踪と特別失踪

	普通失踪	特別失踪
①被宣告者	不在者	戦争，船舶の沈没等の危難に遭った者
②失踪期間	7年間	危難の去った後1年間
③請求できる者	失踪宣告を求めるについて法律上の利害関係を有する者（親族等）	左に同じ
④効　果	失踪期間満了時に死亡したものとみなされる。	危難の去った時に死亡したものとみなされる。

2 法　　人

(1) 権利能力の始期　　法人は，各法律によって規定された手続きに従って設立し，これが成立することで法人格を取得する。一般社団法人および一般財団法人は，その主たる事務所の所在地で設立の登記をすることで成立し（一般法人22条，163条），法人格を取得する（一般法人3条）。公益法人は，一般法人のうち公益認定を受けたものが認められるため，法人格自体は一般法人として成立した時点で取得している。営利法人たる会社は，その本店の所在地において設立の登記をすることによって成立し（会社49条・579条），法人格を取得する（会社3条）。

(2) 権利能力の終期　　一般法人は，定款で定めた存続期間の満了や解散事由の発生その他の事由によって解散する（一般法人148条，202条）。そして解散した後は，清算をしなければならない（一般法人206条）。解散した法人は，清算をする間は清算の目的の範囲内において存続し，権利能力を有するが（一般法人207条），清算が結了すると完全に消滅する。会社も同様に，解散後は清算をしなければならず（会社475条・644条），清算をする間は清算の目的の範囲内において存続し，権利能力を有するが（会社476条・645条），清算が結了すると完全に消滅する。

(3) 法人の能力の範囲　　(a) 法人の権利能力　　法人は自然人と同様に権利能力を有するが，その性質上，自然人と比較して一定の制限を受ける。さらに，民法34条は，法人は，法令の規定に従い，定款その他の基本約款で定められた目的の範囲内において，権利を有し，義務を負うと規定しており，法令上の制限および目的の範囲内という制限を受けることとなる。

性質上の制限として，親権等の親族関係に関する権利・義務や，性・年齢に関する権利・義務等は，法人に帰属させることができない。

法令の制限として，たとえば清算法人は，清算の目的の範囲内において存続するとされる（一般法人207条）。

法人は，特定の目的のために組織され活動するものであるから，その目的によって制限される。目的の範囲外の行為は，絶対的に無効であり，表見代理の

成立や追認の余地はないと解されている。「目的の範囲」に関して，判例は，営利法人の場合にはこれを広く解しており，政治献金も目的の範囲に入るとした判例（最大判昭45・6・24民集24・6・625）がある。これに対し，非営利法人についてはこれを狭く解する傾向にあり，強制加入制度である税理士会の政治献金を目的の範囲外とした判例（最判平8・3・19民集50・3・615）がある。

　　(b)　法人の不法行為能力　　法人は，人や財産の集合体に権利能力を認めたものである。したがって，法人それ自体が行為することはなく，理事やその他の代理人を通して行為がなされる。そこで，一般社団法人は，代表理事その他の代表者がその職務を行うについて第三者に加えた損害を賠償する責任を負う（一般法人78条，197条）。「職務を行うについて」なされたかどうかは，行為の外形から判断される。民法715条の使用者責任における「事業の執行について」と同じ判断基準である。しかし，損害を被った第三者が，「職務を行うについて」なされたのではないことについて悪意または重大な過失によって知らなかった場合には，法人は責任を負わない（最判昭50・7・14民集29・6・1012）。

　なお，「理事その他の代表者」以外の被用者が事業の執行について第三者に損害を加えた場合には，使用者はその損害を賠償する責任を負う（715条）。

3　意思の合致

　契約は，当事者の意思表示が合致すること（合意）によって成立する（522条）。建物の売買を例にすると，「この建物を1000万円で買いませんか」という申込みの意思表示に対し，「この建物を買いましょう」という承諾の意思表示がなされれば，これによって意思が合致し，契約は成立する。当事者双方が互いに内容の一致した申込みをすることも考えられないわけではないが（**交叉申込**という），通常は一方の申込みに対して相手方が承諾することで契約が成立する。そこで，申込みと承諾に分けて両者の意思表示の効力および契約の成立について説明する。

1　申込み

申込みとは，「この建物を1000万円で買いませんか」という申入れのように，

契約の内容を示してその締結を申し入れる意思表示である（522条1項）。申込み
に対して相手方が承諾すれば契約が成立する。それでは，飲食店の店頭に「ア
ルバイトを雇いたい」旨の募集広告が貼られていた場合に，「アルバイトとし
て働きたい」旨の意思表示をすれば契約は成立するだろうか。このような場合，
応募してきた相手に対して承諾を与えることで契約が成立することが通常であ
る。すなわち，求人広告を出す側は，相手が申し込んで来ることを期待して求
人広告を出しているのである。このように，相手の申込みを誘うものを「**申込
みの誘引**」という。申込みの誘引に対し相手方が承諾の意思表示をしても契約
は成立せず，誘引をした者が承諾することにより契約が成立する。

2　承　　諾

承諾とは，申込みに応じて契約を成立させる意思表示である。「この建物を
1000万円で買いませんか」という申込みに対してそのまま応じることが承諾で
ある。したがって，「1000万円ではなく800万円で買いたい」というように，申
込みに条件・その他の変更を加えたときは承諾したことにはならず，申込みを
拒絶するとともに新たな申込みをしたこととなる（528条）。

3　隔地者間の契約

申込みに対し相手方が承諾すれば，契約は成立する。契約当事者の意思表示
が即座になされる場合（**対話者間の契約**）には格別問題は生じない。しかし手紙
をやり取りするように，当事者の意思表示が即座になされない場合（**隔地者間
の契約**）には，意思表示がいつ効力を生じて合意がなされ，いつ契約が成立し
たかが問題となる。

そこで民法は，意思表示の効力発生時期について，その通知が相手方に到達
した時に効力を生ずると規定している（**到達主義**・97条）。したがって，申込み
については，申込みの通知が相手方に到達した時からその効力を生ずる。いっ
たん効力が生じると，原則として一定期間は申込みを撤回できないものとされ
ている（523条・525条）。

そして，承諾についても97条が適用され，承諾の通知が相手方に到達した時
からその効力を生じる。したがって，隔地者間の契約は，承諾の通知が相手方

に到達した時に成立することになる。

　たとえば，AがBの生産するメロンを1個5000円で10個買いたいと考え，6月1日に申込みの通知を発信し，6月3日にBに届いたとする。そして，Bがこれに対する承諾の通知を6月5日に発信し，これが6月7日にAに届いたとする。この場合，Aの申込みはBに到達した6月3日に効力を生じる。到達する前に申込みを撤回すれば，申込みは効力を生じないが，到達後は，撤回することはできない。そして，Bの承諾の通知が到達した6月7日にAB間の売買契約は成立する。

第2節　契約の有効要件

　契約が有効に成立し，権利変動という効果が発生するためには成立要件を満たしただけでは足りず，有効要件を満たす必要がある。契約の有効要件とは，いったん成立した契約が無効や取消しとならず完全に有効となるための要件である。たとえば，売買契約が当事者の一方の詐欺によってなされた場合，効果は発生するが，騙された者は意思表示を取り消すことができる（96条1項）。取消しをすると契約ははじめにさかのぼって無効となる（121条）。また，麻薬の売買のように内容が社会的に妥当でないような契約は，90条に違反するため無効である。このように，契約が有効に成立するためには，取消原因や無効原因のないことが必要である。

　取消原因には，①制限行為能力者の行為についての取消しと②錯誤，詐欺又は強迫についての取消しがある（120条参照）。無効原因としては，意思能力を欠く者の意思表示の無効，給付の要件を欠く場合の無効，意思の不存在の場合の無効が挙げられる。以下ではこれらについて説明していく。

I　取　消　原　因

1　制限行為能力

人は自己の自由な意思によって自らの生活関係を形成することができる。し

かし，取引に必要な判断能力が十分ではない者も存在し，そのような者を取引の場において普通の人と同じように扱うことは酷である。そこで，そのような判断能力が十分でない者を**制限行為能力者**として，一定の保護を図っている。**行為能力**とは単独で確定的に有効な法律行為（契約など）をなし得る能力であり，制限行為能力者はその判断能力の程度によって行為能力が制限される者である。そして，その制限された範囲の行為を単独でした場合，これを後から取り消すことができるものとして保護を図っている。制限行為能力者は，①未成年者，②成年被後見人，③被保佐人，④被補助人の４つに分類される。

(1) 未成年者　　満18歳未満の者を**未成年者**という（4条）。通常，親権者が未成年者の法定代理人となるが（818条以下），親権を行う者がいないとき，または親権者が管理権を有しないときは，未成年後見人が法定代理人となる（839条以下）。未成年者は原則として単独で法律行為を行うことはできず，法定代理人の同意を得なければならない（5条1項）。そして，未成年者が法定代理人の同意を得ないでした法律行為は取り消すことができる（5条2項）。

しかし，例外的に同意を得ずに単独で法律行為を行うことができる場合がある。すなわち，①「単に権利を得，又は義務を免れる」場合（5条1項ただし書），②法定代理人が処分を許した財産を処分する場合（5条3項），③許可された営業に関する行為（6条1項）である。たとえば，負担のない贈与を受ける契約や，親からもらった小遣いを使う場合などである。

(2) 成年被後見人　　精神上の障害により事理を弁識する能力を欠く常況にある者については，本人や配偶者等の一定の者の請求により，家庭裁判所は後見開始の審判をすることができ，この審判を受けた者を**成年被後見人**という（7条・8条）。成年被後見人には成年後見人が付されて（8条），後見が開始される（838条2号）。成年被後見人は原則として行為能力を有しないため，成年被後見人のした法律行為は取り消すことができる（9条本文）。ただし，食料品のような日用品の購入や，日常生活に関する行為については取消すことができない（9条ただし書）。

(3) 被保佐人　　精神上の障害により事理を弁識する能力が著しく不十分な

者については，本人や配偶者等の一定の者の請求により，家庭裁判所は保佐開始の審判をすることができ，この審判を受けた者を**被保佐人**という（11条・12条）。被保佐人には保佐人が付されて（12条），保佐が開始される（876条）。被保佐人は，13条 1 項 1 号から 9 号に規定された重要な財産上の行為および審判によって指定された行為（13条 2 項）については単独で行うことができず，保佐人の同意を得なければならない（13条 1 項）。これらの行為を，被保佐人が保佐人の同意なく単独でした場合，この行為を取消すことができる（13条 4 項）。被保佐人が行為能力を制限されるのは以上の場合に限られるため，これ以外の行為については，被保佐人が単独ですることができる。

　(4)　被補助人　　精神上の障害により事理を弁識する能力が不十分な者については，本人や配偶者等の一定の者の請求により，家庭裁判所は補助開始の審判をすることができ，この審判を受けた者を**被補助人**という（15条 1 項・16条）。被補助人には補助人が付されて（16条），補助が開始される（876条の 6 ）。被補助人は，判断能力の低下が軽度な者であるため，行為能力の制限される範囲もきわめて狭い。すなわち，家庭裁判所は，被補助人が特定の法律行為をなすにつき，補助人の同意を得なければならないとする旨の審判をすることができる（17条 1 項）。そして，その審判において指定された特定の法律行為についてのみ，補助人が単独ですることができないとされるにすぎない。その特定の行為については，被補助人が単独でした場合には，その行為を取消すことができる（17条 4 項）。なお，同意を必要とする特定の法律行為は，13条 1 項に列挙された行為の一部に限られる（17条 1 項ただし書）。

　　代理人および同意権者は取消権および追認権を有する（120条・122条）。これらについては後述する。

　(5)　制限行為能力者の相手方の保護　　(a)　催告権　　制限行為能力者が契約を締結し，これを理由として取り消すことができる場合，この契約は一応有効と扱われるが，相手方は契約がいつ取り消されるかわからない不安定な状態におかれることになる。そこで民法は，契約を追認するかどうかを確答するようせまる**催告権**を相手方に認めた（20条）。すなわち，①制限行為能力者の相手

[図表 2-3]　制限行為能力者の類型

	要件	能力の範囲	保護者	保護者の権能
未成年者 （5条）	18歳未満の者	原則として単独で行為できない。 〔例外〕 ①単に権利を得または義務を免れる行為 ②目的を定めまたは定めずに許された財産の処分 ③営業を許された場合の法律行為については単独でできる。	法定代理人 （親権者，等）	同意権 代理権
成年被後見人 （7条）	精神上の障害により事理弁識能力を欠く常況にある者	原則として単独で行為できない。 〔例外〕 日用品の購入その他日常生活に関する行為は単独でできる。	成年後見人	代理権
被保佐人 （11条）	精神上の障害により事理弁識能力が著しく不十分な者	13条1項及び2項に列挙された事由（以下に記載）のみ単独で行為できない。 ①元本の領収と利用 ②借財または保証 ③不動産または重要な動産に関する権利の得喪を目的とする行為 ④訴訟行為 ⑤贈与・和解・仲裁合意 ⑥相続の承認・放棄・遺産の分割 ⑦贈与・遺贈の拒絶または負担付贈与・遺贈の受諾 ⑧新築・改築・増築・大修繕 ⑨民法602条に定められた期間を超える賃貸借 ⑩①〜⑨の行為を制限行為能力者の法定代理人としてすること ⑪家庭裁判所が特に指定する行為（2項）	保佐人	同意権 代理権※
被補助人 （15条）	精神上の障害により事理弁識能力が不十分な者	上記13条1項に列挙された事由のうち，審判によって指定された行為のみ単独ですることができない。	補助人	同意権 代理権※

※家庭裁判所による特定の法律行為につき代理権を与える旨の審判が必要（876条の4，876条の9）

方は，その制限行為能力者が能力者となった後，その者に対し，1か月以上の
期間を定めて，その期間内に契約を追認するかどうか確答すべき旨の催告をす
ることができ，その期間内に確答を発しないときは追認したものとみなす（20
条1項）。②制限行為能力者がまだ行為能力者とならない間は，その法定代理人，
保佐人又は補助人に対して同様の催告をすることができ，その期間内に確答を
発しないときも同様となる（20条2項）。③被保佐人又は17条第1項の審判を受
けた被補助人に対しては，保佐人又は補助人の追認を得るように同様の催告を
することができ，その期間内に追認を得た旨の通知を発しないときは取り消し
たものとみなす（20条4項）。以上要するに，単独で追認できる相手への催告は，
無確答の場合追認したものとみなされることになる。

［図表2-4］　催告に対し無確答だった場合の帰結

	本人への催告			保護者への催告		
	未成年者	成年被後見人	被保佐人被補助者	親権者	成年後見人	保佐人補助人
能力制限中			取消	追認	追認	追認
能力回復後	追認	追認	追認			

　(b)　制限行為能力者の詐術　　未成年者が法定代理人の同意を得ずに行っ
た行為は取り消すことができるが，契約の際に同意を得たと偽った場合でもこ
れを取り消すことができるだろうか。民法は，制限行為能力者が行為能力者で
あることを信じさせるために詐術を用いたときは，その行為を取り消すことが
できないとしている（21条）。詐術とは，偽造文書等を用い積極的に術策を講じ
る場合のほか，自分が行為能力者であると述べたり，十分な資産があると述べ
て信用させたりすることもこれに該当する。なお，制限行為能力者であること
を単に黙秘しただけでは詐術とはならないが，その者の他の言動などと相まっ
て相手を誤信させ，又は誤信を強めた場合には詐術にあたるとしている（最判
昭44・2・13民集23・2・291）。

2　錯誤，詐欺又は強迫

(1)　錯誤　　(a)　錯誤の種類　　通常，意思表示は，ある動機に導かれて，

意思（内心的効果意思）を形成し，これを表示しようとする意思を有して（表示意思），これを表示する（表示行為），という経過をたどる。**錯誤**とは，伝統的な見解によれば，内心的効果意思と表示との不一致を表意者が知らないことと定義されてきた。意思と表示の不一致という点では心裡留保や虚偽表示と共通するが，これを表意者自身が知らないという点で区別される。そして錯誤は，表示行為の錯誤と動機の錯誤に大別され，前者はさらに表示上の錯誤，表示内容の錯誤と分類されてきた。民法95条1項1号は「意思表示に対応する意思を欠く錯誤」として表示行為の錯誤について規定し，同2号は「表意者が法律行為の基礎とした事情についてのその認識が真実に反する錯誤」として動機の錯誤について規定する。

　表示上の錯誤とは，表意者が誤って意図したのとは異なる表示をしてしまう場合である。言い間違い，書き間違いがその具体例である。たとえば，自己所有の建物を1000万円で売ろうと思っていたところ，誤って100万円で売りたいという意思表示をしてしまった場合である。この場合には，「100万円」という表示に対応する内心的効果意思は存在しない。

　内容の錯誤とは，表意者が表示の意味について誤解している場合である。たとえば，1ダース（12本）と1グロス（12ダース＝144本）を同じ意味であると誤解し，1ダースと書くべきところを1グロスと書いてしまった場合である。この場合には，「1グロス」という表示に対応する内心的効果意思は存在しない。

　動機の錯誤とは，誤った動機に基づいて意思表示をする場合である。たとえば，ある馬を購入する際，その馬が受胎した良馬であると考えて購入したところ，良馬でもなく受胎もしていなかった場合である。動機の錯誤は，内心的効果意思と表示に不一致は生じていないため，付加的な要件が必要となる。すな

[図表 2-5]　錯誤の分類

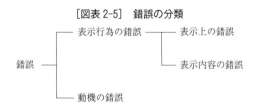

わち,「表意者が法律行為の基礎とした事情」が法律行為の基礎とされていることが表示されていたときに限り, 取り消すことができる (95条2項)。

(b) 錯誤の要件　　上記の通り, 動機の錯誤は付可的な要件を満たすことで表示行為の錯誤と同様に扱われるが, いずれにしても, 上記の錯誤に該当すればただちに無効となるわけではない。民法95条1項は, 錯誤が「法律行為の目的及び取引上の社会通念に照らして重要なもの」であること, さらに民法95条3項は, 表意者に重大な過失 (重過失) のないことを要件としている。

「法律行為の目的及び取引上の社会通念に照らして重要なもの」とは, 従来の理解が妥当するものと思われる。すなわち, 判例によれば, 意思表示の内容の主要な部分であり, この点についての錯誤がなかったなら, 表意者は意思表示をしなかったであろうこと, かつ, 意思表示をしないことが一般取引上の通念に照らして正当と認められることとされる (大判大7・10・3民録24・1852)。

「重大な過失 (重過失)」とは, 表意者の職業, 行為の種類・対象等に応じて普通の人に期待される注意を著しく欠くことである (大判大6・11・8民録23・1758)。表意者に重過失がある場合には取消しを主張することはできないが, その場合でも, 相手方が悪意又は重過失である場合, 相手方が表意者と同一の錯誤に陥っていた場合 (共通錯誤) には取消しを主張することができる (95条3項1号・2号)。

(c) 錯誤の効果　　錯誤が以上の要件を満たせば, 法律行為を取り消すことができる (95条1項)。しかし, 錯誤による意思表示の取消しは, 善意・無過失の第三者には対抗することがでいない (95条4項)。これにより, 第三者の正当な信頼は保護され, 取引の安全が図られている。

(2) 詐欺　　**詐欺**とは, 人を欺いて (「欺罔」という) 錯誤に陥らせることをいう。詐欺による意思表示は取り消すことができる (96条1項)。たとえば, AがBに騙されて不当に安く土地を売ってしまった場合, Aはこの売買を取り消すことができる。

詐欺による取消の要件は, ①欺罔行為の存在, ②欺罔行為の違法性, ③因果関係, ④詐欺者の故意, である。欺罔行為とは, 他人を欺く行為であるが, 積

極的な行為だけでなく，沈黙も欺罔行為になる場合がある（大判昭16・11・18法学11・617）。また，欺罔行為は違法なものでなければならない。判例・通説は，その行為が社会通念上許される限度を超えて違法性を帯びるものでなければならないとしている。因果関係については，欺罔行為によって錯誤が生じ，この錯誤によって意思表示をしたという二段階の因果関係が必要である。欺罔行為がなくても意思表示をしたであろう場合には詐欺は成立しない。詐欺者の故意についても，錯誤に陥らせる故意，錯誤によって意思表示をさせようとする故意の二重の故意が必要である。

なお，表意者の相手方以外の者が詐欺を行った場合には，これらの要件に加え，相手方の悪意または有過失が必要である（96条2項）。

詐欺によって取り消した行為は，初めから無効であったものとみなされる（121条）。したがって上の例では，AはBから土地を取り戻すことができる。しかし，詐欺による意思表示の取消しは善意・無過失の第三者に対抗することができない（96条3項）。たとえば，上の例で，Bが詐欺によってAから買った土地をCに転売した場合，BがAを騙したことをCが知らず，そのことについて無過失であった場合，AはCに対して詐欺による取消しを主張して土地を取り戻すことはできない。

(3)　**強迫**　　**強迫**とは，相手方に害悪が及ぶことを告げて恐怖に陥れ（「畏怖」を生じさせ）意思表示させることをいう。強迫による意思表示は取り消すことができる（96条1項）。たとえば，AがBに「土地を売らないと家族がひどい目に遭うぞ」と強迫されて土地を売ってしまった場合，Aはこの売買を取り消すことができる。

強迫による取消の要件は，①強迫行為の存在，②強迫行為の違法性，③因果関係，④強迫者の故意，である。強迫行為とは，相手方に害悪が及ぶことを告げる行為である。強迫行為の違法性については，目的と手段の観点から判断される。たとえば，使用者が，横領した被用者の身元保証人である親に，被用者を告訴すると告げて借金証文を差し入れさせ得た場合は目的・手段共に正当であるとされる（大判昭・4・1・23新聞2945・14）。これに対し，適正価格で株式を

買い取らせた場合であっても，それが不正の利益を得る目的であれば違法性があるとされた例がある（大判大・6・9・20民録23・1360）。因果関係については，強迫行為によって畏怖が生じ，この畏怖によって意思表示をしたという二段階の因果関係が必要である。強迫者の故意についても，畏怖を生じさせる故意，畏怖によって意思表示をさせようとする故意の二重の故意が必要である。

　強迫によって取り消した行為は，詐欺による取消しの場合と同様に初めから無効であったものとされる（121条）。したがって，上の例では，AはBから土地を取り戻すことができる。なお，強迫も詐欺の場合と同様に，善意の第三者との関係が問題となる。しかし96条3項は「詐欺による意思表示の取消し」に限定しているため，詐欺の場合とは異なり，善意の第三者に対しても強迫による取消を主張することができ，土地を取り戻すことができる。

Ⅱ　無効原因（給付の要件を含む）

1　意 思 能 力

　意思能力とは，自己の行為の結果を判断することのできる精神的能力をいう。おおよそ7歳から10歳程度の判断能力で足りるとされるが，意思能力があるか否かはその時の状況や行為の種類・内容等に応じて個別具体的に判断される。意思能力を有しない状態でなされた契約等の法律行為は無効である（3条の2）。平成29（2017）年の改正前は，明文の規定はなく，当然の前提とされていたが（大判明38・5・11民録11・706），改正により明文化されるに至った。

2　給 付 の 要 件

　契約が成立すれば，当事者の意図した権利変動が生ずる。たとえば，売買契約では，買主は目的物を引き渡すべきことを請求しうる権利を有し，売主は代金を支払うべきことを請求しうる権利を有する。「目的物の引渡し」や「代金支払い」のように，請求しうる対象のことを「給付」という。契約による債権関係は当事者の自由な形成に委ねられており，契約を締結するかどうか（締結

の自由・521条1項)，誰と契約を締結するか（相手方選択の自由），どのような内容の契約を締結するか（内容決定の自由・521条2項），どのような方式で契約をするか（方式の自由・522条2項）は当事者がこれを自由に決定できるのが原則である（**契約自由の原則**）。しかし，麻薬の売買や殺人を目的とした契約など，その内容が社会的に不適切である場合，これに法的効果を与えることは妥当でない。したがって，契約が有効であるためにはその給付の内容につき一定の要件を満たす必要がある。すなわち，給付の内容が，①確定することができるものであり（確定性），②適法なものであり（適法性），③社会的に妥当なものでなければならない（社会的妥当性）。これらの要件を**給付の要件**といい，これを満たさなければ契約は無効である。

なお，契約締結時にすでに実現不可能（**原始的不能**という）な内容の契約は，効力を与えても無意味であるため無効であると解されていた。たとえば，建物の売買契約において，契約締結時にすでに建物が焼失していた場合，この契約は成立時においてすでに実現不可能となっているため無効であり，債権債務関係は発生しない，と考えられてきた。

しかし，平成29年になされた改正により，原始的不能であっても契約の効力は妨げられないという考え方を前提とし，このような場合に債務不履行の規定により損害賠償を請求できるという規定が新設されるに至った（412条の2第2項）。

1 確 定 性

内容が不確定である契約は無効である。たとえば，建物を複数所有するAが，そのうちの一つをBに3000万円で売却するという内容で，契約の解釈によってもその建物を確定することができない場合には，この契約は無効である。

2 適 法 性

違法な内容を目的とする契約は無効である。これを直接規定する条文はない。しかし「法令中の公の秩序に関しない規定と異なる意思を表示したときは，その意思に従う」という91条の規定を反対解釈して，法令中の公の秩序に関する規定に違反するときは無効であると解釈したり，90条の公序良俗違反の規定を根拠としたりすることで同様の結論を導いている。

　民法91条に規定される「公の秩序に関しない規定」は**任意法規**と呼ばれる。任意法規とは，当事者がこれと異なる特約をした場合には特約が優先し，その適用が排除される規定である。一方，「公の秩序に関する規定」は**強行法規**と呼ばれる。強行法規とは，当事者がこれと異なる特約をした場合でも，その特約が排除され無効とされる規定である。民法の規定には，任意法規と強行法規が混在しており，債権編には任意法規が多く，物権編，親族編，相続編には強行法規が多い。また，利息制限法や借地借家法等の民事特別法にも強行法規が多く含まれている。たとえば，借地借家法9条は「この節に規定に反する特約で借地権者に不利なものは無効とする」と規定し，同節の規定が強行法規であることを明記している。しかし，このように強行法規であるのか任意規定であるのかが明らかな場合は少なく，最終的には，個々の規定の目的を解釈しながら判断するほかない。

　強行法規と区別されるべきものとして**取締規定**がある。強行法規が，これに違反する行為の法的効果を否定するのに対し，取締規定は，これに違反する行為を制限または禁止するに過ぎない。取締規定に違反した場合には刑罰その他の制裁が科されることが通常であるが，法的効果に影響するかについては，影響をおよぼさないもの（単なる取締規定）と，効力を否定するもの（効力規定）がある。

3　社会的妥当性

　契約の内容が社会的な妥当性を欠く場合には無効である。民法90条は，「公の秩序又は善良の風俗に反する法律行為は，無効とする」と規定している。「公の秩序」とは，国家・社会関係における一般的な秩序をいい，「善良な風俗」とは，社会の一般的な倫理・道徳観念をいうとされる。両者は判然と区別できるものではなく，まとめて「公序良俗」といわれ，一般的・抽象的な価値基準を示していると理解されている。このように一般的・抽象的な価値基準を示した規定を**一般条項**という。

　「公序良俗」の概念は一般的・抽象的な価値しか示しておらず，その具体的な意味・内容が問題となる。むしろこの抽象性こそが重要であるともいえるが，

法的安定性を図るためにはその適用を予測できるようにしておく必要がある。このような観点から，現在では公序良俗概念の類型化が学者によって図られている。人によって分類の仕方は異なるが，①財産秩序に反する行為，②倫理秩序・性道徳に反する行為，③自由・人権を侵害する行為に大別することができる。具体的には，①に関する典型的なものとして，他人の無知・困窮等の弱みに乗じて不当な利益を得る暴利行為，賭博行為が挙げられる。②に関するものとしては，金銭を与えて不倫関係を継続する妾契約や売春行為が挙げられる。③に関するものとしては，いわゆる芸娼妓契約やホステスの債務保証契約が問題となった。芸娼妓契約とは，たとえば，父親に金銭を貸し付け，その娘を芸娼妓として働かせ，その稼ぎの中から父親の借金を返させるような契約である。父親の金銭消費貸借契約と娘の稼働契約は別個の契約であるが，判例は，両契約は不可分の関係にあるとして，娘の稼働契約の無効が父親の金銭消費貸借契約にも無効をきたすと判示し，契約全体を無効とした（最判昭30・10・7民集9・11・1616）。

3 意思の不存在

　契約は，当事者の意思が合致することによって成立する。要物契約や要式契約ではこの他に物の引渡しや書面等の形式が必要となるが，いずれにおいても当事者の意思が契約の本質的な要素となる。意思はそのままでは相手方に認識されず，表意者によって表示されてはじめて相手方に認識される。そして相手方は表示された意思を表意者の意思と認識することとなる。ここで，表意者の意思と表示された意思の内容が一致していれば問題は生じない。しかし，表意者の意思と表示された意思の内容が一致しないまま合意が成立した場合には問題が生じる。たとえば，「この家屋を1000万円で売ろう」と思っていたところ，「100万円で売る」と誤って記載した場合，相手方は誤記された「100万円で売る」という表示が表意者の意思であると誤解してしまう。ここで相手方がこれに承諾すれば，形式上は意思が合致したとみることができるが，実際には意思が合致しているとはいえない。このような場合，本人の真の意思こそ尊重され

るべきであるとする考え方（意思主義）をとれば，この意思表示は無効であり，したがって契約は無効となる。これに対し，本人の意思よりも外部に表示されたことこそ尊重されるべきであるとする考え方（表示主義）をとれば意思表示は有効であり，契約に影響を及ぼさないこととなる。

　民法は，このように表示から読みとれる内容と真の意思との間に不一致が生じている場面として，心裡留保（93条），通謀虚偽表示（94条）を規定している。そして，その場合の意思表示の効力について，先に述べた意思主義と表示主義を一律に採用するのではなく，場面ごとに使い分けている（折衷主義）。そこで以下では，これらの3つの場合について説明していく。

1　心裡留保

　心裡留保とは，表示された意思に対応する意思が存在しないことを知りながらする意思表示である。たとえば，AがBに対し，本当は売るつもりがないにもかかわらず，冗談または相手をからかう目的で自分の持っている時計を安く売ろうという意思表示をするような場合である。このような意思表示は，そのためにその効力を妨げられることはない，すなわち原則として有効とされる（93条本文）。表示された意思に対応する意思は存在しないが，そのことを表意者自らが知りながら意思表示をするのであるから表意者を保護する必要はなく，むしろその意思表示を信頼した相手方を保護すべきだからである。

　しかし，AがBをからかって冗談を言うことが多く，上記の意思表示について，周りの人から見て冗談だとわかるような場合であっても有効となるだろうか。このような場合には，BはおそらくAが本当に売ろうとは思っていないことが容易にわかるはずであり，Bを保護する必要はない。そこで民法93条ただし書は，相手方が表意者の真意を知っていたとき（**悪意**），または知ることができたとき（**有過失**）には，無効であると規定する。なお，93条1項ただし書による無効は，善意の第三者に対抗することができない（93条2項）。次に述べる虚偽表示の場合と同じように，無効であることを知らずに取引関係に入ってしまった第三者の信頼を保護するための規定である。

　心裡留保の規定は，婚姻や養子縁組等の身分行為については適用されない。

そこでは当事者の真意が尊重されるべきだからである。したがって，心裡留保による意思表示は常に無効とされる。

2　虚 偽 表 示

(1)　虚偽表示　**虚偽表示**とは，相手方と通謀して，内心の意思と合致しない意思表示をすることである。通謀虚偽表示とも呼ばれる。たとえば，Aが債権者からの差押えを免れるためにBと通謀して自己所有の建物をBに売却したこととし，建物の登記をBに移すような場合である。表示に対応する意思が存在せず，そのことを自ら認識している点では心裡留保と同じであるが，相手方と通謀している点で異なる。意思が存在しない上，相手方を保護する必要もないから，虚偽表示は無効である（94条1項）。したがって，たとえ建物の登記名義がBであっても真の所有者はAのままということになる。

　さて，無効であるにもかかわらず登記名義がBのままとなっていると，これを知らない第三者はBが所有者であると誤信する可能性がある。仮に第三者CがBから建物を購入して登記を備えた場合，Cは所有権を有効に取得することはできるのだろうか。この点について民法94条2項は，前項の意思表示の無効は，善意の第三者に対抗することができないと規定している。したがって，Bから建物を購入したCがAB間の虚偽表示を知らなかった場合には，Aは，AB間の売買契約の無効を主張することはできず，建物の返還を求めることはできない。なお，その際，Cは移転登記を受けている必要はないと解されている（最判昭44・5・27民集23・6・998）。

[図表 2-6]　**虚偽表示と第三者**

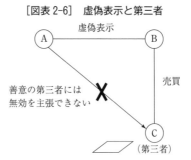

　94条 2 項によって善意の第三者は保護されることになるが，一方で真の権利者はその第三者保護のための犠牲となる。真の権利者を犠牲にしてまで第三者を保護するのは次のような理由によるものである。すなわち，真の権利者は，自ら真実の権利関係とは異なる虚偽の外観を作り出して第三者に誤解を与える状況を招いており，犠牲となるのはやむを得ないという判断があるということ。一方，虚偽の外観を信頼して取引関係に入った第三者の信頼を保護しなければ，第三者は安心して取引することはできなくなり，取引の安全を害することになるという判断があることである。このような考慮に基づいて94条 2 項により第三者の保護が実現されているが，このような考え方はより一般化されて「権利外観法理」と呼ばれる。すなわち権利外観法理とは，真実の権利関係とは異なる外観が存在している場合に，この外観作出について帰責性のある真の権利者は，その外観を信頼して行為をした者に対し外観に基づく責任を負うべきである，という原則である。94条 2 項の規定はこの権利外観法理の一場面とされており，民法には，これ以外にも権利外観法理の適用場面とされる規定が存在する。たとえば，109条，110条，112条の表見代理の規定や，478条の受領権者としての外観を有する者に対する弁済の規定がそれである。

　(2)　94条 2 項の類推適用　　94条 2 項は，上記の通り権利外観法理の一場面であると考えられることから，その要件を厳密に満たさない場合であっても，その趣旨から同様の解決をするのが妥当と考えられる場面に適用されることがある。すなわち，判例は，虚偽の外観が存在し，その外観作出に真の権利者の帰責性が認められ，その外観を正当に信頼して第三者が取引関係に入った場合には，94条 2 項を類推適用して第三者の保護を図っている。

　具体的には，真の権利者が未登記の建物について別人の名義で登記した場合（最判昭41・3・18民集20・3・451）や，他人が勝手に登記を移したことを知りながら真の権利者がこれを放置していた場合（最判昭45・9・22民集24・10・1424）に94条 2 項を類推適用しうるとしている。また，真の権利者が承認した虚偽の外形が作出された後，相手方がこれを利用してさらに別の外形を作出して第三者と取引した場合については，94条 2 項および110条を重畳的に類推適用して

いる（最判昭43・10・17民集22・10・2188）。

Ⅲ　取消しと無効

　これまで述べてきたとおり，契約が成立したとしても，取消原因があれば後
に契約を取り消すことではじめにさかのぼって無効となり，無効原因がある場
合にはそもそも効力が発生しない。いずれの場合にも契約の効力は否定される
が，両者には種々の点で相違がある。

1　取　消　し

1　取　消　権　者

　取消しは，取消権者のみが主張できる（120条）。

　(1)　制限行為能力者の行為についての取消　　制限行為能力者の行為につい
ての取消しの場合，取消権者は①本人，②その代理人，③同意をすることがで
きる者，④承継人である（120条1項）。本人が単独で取消した場合でも，取り消
すことのできる取消しとなるわけではない。なお，成年被後見人は，事理を弁
識する能力を欠く常況にあるため取消権を行使することは無理とも考えられる
が，意思能力を回復している場合に取消権を行使したのであればこれを取消し
とみて良いと考えられる。代理人は，法定代理人，成年後見人である。同意を
することができる者は，特定の法律行為につき同意権を有している保佐人およ
び補助人である。承継人とは，相続等により包括的に財産を譲り受けた者（**包
括承継人**）を指し，契約等によって個々の権利を譲り受けた者（**特定承継人**）は
これに該当しない。ただし，特定承継人であっても，契約上の地位の譲渡を受
けた者については，ここでいう承継人に該当する。

　(2)　瑕疵ある意思表示についての取消し　　瑕疵ある意思表示についての取
消しの場合，取消権者は①表意者本人，②その代理人，③承継人である（120条
2項）。表意者本人とは，錯誤，詐欺または強迫による意思表示をした者である。
代理人とは，表意者の任意代理人および法定代理人である。ただし，任意代理
人の場合には，本人から取消権行使についての代理権が付与されていなければ

ならない。承継人については，120条 1 項の承継人と同じである。

2　取消しの効果

取消権者が意思表示を取り消すまでは有効とされ，取消しがなされるとはじめに遡って無効とされる（121条，**遡及的無効**）。取消しにより無効となった場合の法律関係は，無効の場合と同じであるので後述する。

3　取り消すことができる行為の追認

取消すことのできる行為は，**追認**することで確定的に有効とすることができる（122条）。追認をすることができるのは120条に規定する者，すなわち取消権者である（122条）。ただし，制限行為能力者本人および瑕疵ある意思表示をした本人については，その状況が消滅し，取消権を有することを知った後でなければならない（124条 1 項）。たとえば未成年者は成人に達し，取消権を有することを知った後，詐欺により意思表示をした者は詐欺に気付き，取消権を有することを知った後でなければならない。

4　期 間 制 限

取消権は，追認をすることができる時より 5 年間，または行為の時から20年経過した場合には消滅する（126条）。

2　無　　　効

これに対し，無効は一定の者に限らずすべての者が主張できる。無効な契約は当初より何ら効力を生じていないため，すでに債務が履行されている場合には，受領者は相手方を原状に復させる義務を負う（121条の 2 第 1 項，原状回復義務）。ただし，無効な無償行為に基づく債務の履行として給付を受けた者は，その行為が無効であることについて善意の場合には，返還義務の範囲について「その行為によって現に利益を受けている限度」に縮減される（121条の 2 第 2 項）。また，制限行為能力者の返還義務の範囲についても，同様に縮減される（121条の 2 第 3 項）。

なお，無効な契約は追認によっても効力を生じず（119条），無効を主張する場合には期間の制限はない。

[図表 2-7] 取消しと無効

	取消し	無効
主張できる者	取消権者（120条）のみ	誰でも主張できる。
効力	取消すまでは一応有効。 取消した後は遡及的に無効。	そもそも効力が発生していない。
期間制限	あり。 →追認をすることができる時から5年， または行為の時から20年で消滅（126条）。	なし。 →いつでも主張できる。
追認の可否	可能（123条）	不可（但し，119条但書参照）

第3節 契約の効果帰属要件

　契約を締結するために必要な意思表示は，その効果を享受する本人がするのが原則である。しかし，活動範囲が広くなると，本人がすべての意思表示をすることは不可能となり，他人（代理人）に意思表示をさせて，その効果のみを享受する制度が必要となる。これを可能にするのが代理である。すなわち**代理**とは，他人（代理人）に，代理権を授与し，その代理人がした行為の効果を本人に帰属させる制度である。

　代理には，2つの機能があるとされる。一つは，本人の活動領域を拡張する機能である。たとえば個人で事業を行っている場合，本人自身が意思表示をして契約を締結できる範囲には自ずと限界が生じる。このような場合に従業員を雇って自らの代理人とし，この代理人を通じて取引をすることができれば本人の活動領域を広げることができる。このような場面で用いられるのが**任意代理**である。任意代理とは本人が自らの意思で他人に代理権を授与する代理制度で，「私的自治の拡張」という機能を果たしている。

　もう一つは，行為能力が制限された者の活動を補充する機能である。たとえば未成年者や成年被後見人は行為能力が制限されるため，単独で有効な取り引きをすることができない。そのため，本人に代わって有効な取り引きをしてくれる人が必要となる。このような場面で主に用いられるのが**法定代理**である。

法定代理とは，本人の意思に基づくことなく，法律の規定によって代理権が認められる代理制度で，「私的自治の補充」という機能を果たしている。

　代理人のした行為の効果を本人に帰属させるための要件，すなわち効果帰属要件は①有効な代理権授与があることと，②代理権の範囲内で，③有効な代理行為をすることである。

[図表2-8]　代理における三面関係

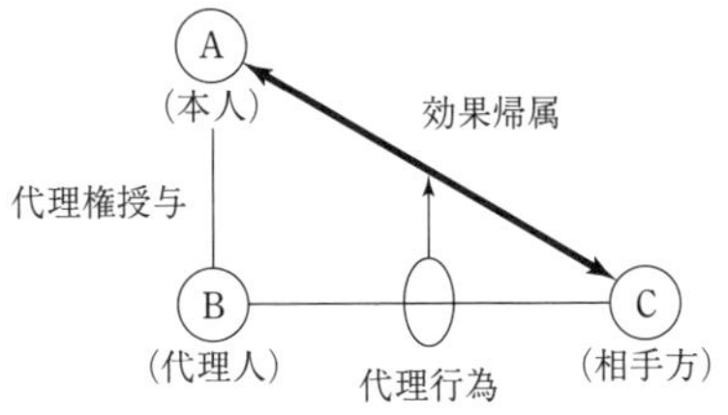

I　代　　理

1　代　理　権

1　代理権の発生原因

　(1)　法定代理権　　法定代理権は法の規定によって代理権が与えられるが，その発生原因はさまざまである。たとえば，本人に対して一定の地位にある者が法律上当然になる場合（818条），本人以外の私人の協議・指定によって代理人となる場合（819条1項・3項ただし書・4項），裁判所が代理人を選任する場合（25条・26条）等がある。

　(2)　任意代理権　　任意代理権は，本人が代理人に対し代理権を授与することによって発生する。「委任による代理」という文言があるが，必ずしも委任による必要はなく，雇用契約や請負契約，組合契約によっても発生し得る。しかし，このような契約から直接生ずると解する必要はなく，これらの契約とは別個に代理権が授与されるとする見解が有力である。なお，代理権授与は書面でなされる必要はない。しかし代理権を示す重要な証拠となるので委任状が交付されることが多い。委任状には，代理人や委任事項などが記載されるが，こ

れを空欄のままにして，本人の署名と捺印のみがなされている白紙委任状が交付されることも多い。流動的な取引においては有用であるが，濫用されて争いとなる事件も多くある（後述）。

2　代理人の能力

代理人となることができるのは，どのような者か。代理人は，本人のために意思表示するのであるから，意思能力が必要なのは当然のことである。では，行為能力は必要であろうか。たとえば，未成年者に代理権を付与して取り引きをした場合，制限行為能力を理由として代理人と相手方の行為を取り消すことはできるだろうか。代理人は，行為能力者であることを要しないとされており（102条），この場合，本人は代理人の制限行為能力を理由に取り消すことはできない。代理の効果はすべて本人に帰属するため代理人は何ら不利益を被ることはなく，任意代理においては本人が承知の上であえて制限行為能力者を代理人に選任するのであるから，その不利益は本人が負わせればよいという趣旨である。

3　復　代　理

任意代理は，本人と代理人との信頼関係を前提としているため，代理人自ら代理行為を行わなければならない。しかし，代理人自らが代理行為をすることが困難な場合や，自分以外の者に代理行為をさせた方が本人にとってより有益である場合もある。そこで民法は**復代理**の制度を規定し，本人の許諾を得たとき，又はやむを得ない事由がある場合に限って，代理人は復代理人を選任することができるとした（104条）。復代理人が選任された場合，復代理人はその権限内の行為につき本人を代表する（106条）。すなわち，復代理人は本人を代理する。この場合，復代理人を選任した代理人の本人に対する責任は，債務不履行の一般原則によって判断される。なお，法定代理については，自己の責任で自由に復代理人を選任することができる。

4　代理権の消滅

代理権は，①本人の死亡，②代理人の死亡，③代理人が破産手続開始の決定もしくは後見開始の審判を受けた場合に消滅する（111条1項）。これは法定代理

権および任意代理権に共通する消滅事由である。

このほか，任意代理権に特有の消滅事由として，委任の終了がある（111条2項）。委任は，委任者または受任者の死亡（653条1号），委任者または受任者が破産手続開始の決定を受けたこと（653条2号），受任者が後見開始の審判を受けたこと（653条3号）によって終了する。さらに委任者，受任者ともにいつでも契約を解除することができ（651条1項），これによって委任は終了する。これらによって任意代理権は消滅することになる。なお，既に述べたように，代理権は委任のみによって付与されるわけではなく，請負契約や雇用契約等の契約によっても付与され得る。したがって，このような代理権付与の根拠となる内部契約の終了によっても任意代理権は消滅する。

2 代理権の範囲内の行為

1 代理権の範囲

法定代理権の範囲は，その発生原因である法律によって規定されている（たとえば，親権者については824条）。任意代理権の範囲は，本人の代理権授与行為によって明らかにされているか，あるいはその解釈によって明らかとされる。

代理権の範囲が明らかでない場合，民法は，保存行為（103条1号）および代理の目的である物又は権利の性質を変えない範囲内において，その利用又は改良を目的とする行為（103条2号）のみ権限を有するとしている。**保存行為**とは財産の現状を維持する行為であり，**利用行為**とはその物の性質を変えない範囲で財産の収益を図る行為であり，**改良行為**とは財産の価値を増加させる行為である。以上の3つをまとめて**管理行為**という。

2 代理権の制限

(1)　**自己契約・双方代理の禁止**　　当事者の一方が相手方の代理人となることを**自己契約**という。たとえば，AがBに自己所有の家屋を売却する場合に，相手方であるBがAの代理人になることである。また，同一人が当事者双方の代理人となることを**双方代理**という。たとえば，AがCに家屋を売却する場合に，BがA・C双方の代理人となることである。自己契約では，相手方である

代理人Bの一存で契約内容が決まることになるため本人の利益が害されることになる。双方代理ではBの裁量によってA・Cいずれか一方の本人の利益が重視される結果，もう一方の本人の利益が害されることになる。そこで，民法は自己契約および双方代理を「代理権を有しない者がしたものとみなす」として，無権代理として扱っている（108条1項本文）。ただし，債務の履行及び本人があらかじめ許諾した行為については例外的に許される（108条1項ただし書）。なお，自己契約，双方代理以外で「代理人と本人との利益が相反する行為」（利益相反行為）についても同様の扱いとする旨を規定しており（108条2項本文），この場合，あらかじめ許諾された行為については許される（108条2項ただし書）。

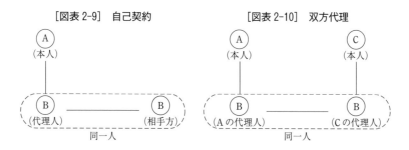

[図表2-9] 自己契約　　　　　　　　[図表2-10] 双方代理

(2)　共同代理　　代理においては，複数の代理人が関わる場合がある。それぞれが異なる範囲の代理権を付与されている場合は格別問題は生じないが，同一の事項について複数人に代理権が付与されているときには，各代理人が単独でなしうる場合と，共同でしなければならない場合とがある。後者を**共同代理**という。たとえば，親権については，父母は，共同して行使しなければならない（818条3項）。このような場合に単独で代理権を行使した場合には，無権代理となる。

3　代理権の濫用

代理人が自己の利益を図るために代理行為をしても（**代理権の濫用**という），その行為が代理権の範囲内の行為であれば代理行為として有効に成立する。しかし，相手方が代理人による代理権の濫用を知っている場合には，代理行為を有効として相手を保護する必要はなく，むしろ本人を保護する必要が出てくる。

この点につき，民法107条は「代理権を有しない者がした行為とみなす」と規定し，無権代理として扱っている。

3　代 理 行 為

1　顕　　名

代理人は本人のために意思表示をするため，代理人であることを示さなければ，相手方はその代理人を本人と誤解してしまう。そこで代理人は，本人のためにすることを相手方に示す必要がある。これを**顕名**という。民法99条は，本人に効果を帰属させるための要件として顕名を要求している（**顕名主義**）。顕名は，「Aの代理人B」と表示したり「営業主任」のように肩書きを示したりすることでも良い。「本人のためにする」とは本人に効果を帰属させようとする意思をいい，本人の利益のためにするという趣旨ではない。

2　代理行為の瑕疵

代理人が相手方の詐欺によって代理行為を行った場合，この契約の効果はどうなるであろうか。現実に相手方の詐欺によって意思表示をしているのは代理人であるが，その効果の帰属主体は本人である。どちらを基準としてその効果を考えるべきかが問題となる。民法は，意思表示の効力が意思の不存在，錯誤，詐欺，強迫又はある事情を知っていたこと若しくは知らなかったことにつき過失があったことによって影響を受けるべき場合には，その事実の有無は代理人について判断すべきとしている（101条1項・2項）。したがって，上記の場合，代理人を基準として判断するため，本人は代理人が詐欺によって意思表示をしたことを理由として取り消すことができる。代理においては代理人が意思表示をするのであるから，原則として代理人が基準となるのである。

では，ある事実について代理人は知らないが本人は知っている場合において，本人が代理人に特定の契約をするよう委託した場合にはどうなるか。契約の相手方や内容が特定されているような場合には代理人の裁量の幅はほとんどなく，本人が意思表示をしているのと変わらなくなる（もっとも，本人の意思表示を単に伝えるだけの場合は代理人ではなく**使者**とよばれる）。このような場合にはむし

ろ本人を基準とする方が妥当である。そこで例外的に，特定の法律行為をすることを委託された代理人がその行為をしたときは，本人は，自ら知っていた事情や過失によって知らなかった事情について代理人が知らなかったことを主張することができないと規定する（101条3項）。すなわち，例外的に本人が基準となるのである。たとえば，本人Aから委託された特定の法律行為の内容の通り，代理人Bが相手方Cの所有する建物を購入したところ，その建物はDが債権者からの強制執行を免れるためにCと通謀して，虚偽の売買契約によってCに登記名義を移していたものであった。Aはこの事実を知っていたが，Bは知らなかった場合，94条2項の善意はAを基準として判断されるため，真の権利者であるDはAに対してDC間の契約の無効を主張することができる。

Ⅱ　無 権 代 理

1　無 権 代 理

1　無 権 代 理

　代理権を有しない者が代理人と称して行為することを**無権代理**という。代理権を全く有していない場合だけでなく，代理権の範囲に属しない行為を行う場合も含まれる。

　(1)　本人の追認権　　無権代理によってなされた契約は，本人が**追認**をしなければその効力は本人に生じない（113条1項）。そして，本人が追認した場合，契約時にさかのぼってその効力を生ずる（116条）。すなわち，無権代理によってなされた契約は全くの無効ではなく，その帰属が不確定な状態である。したがって，本人は，追認によって自己に効果を帰属することを確定することができ，また追認を拒絶して自己に効果を帰属しないことを確定することもできる。

　(2)　相手方の催告権　　無権代理がなされた場合，本人の追認または拒絶がなされるまで相手方は不安定な地位におかれる。そこで民法は，相手方に**催告権**を認めている。すなわち，相手方は，本人に対し，相当の期間を定めてその期間内に追認するかどうかを確答すべき旨を催告することができる（114条前段）。

本人が追認または追認拒絶をすればその通りに確定するが，本人が期間内に確答しなかった場合，追認を拒絶したものとみなされる（114条後段）。また，相手方は，契約の時に代理権を有しないことを知らなかった場合，本人が追認しない間は契約を取消すことができる（115条）。この取消しは，制限行為能力や詐欺・強迫の場合の取消しとは異なり，撤回の性質を有するものである。本人と代理人のいずれに取消しの意思表示をしても良いとされているが，契約時に相手方が代理権がないことを知っていた場合には取り消すことはできない。

(3)　無権代理人の責任　　無権代理によってなされた契約は，本人の追認がなければ本人に効力を生じないため，相手方は不利益を被る。そこで民法は，相手方を保護するため無権代理人に一定の責任を負わせている。すなわち，無権代理人は，自己の代理権を証明したとき，又は本人の追認を得たときを除き，相手方の選択に従い，履行または損害賠償の責任を負わなければならない（117条）。

ただし，無権代理であることについて相手方が悪意であった場合（117条2項1号），無権代理であることについて相手方が過失によって知らず，かつ無権代理人が善意であった場合（同2号），無権代理人が制限行為能力者であった場合（同3号）は免責される。

117条の要件を満たせば，無権代理人は相手方の選択に従い履行または損害賠償責任を負う。相手方は履行を選択できるが，実質的にこれを選択できるのは無権代理人がその債務を履行できる場合に限られ，本人所有の不動産の売却のような特定物を目的とする場合にはできない。また，ここでの損害賠償は，

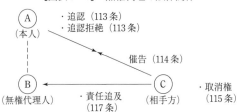

［図表 2-11］　無権代理の法律関係

履行に代わる損害賠償，すなわち履行利益の賠償である。

2　無権代理と相続

　無権代理がなされた場合の法律関係は上記の通りであるが，本人が死亡して無権代理人が本人を相続した場合はどうなるのであろうか。民法は，相続によって，被相続人に属した一切の権利義務を承継するとしており（896条），本人の地位をそのまま受け継ぐことを規定している。本人が，追認または追認拒絶をしないまま死亡した場合には，無権代理人がこの追認または追認拒絶をする地位を引き継ぐことになる。この場合に無権代理人が追認拒絶をすることは許されるだろうか。また，そもそも追認・追認拒絶をする余地は残っているのであろうか。さらに，無権代理人が死亡して本人がこの地位を引き継いだ場合にはどうなるのか。これが無権代理と相続の問題である。

　(1)　無権代理人が本人を相続した場合　　本人が死亡して無権代理人がこれを単独相続した場合につき，判例は，「無権代理人が本人を相続し本人と代理人との資格が同一人に帰するにいたつた場合においては，本人が自ら法律行為をしたのと同様な法律上の地位を生じたものと解するのが相当」であると判示して，代理行為は当然有効となるとした（最判昭40・6・18民集19・4・986）。

　(2)　無権代理人が本人を共同相続した場合　　本人が死亡して無権代理人を含む複数の相続人が本人を相続した場合につき，判例は次のように判示する。まず，追認権・追認拒絶権は共同相続人に不可分的に帰属し，全員でこれを行使しなければ無権代理行為が有効となることはない。そして，無権代理人以外の共同相続人が追認をしている場合には，無権代理人は信義則上追認拒絶できないとする（最判平5・1・21民集47・1・265）。

　(3)　本人が無権代理人を相続した場合　　無権代理人が死亡して本人がこの地位を相続した場合につき，判例は，本人が追認拒絶しても，何ら信義に反するところはないから，被相続人の無権代理行為は一般に本人の相続により当然有効となるものではないと解するのが相当であるとする（最判昭37・4・20民集16・4・955）。なお，本人が追認拒絶した場合，本人は無権代理人の地位を相続していることから，117条の責任を負担することになる（最判昭48・7・3民集

27・7・751）。

　(4)　**無権代理人を本人とともに共同相続した後，本人を相続した場合**　　無
権代理人が死亡して本人とともに共同相続した者が，その後の本人の死亡によ
り本人の地位も引き継いだ場合である。たとえば，Aの妻Bが，夫であるAを
無権代理してのA所有の土地を売却した後，Bが死亡してAとABの子Cが無
権代理人であるBの地位を共同相続し，その後本人であるAが死亡し，これを
Cが相続するようなばあいである。Cは無権代理人の地位を相続した後に，本
人の地位を相続している。このような事案で，判例は，この場合の相続人は本
人の資格で無権代理行為の追認を拒絶する余地はなく，本人が自ら法律行為を
したと同様の法律上の地位ないし効果を生ずるとしている（最判昭63・3・1判
時1312・92）。無権代理人を相続した者はその地位を包括的に承継するから，無
権代理をしていない場合でもこのように解されるというのがその理由である。

2　表見代理

　無権代理によってなされた行為は原則として本人に効果を生じないが，相手
方にとって代理権があると誤信してしまうような客観的な事情が存在し，しか
もそのような事情の存在に何らかの関与がある場合に，これが無権代理である
として本人にその効果が生じないことは相手方にとって酷である。そこで，こ
のような場合，代理権があったのと同様の効果を与えることで相手方を保護し
ている。これが**表見代理**である。表見代理も権利外観法理の一適用場面である
とされる。民法は，表見代理につき3つの類型を規定している。

1　代理権授与表示による表見代理

　実際には代理権を与えていないが，第三者に対して，他人に代理権を与えた
旨を表示した場合，その代理権の範囲内でその他人と第三者との間でした行為
について，本人は責任を負わなければならない（109条1項）。成立要件は，①本
人が第三者に対して，ある人に代理権を与えた旨の表示をしたこと，②無権代
理人が表示された代理権の範囲内で代理行為をすること，③相手方が善意・無
過失であること，である。この表見代理が成立すれば，本人は，相手方に対し，

無権代理人が相手方とした行為の責任を負わなければならないが，これは，その行為の効果が自分に帰属することを拒絶できないことを意味すると解されている。なお，表示された代理権の範囲外の代理行為がなされた場合には109条2項が適用される（後述）。

この表見代理が主に問題となるのは，本人の名義の使用を他人に許諾した場合（名義貸し，名板貸し）および白紙委任状が交付された場合である。

他人に自己の名義の使用を許諾した場合，第三者に対して他人に代理権を与えた旨を表示していると考えられる。判例は，他人が自己の名義を使用して取り引きしているのを知りながら黙認していた場合にも，これが代理権授与の表示にあたるとして表見代理の成立を認めている（最判昭35・10・21民集14・12・2661）。

白紙委任状とは，代理人や委任事項などを空欄のままにして，本人の署名と捺印のみがなされている委任状である。代理行為をするに当たり，代理人が空欄を補充して用いる（白地補充という）。白紙委任状を交付する場合でも，無制限の代理権を与えることはなく，代理権の範囲は制限されているのが通常である。そして，白紙委任状の交付を受けた者がこれを相手方に提示して自己の利益を図る目的で代理権を濫用した場合，代理権授与の表示があったとするのが通説の見解であり，裁判例も同様に解している（福岡高判昭37・2・27判時302・20）。しかし，白紙委任状は，通常，転々流通することを予定されていないため，直接交付を受けた者から転得した者がこれを濫用した場合には，代理権授与表示の表見代理は成立しないと解されている（最判昭39・5・23民集18・4・621）。

2 権限踰越の表見代理

一定の代理権（**基本代理権**）を与えられた代理人がその代理権の範囲外の行為をした場合，範囲外の行為については代理権が与えられていないため無権代理となるはずだが，相手方において代理権があると信ずべき正当な理由がある場合には，本人はその責任を負わなければならない（110条）。たとえば，Aが自己所有の家屋を担保に銀行から融資を受けることをBに依頼しその代理権を与えたところ，Bはその土地をCへ売却してしまった場合，Bの土地売買行為は

原則として無権代理であるが，Ｂが土地売買に関する代理権を有しているとＣが信ずべき正当の理由があるときは，本人はその責任を負わなければならない。

　この表見代理が成立するための要件は，①代理人に基本代理権が与えられていること，②代理人がその権限外の行為をしたこと，③代理権があると相手方が信ずるにつき正当な理由があること，である。効果は109条と同様である。

　表見代理制度は，権利外観法理の一適用場面である。権利外観法理は，真実とは異なる外観の存在，外観作出に関する本人の帰責性，第三者の信頼を要素として第三者の保護を図っている。そこで権限踰越の表見代理の要件を権利外観法理の要素と対比すると，基本代理権を与えたことが本人の帰責性と捉えられることとなる。そうすると，ここで何が基本代理権にあたるかという問題は，本人に責任を負わせるのにふさわしい関与があったかという観点から判断されることなる。判例は，事実行為に関する代理権については原則として基本代理権にあたらないとしている（最判昭35・2・19民集14・2・250）。また，単なる公法上の行為に関する代理権についても基本代理権にあたらないとしている（最判昭39・4・2民集18・4・497）。しかし他方で，公法上の行為である登記申請行為に関する代理権を与えた場合に，これが私法上の取引の一環としてなされる場合には，基本代理権となることを認めている（最判昭46・6・3民集25・4・455）。

　代理の相手方が，「権限があると信ずべき正当の理由があること」が必要とされるが，これは，無権代理について相手方が善意・無過失であることと理解されている。

　さて，権原踰越の表見代理は法定代理にも適用があるだろうか。法定代理においては，誰にどのような代理権が付与されるかが法定されているため，代理権授与について本人の関与がなく，表見代理を肯定しにくい。判例は，夫婦間には日常家事に関する代理権が相互に付与されており，一方がこの日常家事に関する代理権の範囲を超える行為をした場合には，相手方が，その行為が日常家事に関する代理権の範囲内に属すると信ずるにつき正当の理由のあるときにかぎり，民法110条の趣旨を類推適用しうると解している（最判昭44・12・18民集

23・12・2476)。

3 代理権消滅後の表見代理

代理権が消滅した後，もともと代理権を与えられていた者がその消滅した代理権の範囲内の行為をした場合，本人は，これを知らなかった第三者に対してその責任を負わなければならない（112条1項）。たとえば，A社の集金担当をしていたBが，仕事を辞めて代理権が消滅したにもかかわらずCから集金した場合，AはCに対して，Bの代理権が消滅している旨を伝えているのでなければ，AはCに対して代理権が消滅していたことを主張できず，結局Cに対して支払いを請求することはできないこととなる。

この表見代理が成立するための要件は，①以前存在した代理権が消滅していること，②代理権が消滅したことにつき相手方が善意・無過失であること，である。この表見代理は過去に存在していた代理権の範囲内に含まれる代理行為に関する規定であり，この範囲外の行為については112条2項が適用される（後述）。この表見代理が認められると，本人は代理権が消滅し，無権代理であることを相手方に主張することができず，有権代理と同様の責任を負うことになる。

4 表見代理の重畳適用

上記3つの表見代理はそれぞれ独立した規定であるが，いずれも権利外観法理を根底に持つ規定である。そこで，従来は各規定を重畳的に適用することで問題解決を図ることを判例は肯定してきた。すなわち，代理権授与の表示があり，これを超えた代理行為がなされた場合に，第三者が権限があると信じ，または信ずべき正当の事由があるときは，改正前109条（現行109条1項）と110条を重畳的に適用して本人に責任を負わせることを肯定した（最判昭45・7・28民集24・7・1203）。また，代理権消滅後，これを超えた代理行為がなされた場合に，第三者が権限があると信ずべき正当の事由があるときは，110条と改正前112条（現行112条1項）を重畳的に適用して本人に責任を負わせることを肯定した（大判昭19・12・22民集23・626）。

しかし，平成29年の改正により，前者の場合については109条2項が規定され，

後者の場合については112条2項が規定されるに至った。

第4節　条件と期限（期間の計算を含む）

　契約が有効に成立しても，効果を一定期間発生させなかったり，また効果は
発生するけれども一定期間経過後に消滅したりすることをあらかじめ約束して
おく場合がある。たとえば，「司法試験に合格したらお祝いに時計をあげよう」
という契約がなされた場合，契約自体は有効に成立しているが，司法試験に合
格するまでこの契約の効果は発生しない。このように，契約の効力の発生・消
滅について当事者が加える特別な制限のことを法律行為の付款という。法律行
為の付款には「条件」と「期限」がある。

1　条　　　件

　条件とは，効力の発生・消滅を将来生じるか否かが不確実な事実にかからし
める付款である。このうち，発生に関するものを**停止条件**といい，消滅に関す
るものを**解除条件**という。たとえば，「司法試験に合格したら時計をあげる」
という契約に付されている条件は，効果の発生に関するものなので停止条件付
きの契約である。また，「今年司法試験に合格できなかったら仕送りを打ち切
る」という契約に付されている条件は，効果の消滅に関するものなので解除条
件付きの契約である。なお，条件が付された場合，その内容が実現することを
「成就」といい，実現しないことを「不成就」という。

　条件が付された場合，その条件の成否が未定の間は効果は発生しないが，条
件成就によって利益を受ける者は，その間も将来発生するかもしれない利益に
対する現在の期待があり，これは**期待権**として法的に保護される。すなわち，
民法128条は，当事者は，条件の成否が未定である間は，条件が成就した場合
にその法律行為から生ずべき相手方の利益を害することはできないと規定して
いる。

　条件には，さまざまな内容のものが考えられるが，これには一定の制限があ

る。契約締結時すでに成就が確定している場合において，その条件が停止条件であるときは無条件となり，解除条件であるときは無効である。反対に不成就が確定している場合において，その条件が停止条件であるときは無効であり，解除条件であるときは無条件となる（131条）。

　不法の条件を付けた法律行為および不法な行為をしないことを条件とした法律行為は無効である（132条）。不能の停止条件を付けた法律行為は無効であり，不能の解除条件を付けた法律行為は無条件となる（133条）。停止条件付法律行為は，その条件が単に債務者のみの意思に係るときは無効である（134条）。なお，当事者の意思のみに係る条件を純粋随意条件といい，たとえば，「気が向いたら」というような条件がこれにあたる。

2 期　　限

　期限とは，効力の発生・消滅を将来生じることが確実な事実にかからしめる付款である。このうち，到来する時期が確定しているものを**確定期限**といい，到来する時期が確定していないものを**不確定期限**という。たとえば，「あなたが20歳になったら時計をあげる」という契約は確定期限付きの契約であり，「私が死んだらこの時計をあげる」という契約は不確定期限付きの契約である。

　期限が付された場合，期限が到来しないことによって当事者が利益を有する場合がある。これを**期限の利益**という。たとえば，AがBから半年後に返済するという約束で100万円を借りた場合，Aは半年後の期限まではこれを返還せずに自由に使用できるという利益を有する。また，この契約に利息の特約が付されていた場合，Bは期限までは利息をとることができるという利益を有する。期限は債務者の利益のために定められたものと推定される（136条1項）が，銀行の定期預金のように，双方が有する場合もある。期限の利益を有する者は，これを放棄することができるが（136条2項本文），これによって相手方の利益を害することはできない（136条2項ただし書）。たとえば，定期預金を預かっている銀行は，期限前に預金者に返還することができるが，返還期日までの利息を支払わなければならない（大判昭9・9・15民集13・1839）。

　なお，期限の利益を有する債務者に，破産手続開始決定等の信用を失わせる事由が生じたときは，期限の利益を主張することができない（137条）。当事者の約定で一定の事由が生じた場合に期限の利益を失う旨の定めをすることがある（期限の利益喪失約款）。実務で多用されている。

3　期間の計算

　契約の効力の発生・消滅に関して条件・期限を設定するほか，契約の効力についてその存続する期間を定めることがある。**期間**とは，ある時点から他のある時点まで継続した時の長さをいい，その始まる時点を**起算点**，終了する時点を**満了点**という。たとえば，アパートを借りる際，契約期間を2年間と設定したりすることがある。この場合，期間の経過によって契約は終了する。また，取得時効（162条）や消滅時効（166条）では期間の経過によって権利が発生したり消滅したりすることを規定している。いずれの場合においても，期間をどのように計算すればよいかが問題となる。

　民法は，期間の計算方法について**自然的計算法**と**暦的計算法**の2つを規定している。自然的計算法は，「秒」を最小単位として瞬間から瞬間までを計算する方法である。時・分・秒を単位として期間を計算する場合（たとえば，3時間）には，「即時」より起算し自然的計算法により計算される（139条）。これに対し暦的計算法は，「日」を最小単位として暦に従って計算する方法である。日，週，月，年を単位として期間を計算する場合（たとえば，1か月）には，原則として初日を参入せず（140条，初日不算入）に起算し，期間の末日の終了を満了点として計算される（141条）。なお，「年齢計算ニ関スル法律」は，民法上の原則とは異なり初日参入の原則を採用する。したがって，年齢については初日が算入される。

　相談に対する回答

　　契約が有効に成立するためには，まず成立要件を満たしている必要がある。

　　成立要件を満たしていなければそもそも契約は成立しない。権利能力を有する当

事者の合意があったのかを確認する必要がある。

　契約が成立していても，有効要件を満たさなければ契約は無効または取り消すことができる。意思能力がなければ無効であるし，制限行為能力者であった場合には取り消すことができる。また，契約の内容に問題があれば無効となる場合がある（契約の有効要件の問題）。さらに，意思表示に問題がある場合，心理留保の場合や虚偽表示の場合には無効となり，錯誤，詐欺又は強迫の場合には取り消すことができる。無効原因や取消原因がないか確認する必要がある。

　なお，この契約が代理人によってなされた場合には，これらに加えて，代理が有効であったかを確認しなければならない。すなわち，代理権は授与されていたか，有効な代理行為がなされていたか，その代理行為は代理権の範囲内の行為か，などをきちんと確認する必要がある。

第**3**章
売主の義務と買主の義務

第1節　物の引渡し

　AB間において売買契約が有効に成立した場合には，売買目的物の引渡しを
めぐる債権・債務が契約当事者に生ずる。すなわち，買主Bは目的物の引渡請
求権を取得し，これに対応して，売主Aは買主Bに売買目的物を引き渡すべき
義務を負う。この売主Aの目的物引渡義務の具体的な内容やこれに関連してど
のような義務が売主Aに課されるかに関しては，**特定物と種類物（不特定物）
の区別**が重要である。

　(1)　特定物と種類物　　**特定物**とは具体的取引において物の個性に着眼され
て取引された物をいう。これに対して，**種類物（不特定物）**とは具体的取引に
おいて物の個性に着眼されずに取引された物をいう。物の個性に着眼するとは，
契約当事者が他の物をもって代えることができないものとして取引すること，
換言すると，世の中広しといえども引き渡されるべきは唯一その物だけである

場合をいう。

　類似した分類として，**代替物・不代替物**の区別がある。これは取引上一般的に物の個性に着眼されて取引されるのが通常であるか否かによる分類である。具体的な当事者の意思ではなくて，その物の一般的な性質を基準とする点で特定物・種類物の区別とは異なる。

　具体的には，土地や家屋，中古の自動車，絵画などの芸術品は不代替物であるとともに，特定物として取引されるのが通常である。ビールやリンゴ，新品の自動車や冷蔵庫，新刊書などは代替物であるとともに，種類物として取引されるのが通常といえる。しかし，ある画家の絵であればどれでも良いという趣旨で契約をする場合には，不代替物ではあるが種類物となる。このように特定物・種類物と代替物・不代替物の区別は必ずしも一致しない。

　(2)　その他の物の分類　　物の分類としては，これ以外に次のようなものがある。

　(a)　不動産と動産　　**不動産**とは「土地及びその定着物」をいう（86条1項）。定着物の典型例は建物であるが，我が国では，建物は土地とは別個の不動産として扱われる。**動産**とは「不動産以外の物」すべてをいう（86条2項）。

　(b)　主物と従物　　家と畳・建具，あるいは腕時計とバンドのように，相互に独立した物ではあるが，ある物（畳・建具，バンド）が社会観念上継続して他の物（家，腕時計）の経済的効用を助ける客観的・経済的関係にある場合に，前者を**従物**，後者を**主物**という。この場合，「従物は主物の処分に従う」ものとされる（87条2項）。

　(c)　元物と果実　　元物から生ずる収益を**果実**という。果実は天然果実と法定果実に分けられる。**天然果実**とは物の用法に従って収取される産出物であり（果樹園のリンゴなど），**法定果実**とは賃料や地代のような物の使用の対価として受けるべき金銭その他の物をいう（88条1項・2項）。

I　特定物の引渡し

1　意　　義

特定物の引渡しを目的とする債権を**特定物債権**という（400条）。特定物の売買契約が締結されると，当該目的物の所有権は直ちに買主Bに移転する（176条，第4章第1節II参照）。したがって，売主は所有権を買主Bに移転すべき義務を負わない。売主が負うのは特定物の引渡しに関してである。

　このような特定物債権は特定物の売買契約だけでなく，特定物の贈与・交換によっても成立する。さらに，賃貸借や使用貸借，寄託などの場合にも特定物債権が成立する。これらの契約が終了したときは，借主や受寄者（保管者）は借りた物や預かった物それ自体（特定物）を返還しなければならないからである。

　また，特定物債権は法律の規定によっても生ずる。たとえば，事務管理に際して他人の特定物を占有するに至った場合の引渡義務（701条・646条1項）や，不当利得として現物返還義務（703条）を負う場合などがそうである。

2　効　　力

特定物債権が生ずると，売主には次のような義務が課される。

　(1)　目的物の引渡義務　　(a)　特定物の引渡義務　　売主は売買された目的物（特定物）を引き渡すべき義務を負う。特定物を引き渡さないときは，債務不履行の一般原則に従って，買主は履行請求権や損害賠償請求権，契約の解除権を行使することができる。

　　(b)　契約適合物の引渡義務　　引き渡すべき目的物は種類，品質または数量に関して契約の内容に適合した物でなければならない（562条1項）。単にその特定物をそのまま引き渡せば足りるわけではない（**特定物ドグマの否定**）。

　契約適合性の判断基準時は**引渡時**である。契約不適合の発生時期が契約締結の前後のいずれであるかを問わない。契約不適合性が契約締結時にすでに存在していた場合（契約不適合物を売却した場合）にも，この**契約不適合責任**が適用される。

　(c)　目的物の品質　　引渡しすべき物の品質はまず第1に「契約その他の債権の発生原因及び取引上の社会通念に照らして」決定される（483条）。たとえば，家屋の売買の場合には，住居としての使用を目的とするときは，雨漏りやシロアリ被害などがないような家屋を引き渡さなければならない。

　この基準によって引き渡すべき物の品質を定めることができないときは，第2基準として，「引渡しをすべき時の現状」で引き渡さなければならない（483条）。これを**現状引渡義務**という。

　物の有すべき品質の決定基準時はいずれの場合も「引渡しをすべき時」とされる（483条）。しかし，契約に基づく債権の場合には，前述の契約適合物の引渡債務を負担し，その契約適合性は「引渡時」が判断基準時である（562条1項）。したがって，「引渡しをすべき時」（**履行期**）を基準とするこの規定は無意味であるといえる。

　(2)　保管義務　　売主はその引渡しをするまで，善良な管理者の注意をもって，その物を保存すべき義務を負う（400条）。

　(a)　保存とは，自然的または人為的な滅失・損傷から物を保護して，物の経済的価値を維持することをいう。保存に際しては，売主は「契約その他の債権の発生原因及び取引上の社会通念に照らして」定まる「善良な管理者の注意」を用いなければならない（**善管注意義務**）。すなわち，契約の性質，契約をした目的，契約締結に至る経緯その他の事情，さらに取引上の社会通念などを考慮して個別具体的に決定される。当該契約と無関係に保存義務の内容や程度が抽象的・客観的に定まるわけではない。

　(b)　保存義務の存続期間は「引渡しをするまで」である。すなわち，現実に引渡しをする時（引渡時）までであって，引渡しをすべき時（履行期）ではない。

　(c)　保管義務に違反した場合には，債務不履行の一般原則に基づいて損害賠償の請求や契約の解除をすることができる。もっとも，保管義務は物それ自体に直接に関連するから，これの違反は通常は物の滅失や損傷という結果を生じさせる。このような場合には，引渡債務の不履行や契約不適合責任それ自体

を問題とすれば足り，保管義務違反を独自に根拠として持ち出す必要はない。保管義務を尽くしたことが債務不履行による損害賠償責任の免責事由の一つとして考慮されるに過ぎない。

3 特定物の滅失・損傷

(1) 引渡時までの目的物の滅失 　(a)　売主の責めに帰すべき事由により滅失したときは，債務不履行の一般原則に基づき，買主は損害賠償請求権および解除権を行使することができる。ただし，債務の履行は不能であるから，履行請求権はもちろん認められない（412条の2第1項）。

　(b)　当該滅失につき売主に帰責性が存在しない場合には，上記と同じく履行請求権は認められない。また，損害賠償請求権も生じない。損害賠償請求権は売主の帰責事由を要件とするからである（415条1項ただし書）。そうすると，目的物の引渡しを求める給付請求権はその実質的な意義を失う（ただし，債権が法律上当然に消滅するわけではない）。つまり，目的物が滅失したことの**給付危険**は買主が負担することになる。

　それでは，売主の代金請求権はどうなるのか（**対価危険**）。これが**危険負担**の問題である。法的には二つの扱いが考えられる。一つは，売主は代金請求できないとするもの（**債務者主義**）。もう一つは，売主は目的物を給付しないにもかかわらず，代金請求はできるとするものである（**債権者主義**）。この点について，民法は**履行拒絶権構成**を採用して，債権者は「反対給付の履行を拒むことができる」とした（536条1項）。これは実質的には債務者主義に帰する。

　なお，この場合にも，買主は解除権を行使することができる。したがって，履行拒絶権と解除権が併存的に買主に認められる。いずれでもその結果に違いはないが，売主が行方不明で解除の意思表示ができないような場合に，履行拒絶権の独自の存在意義が見出される。

　(c)　契約締結時の不能　家屋の売買契約を締結したが，契約締結時にすでに当該家屋が滅失していた場合はどうか。このように契約締結時に不能である場合を**原始的不能**，契約締結後に不能となった場合を**後発的不能**という。原始的不能を目的とする契約も有効であり（412条の2第2項），当該家屋の引渡し

を求める請求権が買主に成立する。原始的不能と後発的不能はこの点では同様に扱われる。したがって，原始的不能の場合にも，上述したことが基本的にそのまま妥当する。危険負担に関する536条では「履行することができなくなった」という文言が用いられているが，後発的不能だけでなく原始的不能の場合も含むものと解される。

(2) 引渡時の目的物の損傷　(a) 雨漏りやシロアリ被害，窓ガラスの破損などの場合には，物自体は存在しており，これの引渡しは可能である。しかし，売主は契約に適合した物を引き渡すべき義務を負うから，このままの状態で引き渡したとしても，債務を完全に履行したことにはならない。買主は売主に対して履行の追完を請求することができる（**追完請求権**・562条）。具体的には，「目的物の修補，代替物の引渡し又は不足分の引渡し」であるが，特定物の場合には修補の請求になろう。

買主が相当の期間を定めて催告したにもかかわらず，その期間内に履行の追完がないときは，買主はその不適合の程度に応じて代金の減額を請求することができる（**代金減額請求権**・563条1項）。

(b) 損傷の有無は引渡時を基準として判断される。当該損傷が契約締結時にすでに存在していたかどうかは問題とならない。

(3) 引渡後の滅失・損傷　(a) 売主が買主に目的物を引き渡した場合において，その引渡しがあった時以後に，その目的物が当事者双方の責めに帰することができない事由によって滅失・損傷した場合はどうか。ここでは，すでに引渡しがなされており，目的物の支配が買主に移転している。この支配の移転にともなって，目的物の滅失・損傷の危険も移転するのが公平の観点に適合する。そこで，民法は**危険の移転**の制度を設けてこれを規定した。このような場合には，買主は滅失又は損傷を理由として，履行の追完の請求，代金の減額の請求，損害賠償の請求又は契約の解除をすることができない（567条1項前段）。また，買主は代金の支払を拒むこともできない（同条後段）。つまり，給付危険および対価危険はいずれも買主が負担しなければならない。

(b) 引き渡された目的物が契約に適合した物である必要はない。契約不適

合物であっても，引渡しによって目的物の支配は移転するからである。もっとも，ここで否定されるのは「滅失・損傷を理由」とする各種の請求権に関してである。滅失・損傷ではなくて，契約不適合性を理由とする各種の請求権はこれとは無関係に行使することができる。

また，引渡前に存在していた原因に基づいて，引渡後に目的物が滅失・損傷したという場合も考えられる。この場合，当該原因が売主の保管義務違反によるときは，目的物の滅失・損傷は売主の責めに帰すべき事由に基づくから，危険の移転は生じない。

(4)　受領遅滞後の滅失・損傷　　売主が契約の内容に適合する目的物をもって，その引渡しの債務の履行を提供したにもかかわらず，買主がその履行を受けることを拒み，又は受けることができない場合において，その履行の提供があった時以降に当事者双方の責めに帰することができない事由によってその目的物が滅失し，又は損傷したときも，危険の移転が生ずる（567条2項）。ここでは，「契約に適合した物」であることが必要とされるが，これは受領遅滞の要件から当然に導かれる。

Ⅱ　種類物の引渡し

1　意　　義

たとえば，ビールやリンゴ，米などが種類物として売買される場合には，ビール1ケース，リンゴ10箱，米100 kg というように，引き渡されるべき**物の種類と数量**によって給付の内容が定められる。これによって，一定の種類に属する物の中から，一定量の引渡しをすべきことを内容とする債権，すなわち**種類債権**（不特定物債権）が生ずる。

種類債権の目的物は「種類と数量」によって確定されるが，さらに，その範囲を狭く限定することも可能である。たとえば，ある運搬船に積まれているリンゴの中から10箱，売主Aの倉庫内にある米の中から100 kg の引渡しなどが約束された場合である。これを**制限種類債権**（限定種類債権）という。

種類債権においては，契約当事者が引き渡されるべき物の個性に重きを置か

ないで，一定の種類に属する物の一定量であれば，そのいずれの部分であってもかまわないと考えるところにその特色がある。このことから，種類債権では（原始的・後発的）不能は問題とならず，また，完全な物の引渡義務や再調達義務を債務者が負うことなどが導かれる。ただし，制限種類債権では，制限内の種類物全部の滅失すなわち不能が生じうる（4(1)参照）。

このような種類債権は売買契約だけでなく，消費貸借や消費寄託の場合にも生ずる（587条・666条）。

2　目的物の引渡義務

(1)　種類物の引渡義務　　売主は一定の種類の中から一定数量を引き渡すべき義務を負う。売主が物を何も引き渡さないときは，債務不履行の一般原則に従って，買主は履行請求権や損害賠償請求権，契約の解除権を行使することができる。

(2)　契約内容に適合した物の引渡義務　　売買契約のように契約に基づく債権の場合には，引き渡すべき物は種類，品質又は数量に関して契約の内容に適合した物でなければならない（562条1項）。契約適合性の判断基準時は引渡時である。契約に適合しない物を引き渡した場合には，買主は契約不適合責任として追完請求権や代金減額請求権を行使することができる（562条1項・563条）。また，債務不履行の一般原則による損害賠償請求権や解除権の行使もできる（564条）。

(3)　目的物の品質　　種類債権においていかなる程度の品質のものを給付すべきかは，まず第一に，法律行為の性質又は当事者の意思によって定まる（401条1項）。前者の例としては，消費貸借が挙げられる。たとえば特上品の醬油1リットルを借りたときは，返還すべき物の品質は借りた物と同一でなければならない（587条）。消費寄託についても同様である（666条1項）。後者の当事者の意思によるというのは，品質につき当事者の特約がある場合である。

第二に，上記の基準で定まらないときは，債務者は中等の品質を有する物を給付しなければならない（401条1項）。この場合に，下等の品質の物を給付したときは，債務不履行の責任を負う。逆に，上等品を給付したときは，特に中等品でなければならない特段の事情が債権者にある場合を除いて，債務不履行と

はならない。

3 種類債権の特定

(1) **制度趣旨** 債務者の手元にある目的物が滅失したとしても，同じ種類の物が他に存在する以上，債務者はこれを再度調達してきて給付しなければならない。これが原則であるが，しかし，このような**再調達義務**は債務者にとってかなり重い負担となりうる。そこで，民法典は，一定の要件を満たす場合には，給付すべき物が一定の種類から特定の物に確定することを認め，これによって債務者を再調達義務から解放することにした。これが**種類債権の特定**の制度である。

(2) **特定の方法** このような効果を生ずる特定の方法としては，当事者の契約による場合と債務者の行為による場合の2つがある（401条2項）。

(a) **当事者の契約による特定** 当事者が契約によって目的物を選定したときは，これにより特定を生ずる。目的物を選定せずに，当事者の一方または第三者に指定権を与えた場合には，この指定権が行使されたときに特定を生ずる。401条2項の「債権者の同意を得てその給付すべき物を指定したとき」とはこれを意味する。

(b) **債務者の行為による特定** 種類債権は，債務者が「物の給付をするのに必要な行為を完了し」たときにも特定を生ずる（401条2項）。給付をするのに必要な行為を完了するとは，債務を履行するにつき債務者側においてなすことを要する行為をすべて完了することである。換言すると，履行期を標準として債権者が受け取ろうと思えば受け取れる状態に目的物をおくことである。

これを債務の履行地との関連でみると（履行地説），たとえば債権者の住所が履行地である場合には（**持参債務**），債務者が債権者の住所に持参して目的物を提供したときに特定する。債務者の住所が履行地である場合には（**取立債務**），給付すべき目的物を他の物から分離して債権者が取立てにくればいつでも受領しうる状態におき，この旨を債権者に通知して受領を催告すれば特定する。債権者または債務者の住所以外の場所が履行地である場合には（**送付債務**），第三地で現実に提供したときに特定する。ただし，第三地への送付が債務者の好意

に基づくときは，第三地に向けて発送すれば足りる。

　この目的物は契約適合性を有する物であることを必要とするか。通説はこれ
を肯定し，契約不適合物によっては特定は生じないとする。

　(3)　特定の効果　　種類債権の特定が生ずると，これ以後は，その物だけが
債権の目的物となる（401条2項）。したがって，特定後は特定物債権の一般原則
が基本的に適用される。

　　(a)　特定した物が滅失したときは，債務者の引渡債務は履行不能となる。
債務者は他の物を再調達して給付すべき義務を負わない（再調達義務からの解
放）。債権者は履行請求できないが（412条の2第1項），履行不能による損害賠償
請求権および解除権は行使できる。

　　(b)　特定以後は，債務者は目的物の保管義務を負う。

　　(c)　種類債権の特定が生じた時に，目的物の所有権は債権者に移転する。

4　物の滅失・損傷

　(1)　特定した物が引渡し前に滅失・損傷した場合　　特定した物が引渡され
る前に滅失または損傷した場合の法律関係は，特定物の場合と同じである。

　すなわち，①特定した物が滅失した場合，売主の責めに帰すべき事由による
ときは，債務不履行の一般原則による損害賠償請求権および解除権が生ずるが，
履行請求権は認められない。売主に帰責事由がないときは，給付危険は買主が
負担するとともに，反対債権たる代金債権について履行拒絶権が買主に認めら
れる（**危険負担**）（536条1項）。また，②損傷した物が引渡された場合には，追完
請求権等の契約不適合責任の問題となる。

　(2)　引渡後の滅失・損傷　　目的物が引き渡された後に滅失・損傷した場合
の法律関係も特定物の場合と基本的に同じであり，引渡しによって**危険の移転**
が生ずる（567条1項）。これとの関連で問題となるのは，同条括弧書きの「特
定」の意味である。有力説はこの特定を401条2項の「特定」と同義であり，危
険の移転には引き渡された物が契約適合性を有することが必要だとする。しか
し，契約適合性不要説が妥当であろう。①立法過程をみると，当初は，567条2
項につき「買主に引き渡すべきものとして引き続き特定されている」ことが要

件とされていたが，その後，1項に括弧書きが追加されるに伴って，これと「重複」するとして削除された。そうすると，ここでの「特定」とは「他の物との物理的な峻別の維持」を意味するからである。また，②特定物の場合には，契約に適合しない物を引き渡した場合にも，同条の規定が適用される。そうであれば，種類債権についてこれと区別して扱う理由はない。

(3)　受領遅滞後の滅失・損傷　　受領遅滞によっても，特定物の場合と同じく，危険の移転は生ずる (567条2項)。ここでは「契約に適合した物」であることが明示的に要求される。

第2節　代金の支払い

I　金銭の給付

1　金　銭　債　権

1　意　　　義

ＡＢ間において売買契約が有効に成立した場合には，買主Ｂは目的物の引渡請求権を取得するのに対して，売主Ａは売買代金（たとえば100万円）の支払いを求める請求権を取得する。このような**一定額の金銭**の給付を目的とする債権を**金銭債権**（**金額債権**）という。この場合には，100万円という貨幣価値の給付が目的とされており，これを実現する貨幣それ自体は全く問題とされない。この点において，金銭債権は種類債権よりもさらに一層抽象的な内容を有する。

これに対して，たとえば，コインマニアが陳列や装飾などの目的で金銭を購入する場合を考えてみると，そこでは貨幣は価値の表章としてではなくて，物それ自体として扱われている。コイン商で陳列ケースにある古銭を買う場合には，当該金銭は特定物として扱われている（**特定金銭債権**）。また，明治時代に発行された金貨の中から5枚を購入する契約を締結する場合には，金銭は種類物として扱われている（**金種債権**）。金銭債権とは金銭の給付を目的とする債権

であるというように広く定義すれば（**広義の金銭債権**），これらも金銭債権に属する。しかし，これらは特定物債権・種類債権そのものであって，後述する金銭債権の原則は適用されない。

金銭債権（金額債権）は売買と同じく賃貸借や請負などの有償行為の場合には一方の給付に対する対価として生ずるが，金銭の贈与や遺贈などの無償行為を原因としても生ずる。また，債務不履行や不法行為に基づく損害賠償のように，契約に基づかないで法律上生ずる場合もある（金銭賠償の原則・417条・722条1項）。

2 金銭債権の特質

一定額の金銭の給付を目的とするという金銭債権の特質から，弁済の方法および債務不履行に関して次のような規定がおかれる。

(1) **弁済の方法** (a) 債務者は自己の選択に従い**各種の通貨**をもって弁済することができる（402条1項本文）。通貨とは強制通用力のある貨幣および日本銀行券をいい，**強制通用力**とは，この効力を有する範囲の貨幣または日本銀行券による支払いが債務の本旨に従った履行になることを意味する。

「通貨の単位及び貨幣の発行等に関する法律」（昭62年法42号）によれば，貨幣の種類は500円，100円，50円，10円，5円および1円の6種類である（通貨5条1項）。これらの貨幣は額面価格の20倍までを限り，法貨として通用する（通貨7条）。したがって，代金2000円の支払いをするときに，買主は100円硬貨20枚を用いて弁済することができるが，50円硬貨40枚を用いて支払うことはできない。これと異なり，日本銀行が発行する銀行券は，公私一切の取引に無制限に強制通用力を有する（日銀（平9年法89号）46条2項）。

(b) 特定の種類の通貨で支払うべきことを特約で定めたときは，それに従う（402条1項ただし書）。このような金銭債権を**相対的金種債権**という。ただし，特定の種類の通貨が弁済期において強制通用力を失うときは，債務者は他の通貨で弁済しなければならない（402条2項）。

(c) 外国の通貨をもって債権額を指定した場合も，上記の標準に従う（402条3項）。すなわち，特約のない限り，その外国の各種の通貨で弁済できるとと

もに，日本の通貨で弁済してもよい。日本の通貨で弁済するときは，その換算率は履行地における為替相場による（403条）。

(2)　債務不履行の特則　　一般的には履行期が到来したにもかかわらず債務者が債務を履行しないときは，債権者は履行遅滞を理由として損害賠償を請求することができる。ただし，債務者に帰責事由がなければならない。また，債権者は被った損害を証明しなければならず，416条の相当因果関係の範囲内にある損害はすべて賠償される。

これが通常の債務不履行の場合であるが，金銭債権については次のような特別な取扱いがなされる。すなわち，①損害賠償の額は，債務者が遅滞の責任を負った最初の時点における法定利率（後述のⅡ❷3参照）によって定められる。ただし，約定利率が法定利率を超えるときは，約定利率に従って計算される（419条1項）。②債権者は損害を証明する必要はない（同条2項）。③債務者は履行遅滞が不可抗力によることを証明しても免責されない（同条3項）。

❷　同時履行の抗弁権

1　意　　義

ＡＢ間で売買契約が有効に成立すると，売主Ａは目的物の引渡債務を，買主Ｂは代金の支払債務をそれぞれ負う。このような場合に，たとえば，買主が代金の準備をせずに物の引渡しを請求してきたとき，売主は目的物の引渡債務を負っているからといって無条件に買主の請求に応じなければならないのだろうか（逆の場合も同様）。これを肯定するときは，売主は自己の債務の履行を先になし，その後で，代金は買主が任意で支払わないときは裁判に訴えて，さらに強制執行の手段を用いて回収することになるが，強制執行しても買主が無資力の場合には代金全額の回収は不可能となる。このような事態は明らかに衡平に反する。目的物の引渡しと代金の支払いを同時に行うべきことにすれば，両者間の衡平が確保されるとともに代金債権の回収も容易となる。

そこで，民法は，相手方がその債務の履行を提供するまでは，自己の債務の履行を拒むことができる権利を認めた（533条）。これが**同時履行の抗弁権**であ

る。

2 要　　件

同時履行の抗弁権が認められるためには，次の３つの要件を満たさなければならない。

(1) 同一の双務契約から生じた２つの対価的な債務が存在すること

(a) **双務契約**とは当事者の双方に対価的な債務を生じさせる契約をいう。売買契約がその典型例であるが，ここでは売主が目的物の引渡義務を負い，買主がこれの対価である代金を支払うべき義務を負う。目的物の滅失などによる売主の履行に代わる損害賠償債務も買主の代金債務と同様の関係に立つ（533条括弧書き）。これに対して，贈与のように当事者の一方のみが債務を負担し，あるいは，負担付き贈与や使用貸借のように，双方が債務を負担するが，これが互いに対価としての意味を有しない契約を**片務契約**という。

なお，契約当事者が対価的意義を有する給付をなすべき契約を**有償契約**，そうでない契約を**無償契約**という。上記の双務契約・片務契約の分類と混同してはならない。双務契約・片務契約は契約の効果として双方に債務が生じ，この両者の債務が対価的な関係に立つかどうかを基準とする。これに対して，有償契約・無償契約の区別は，当事者の負う債務に着目するのではなくて，経済的・実質的に対価が支払われているか否かを基準とする。したがって，双務契約は常に有償契約であるが，逆に有償契約は常に双務契約であるわけではない。たとえば，利息付消費貸借契約では，利息という形で借りたお金の対価が支払われるから，有償契約に属する。しかし，当事者の債務という観点から見ると，消費貸借は相手方から金銭を受け取ることによって契約は成立するから（**要物契約**・587条），貸主は金銭を引渡すべき義務を負わず，借主のみが借りたお金を返すべき義務と利息を支払うべき義務の２つの債務を負うことになる。したがって，利息付消費貸借契約は双務契約ではない。

(b) 双務契約における対価的な債務以外にも，同時履行の抗弁権が拡張的に認められる場合がある。明文規定による533条の準用の例としては，たとえば，①解除による双方の原状回復義務（546条），②負担付き贈与の負担義務と贈与

物の移転義務（553条），③終身定期金契約の解除の原状回復義務（692条）などが
ある。また，弁済と受取証書の交付については，同時履行の関係を認める明文
規定がある（486条1項）。

　さらに，留置権や動産質権の場合の弁済と留置目的物の返還などに関しては，
同時履行の抗弁権が解釈上肯定されている（通説）。

　(2)　双方の債務がともに弁済期にあること　　同時履行の抗弁権が認められ
るためには，双方の債務が履行期になければならない（533条ただし書）。契約に
よって，一方の債務の履行期が先に到来することが定められている場合すなわ
ち当事者の一方が先履行義務を負担する場合には，同時履行の抗弁権は成立し
ない。ただし，この場合でも，先履行義務を果たさない間に他方の債務の履行
期が到来したときは，同時履行の抗弁権が認められる（通説）。

　(3)　相手方が履行またはその提供をせずに単純に請求してきたこと　　相手
方が何も履行しないで請求してきたときは，給付の全部の履行を拒むことがで
きる。相手方が債務の一部を履行したり，不完全な履行をしたときは，履行拒
絶しうるのは，原則として，不履行部分に相当する債務に限られる。しかし，
例外的にこれが軽微・僅少なときは，履行を拒絶することはできないし，逆に，
重大なときは，全部の履行を拒絶しうる。

　相手方が弁済の提供をしたときは，契約当事者の一方は同時履行の抗弁権を
主張することはできない。**弁済の提供**とは原則的には債務者が債務の本旨に従
った給付を現実に提供すること，換言すると，債務者としてなしうることをす
べてなし，債権者の受領さえあれば弁済が完了しうる状態に置くことをいう
（**現実の提供**・493条本文）。ただし，債権者が予め受領を拒み，または債務の履行
について債権者の行為を要するときは，債務者は弁済の準備をした上でこれを
債権者に通知してその受領を催告すれば足りる（**口頭の提供**・493条ただし書）。こ
のような現実の提供または口頭の提供を相手方がなしたときは，同時履行の抗
弁権を主張することができない。

　これと異なり，当事者の一方が単なる受領拒絶ではなくて，自己の債務を履
行しない意思を明確にしている場合には，これの結果として，その者は同時履

行の抗弁権を喪失する（最判昭41・3・22民集20・3・468）。つまり，相手方による弁済の提供はここでは問題とならない。

　相手方が一度弁済の提供をすれば，その後提供せずに履行請求してきたときでも，同時履行の抗弁権は主張できないのか。有力説は同時履行の抗弁権を否定する。①「その債務の履行を提供するまで」とする民法典上の文言に合致すること，②受領遅滞に陥っている者に同時履行の抗弁権を認めないことが衡平に合致するというのがその理由である。しかし，一度提供しても，債務自体は消滅せず，したがって双務契約の牽連性は存在するのだから，これを肯定すべきであろう（判例・通説）。つまり，相手方が履行を再度請求するときは，同時履行の抗弁権を封ずるためには，自己の債務の提供しなければならない。もっとも，履行請求ではなくて，相手方が解除権を行使するときは，再度の提供をなす必要はない。

3　効　　　果

　(1)　行使の効果　　同時履行の抗弁権が成立するときは，当事者の一方はこれを行使して，相手方が履行の提供をするまで自己の債務の履行を拒むことができる（533条）。裁判上で行使されたときは，請求の棄却ではなくて，原告（請求者）の給付と引き換えに給付すべきことが被告に命じられる（**引換給付判決**）。

　(2)　存続の効果　　同時履行の抗弁権の存在自体から，次のような効果が認められる。

　　　(a)　履行遅滞の責任の免除　　契約当事者の一方が同時履行の抗弁権を有するときは，自己の債務の履行をしなくても履行遅滞の責任を負わない。同時履行の抗弁権によって，債務不履行の違法性が阻却されるからである。

　　　(b)　相殺の禁止　　同時履行の抗弁権が付着する債権を自働債権として相殺することは許されない（大判昭13・3・1民集17・318）。これを認めると，同時履行の抗弁権を有する当事者からこれを奪うことになるからである。

Ⅱ　購入資金の借入れ

　ＡＢ間で売買契約が成立した場合，買主Ｂは売主Ａに対して代金を支払うべ

き義務を負う。この場合にBが自己の手持ち資金で弁済することができれば問題はないが，第三者Cからの借入れによってこの弁済資金を調達することもある。マイホームの購入などでは，このような借入れは広く見られる。

　このように他人からお金を借りる場合には，法的には，両者の間で**消費貸借契約**が締結されることになる。そして，利息を支払うべきときは，この消費貸借契約とは別個に利息の支払いを目的とする**利息契約**が締結され，これに基づいて**利息債権**が生ずる。利息の利率は原則として当事者の自由に委ねられるが，**利息制限法**の定める制限を超過することは許されない。

1 消費貸借契約

1　意　　義

　消費貸借契約とは，当事者の一方が種類，品質および数量の同じ物をもって返還することを約して，相手方から金銭その他の物を受け取ることによって成立する契約をいう（587条）。

　もっとも，消費貸借の合意が書面でされた場合には，目的物の引渡しを要しないで契約は有効に成立する（**諾成的消費貸借契約**・587条の2第1項）。

　また，たとえばDがEに対して請負代金債務を負う場合において，DとEがこの請負代金を消費貸借の目的とすることを約したときは，消費貸借はこれによって成立したものとみなされる（588条）。これを**準消費貸借契約**という。貸借の目的物が貸主から現実に引き渡されていない点で，一般的な消費貸借契約とは異なるが（要物性の緩和），その効力は一般的な消費貸借と変わらない。

　ここでは，通常の消費貸借契約について先に説明し，それから諾成的消費貸借の特殊性についてみることにする。

2　成 立 要 件

（1）　貸借の目的物が金銭その他の代替物であること　　賃貸借や使用貸借の場合には，借主は**借りた物それ自体**を返還すべき義務を負う（例　アパートの一室の貸借）。したがって，貸主の目的物返還請求権は特定物債権である。これに対して，消費貸借の場合には，借主の目的物返還義務は「種類，品質および

数量の同じ物」の返還であって（種類債権），借りた物それ自体ではない。

　たとえば，山奥の別荘で夕飯時にお米や味噌，醤油などがないことに気づき，隣の住人から急遽これを借りたという場合には，借りた物を使用すると，その物自体は無くなってしまうから（**消費物**），その物自体を返還することはそもそも不可能である。このような消費物の貸借は消費貸借に依らざるを得ないが，新車の貸借のような場合でも，貸借された物それ自体ではなくて，同種の物の返還で足りるとする趣旨でなされるときは，消費貸借となる。このように消費貸借の目的物は代替物に限られる。また，消費貸借では借主が貸借目的物の所有権を取得する点でも賃貸借や使用貸借とは大きく異なる。

　もっとも，現代では，物の消費貸借はあまり例がなく，金銭の消費貸借が実際的には重要な役割を演じている。このように金銭が消費貸借の目的とされる場合を特に**金銭消費貸借契約**（略して**金消契約**）という。

　(2)　相手方からこれを受け取ること　　587条はこれを明示的に要件とする。通常は当事者の合意だけで契約は成立するが（**諾成契約**），消費貸借では，さらに物の引渡しがなされて初めて契約が成立する（**要物契約**）。これは主としてローマ法以来の沿革と各国の立法例に倣ったものである。

3　効　　力

　(1)　貸主の義務　　(a)　引渡義務の不存在　　消費貸借では目的物が引き渡されることが契約の成立要件とされる。したがって，貸主が借主に一定の物を引渡すべき義務は成立する余地はない。また，賃貸借のように，賃貸目的物を相手方の使用に適する状態に置き（601条），これに必要な修繕を行うべき義務（606条）を負うわけではない。

　　(b)　引き渡された物の契約適合性　　引き渡された目的物が契約に適合しないときは，貸主は次のような責任を負う。

　　　(ア)　利息付き消費貸借の場合　　利息付き消費貸借は有償契約であるから，売買の規定が準用される（559条）。したがって，引き渡された物が契約に適合しないときは，借主は代替物の引渡しなどの追完請求権や損害賠償請求権を行使することができる（562条・564条）。

　(ｲ)　無利息の消費貸借の場合　　消費貸借が無利息のときは，贈与者の担保責任の規定が準用される（590条1項）。したがって，貸主は引渡しの目的として特定した時の状態で引き渡せば足りる（551条1項）。契約に適合した物であることは必ずしも必要ではない。もっとも，これと異なる合意がなされているときは，その内容に適合した物を引き渡さなければならない。

　(2)　借主の義務　　(a)　用法義務の不存在　　使用貸借や賃貸借では，借主は契約またはその目的物の性質によって定まった用法に従ってその物を使用・収益すべき義務を負うが（**用法義務**，594条1項・616条），消費貸借の借主はこのような義務を負わない。消費貸借では目的物の所有権は借主に移転するから，借主はこれを自由に使用することができる。

　　(b)　返還義務　　(ｱ)　原則　　契約が終了したときは，借主は借りた物と同種・同等・同量の物を返還しなければならない（587条）。

　　(ｲ)　契約に適合しない物の引渡しを受けた場合　　貸主が契約に適合しない物を引き渡した場合には，上記の原則によれば，借主は同程度の契約不適合物を調達して返還すべきことになるが，このような物の返還は通常困難である。そこで，借主は物の返還に代えて，その物の価額を返還することができる（**価額返還**・590条2項）。このような価額の返還は利息の有無にかかわらず認められる。

　　(ｳ)　返還不能の場合　　借主が貸主から受け取った物と種類，品質及び数量の同じ物をもって返還することができなくなったときは，その時における物の価額を償還しなければならない（**価額償還**・592条本文）。ただし，金銭消費貸借が特定の種類の通貨の給付を目的としている場合において，債権の目的物である特定の種類の通貨が弁済期に強制通用力を失っているときは，借主は他の通貨で弁済しなければならない（同条ただし書）。

4　終　　了

　(1)　約定の返還時期の到来　　返還の時期の定めがあるときは，この期限が到来したときに，消費貸借契約は終了する。また，借主が担保を滅失・損傷させまたは減少させた場合や，担保を供する義務を負うにも拘わらずこれを供し

ない場合には，期限の利益の喪失によって，期限が到来する（137条2号・3号）。

（2）貸主の告知　　返還の時期の定めがないときは，貸主は相当の期間を定めて返還の催告（告知）をすることができる（591条1項）。この告知によって，消費貸借契約は終了する。

（3）借主の返還義務の履行　　借主は，返還の時期の定めの有無にかかわらず，いつでも返還をすることできる（591条2項）。ただし，返還の時期の定めがある場合において，貸主は，借主が期日前に返還したことによって損害を受けたときは，これの賠償を請求することができる（591条3項）。

5　諾成的消費貸借契約

（1）趣旨　　消費貸借の要物性を貫徹すると，金融機関と融資を受ける契約をしても，金銭が交付される前はまだ契約は成立していないから，金融機関から確実に融資が受けられる保証はない。これでは住宅をローンで購入し，あるいは大型の開発プロジェクトを企図する者にとって不都合である。このような実務上のニーズに応えるために，すでに判例も無名契約として**諾成的消費貸借**を認めていたが（最判昭48・3・16金法683・25），平成29年の民法改正では，これが明文化された（587条の2第1項）。

（2）成立　　消費貸借の合意に書面が必要とされる（587条の2第1項）。書面性は安易に消費貸借の合意をする者の出現を防止するためであり，また，これによって要物契約としての消費貸借と明確に区別することができる。消費貸借契約がその内容を記録した電磁的記録によってされた場合には，書面によってされたものとみなされる（587条の2第4項）。

（3）効果　　（a）諾成的消費貸借契約（書面でする消費貸借契約）が成立すると，借主の貸主に対する目的物引渡請求権が発生し，貸主は借主に目的物を引き渡すべき義務を負う。

（b）借主の解除権　　貸主から目的物の引渡しを受けるまでは，借主はこの契約を解除することができる（587条の2第2項前段）。たとえば，契約締結後に借主に借りる必要がなくなったような場合がそうである。ただし，貸主がこの契約の解除によって損害を受けたときは，借主に対して損害の賠償を請求する

ことができる（同条2項後段）。貸主が金銭等を調達するために負担した費用相当額はこれに該当するが，弁済期までの利息相当額を損害として賠償請求することはできない。

　（c）　破産手続開始の決定　　目的物の引渡しを受ける前に当事者の一方が破産手続開始の決定を受けたときは，諾成的消費貸借契約はその効力を失う（587条の2第3項）。目的物の引渡し前の破産においては，当事者間の不公平および破産手続の煩雑さを回避する必要があるからである。

2　利息契約

1　意　　義

　他人の物を借りて使用するときは，その使用の対価を支払うのが通常である。他人の土地や家屋を借りたときは，その対価として**賃料**が支払われる。これと同じように，他人から金銭などを借りた場合にその使用の対価として支払われるのが**利息**である。

　このような**利息**は一般的には金銭その他の代替物の使用の対価として，元本額と使用期間に応じて，一定の利率により支払われる金銭その他の代替物をいうものと定義づけられる。つまり，利息は流動資本（金銭その他の代替物）である**元本**から生ずる収益である。したがって，固定資本すなわち不代替物である土地，建物，機械などの使用の対価である地代や賃料などは利息ではない。

　他人から金銭などを借りた場合でも，利息を支払うべき義務が当然に生ずるわけではない。利息の支払いは消費貸借契約の不可欠な要素ではないからである（587条参照）。したがって，利息支払義務を借主に課すためには，消費貸借契約と並んで，利息の支払に関する契約（**利息契約**）を別個に締結しなければならない（589条1項）。通常は消費貸借の合意と利息の支払いの合意が同時になされ，1個の契約書に記載されることが多いが，この場合でも，法的には消費貸借契約と利息契約の2つの契約が存在する。

　なお，消費貸借契約とは関連しないが，利息を支払うべき義務が法律の規定によって生ずる場合もある（442条2項・459条2項・545条2項など）。当事者の契約

によって生ずる利息を**約定利息**，法律の規定に基づいて生ずる利息を**法定利息**という。

2 利 息 債 権

(1) 意義　　**利息債権**とは，利息の給付を目的とする債権をいう。たとえば，AがBに1000万円を10年後に返済するという約束で貸与し（金銭消費貸借契約），年1割の利息を支払うことが合意されたとする（利息契約）。この場合，AはBに元本1000万円の返済を求める請求権（**元本債権**）と年1割の利息の支払いを求める債権を有する（**基本権たる利息債権**）。そして，1年が経過する毎に，その年の利息100万円の支払いを求める具体的な請求権が発生することになる（**支分権たる利息債権**）。

(2) 性質　　基本権たる利息債権は元本債権に対して**付従性**を有する。つまり，元本が存在しなければ利息債権は成立せず（**成立における付従性**），元本債権が消滅すれば利息債権も将来に向かって消滅する（**消滅における付従性**）。元本債権が譲渡されると，利息債権もこれに伴って移転する（**移転における付従性＝随伴性**）。

　これに対して，具体的に成立して弁済期の到来した支分権たる利息債権はこのような付従性を有しない。

3 利　　　率

(1) 利率の定め方　　**利率**は元本額に対する利息の割合であり，元本を使用する一定期間を単位として定められる。年利や月利は百分率で，日歩は100円につき何銭と定められる。

(2) 約定利率と法定利率　　約定利息の利率は契約または慣習により定まり，その内容は原則として自由である（**約定利率**）。ただし，利息制限法による制限を超えることはできない。利率が約定されない場合には，法律の定める利率（**法定利率**）による（404条1項）。

　法定利息の利率は，法律に別段の定めがない限り，法定利率による。

(3) 変動制による法定利率　　一般的な経済情勢の変動等に連動して適切な水準を確保するために，平成29年の民法改正では，従来の固定制に代えて，法

定利率の**変動制**が新たに採用された（404条 3 項以下）。

　（a）　法定利率の適用の基準時　　変動制の下でも，利息債権について具体的に適用される法定利率は**利息が生じた最初の時点**における法定利率に固定される（404条 1 項）。したがって，一つの元本債権について生ずる利息の利率は，その元本債権に係る利息が最初に具体的に生じた時点の法定利率による。法定利率がその後に変動しても，この元本債権に適用される利率は変動しない。

　（b）　法定利率の改訂　　法定利率は次のような仕組みで改訂される。

　　㋐　出発点と改訂の期間　　①出発点となる当初の法定利率（新法施行時の利率）は年 3 ％である（404条 2 項）。また，②改訂は 3 年を一期として，一期（3 年）ごとに行われる（同条 3 項）。

　　㋑　基準割合　　改定幅の算出の基礎に置かれるのは**基準割合**という概念である。この基準割合とは 5 年分の短期貸付け利率の平均値を意味する。具体的には，各期の初日の属する年の 6 年前の年の 1 月から前々年の12月までの各月における短期貸付の平均利率の合計を60で除して計算した割合である（同条 5 項）。ただし，この割合に0.1％ 未満の端数があるときは，これは切り捨てられる。

　　㋒　改定幅　　「当期における基準割合」から「直近変動期における基準割合」を差し引いた割合が**改定幅**となる（同条 4 項）。ただし，この割合に 1 ％ 未満の端数があるときは，これは切り捨てられる。

　直近変動期とは，法定利率に変動があった期のうち直近のものをいう。法定利率に変動があった期でなければならないから，直近変動期とは必ずしも直前の改定期すなわち 3 年前の改定期を意味するわけではない。

　　㋓　新たな法定利率の算出　　直近変動期における法定利率に上記の差を加えたものが新しい法定利率となる（同条 4 項）。上記の差がプラスであれば，直近変動期における法定利率に加算され，マイナスであれば，これが差し引かれる。

　（c）　新たな法定利率の算出方式　　上記のことを計算式で表すと，次のようになる。

新たな法定利率

＝直近変更期における法定利率＋（当期における「基準割合」－直近変更
期における「基準割合」）

3 利 息 制 限 法

1 沿 革

利率が余りにも高い場合には，借主の経済的な再起が極めて困難となり，経済的な隷属状態の発生などの弊害が生ずる。そこで，我が国では，明治10年に太政官布告第66号として利息制限法が制定された。これは民法施行後も効力をもつものとされたが，昭和29年に全面的な改正が行われた。これと同時に，刑事面からの規制として，「出資の受入，預り金及び金利等の取締等に関する法律」（出資法，昭和29年法第195号）が制定された。

昭和58年には，サラ金業者による高金利貸付け，無差別過剰融資，悪どい取立て（サラ金三悪）などによる利用者の自殺や家出等の社会問題に対処するために，「貸金業の規制等に関する法律」（貸金業規制法，昭和58年法32号）が制定された。

その後，平成11年のいわゆる商工ローン事件，平成18年上旬に出された最高裁判決（最判平18・1・13民集60・1・1など）を受けて，それぞれ法改正がなされた。とりわけ平成18年の法改正は抜本的な改正というべきものであり，そこでは，①金利体系の適正化，②貸金業の適正化，③過剰貸付の抑制，④ヤミ金融対策の強化，⑤多重債務者問題に対する政府を挙げた取組みの推進がその改正の要点とされた。また，これまでの貸金業規制法は貸金業法へと名称が改められた。ここでは，主として金利体系の適正化を中心として現行法の規制を見ることにする。

2 利率の制限

(1) 制限利率　　制限利率は，①元本が10万円未満の場合には年2割，②10万円以上100万円未満の場合には年1割8分，③100万円以上の場合には年1割5分である（利息1条）。礼金，割引金，手数料，調査料その他の元本以外の金

銭はすべて利息とみなされる（みなし利息）。ただし，契約の締結および債務の弁済の費用はこの限りではない（利息3条）。

(2)　**違反の効果**　　この利息の制限に違反した場合には，その超過部分について利息契約は無効となる（利息1条）。たとえば，150万円を年2割の約束で借りた場合には，制限利率を超える5分の限度で無効となる。したがって，借主はこの5分の超過部分については弁済すべき義務を負わない。借主がこの超過部分を任意で支払ったとしても，不当利得に基づいてこれの返還を請求することができる（703条）。法改正前は，これの返還請求を否定する規定が置かれていたが（旧利息1条2項），現行法はこれを廃止して，制限違反の利息契約を超過部分につき**絶対的無効**とした。

　利息が天引きされた場合には，債務者の受領額を元本として適用制限利率を定め，天引額がこれにより計算した金額を超えるときは，その超過部分は元本の支払いに充てたものとみなされる（利息2条）。つまり，借主による不当利得返還請求権の行使を待つまでもなく，元本への充当によって計算上返還を受けたのと同様の効果が生ずる。

(3)　**営業的金銭消費貸借の特則**　　利息制限法はその第2章において営業的金銭消費貸借についての特則を定める（利息5条以下）。5条から7条までは第1章の規定と異なる内容を定める特別規定である。また，8条および9条は営業的金銭消費貸借における保証料について新たに創設された規定である。

　営業的金銭消費貸借とは，債権者（貸主）が業として行う金銭を目的とする消費貸借をいう（利息5条1号）。したがって，業としてではない金銭の消費貸借，たとえば個人間の金銭消費貸借については，これらの規定は適用されない。

3　刑　　罰

　金銭の貸付けを行う者が年109.5％を超える割合による利息の契約をしたときは，5年以下の懲役もしくは1000万円以下の罰金，またはこれが併科される（出資5条1項）。

　業として金銭の貸付けを行う者が年20％を超える割合による利息の契約をしたときも同様である（同5条2項）。改正前は29.2％であったが，これを20％に引

き下げて利息制限法の制限利率（元本100万円以上の場合）に合わせた。

4　貸金業法

　利息制限法の制限利率の強行法規化に伴い，従来の貸金業規制法は**貸金業法**に名称変更された。また，①貸金業者は利息制限を超える利息の契約を締結してはならないものと定められ（貸金業法12条の8第1項），②超過利息の支払いを一定の要件の下で「有効な利息の債務の弁済とみなす」ことによって貸金業者を優遇していた旧貸金業規制法43条1項（いわゆる「みなし弁済」規定）が削除された。

第3節　債権関係の終了

　売主Aおよび買主Bは売買契約に基づいてこれまで述べてきたような債務を負う。売主Aが目的物を引き渡したときは，Aの目的物引渡債務（すなわちBの目的物引渡請求権）は消滅する。同じく，買主Bが代金を支払ったときは，Bの代金債務（すなわちAの代金請求権）は消滅する。このように当事者双方の債務が消滅すると，これによって売買契約に基づく債権関係も無くなる。

　このように本来の給付がなされた場合には，債権（債務）はもちろん消滅するが，しかし，債権（債務）の消滅はこれに限られる訳ではない。すべての債権に共通する消滅原因とその他の消滅原因に分けて，これを見ることにしよう。

1　債権の消滅原因

　民法は，473条以下において，契約に基づく債権および法律の規定に基づく債権に共通する一般的な消滅原因を規定する。これは，債権の目的達成による消滅（弁済，代物弁済，供託，相殺）と，そうでない消滅原因（更改，免除，混同）に大別することができる。

　(1)　目的達成による消滅原因　　(a)　弁済（473条）　　弁済とは債務の本旨に従った給付を実現することである。これは債務の履行と同じである。債権消滅の面からみると「弁済」であるが，債務内容を実現する行為の視点からは

「履行」と表現される。

　　(ア)　弁済者　　弁済しうる者は，債務者および弁済の権限を有する第三者（債務者の代理人や不在者の財産管理人など）である。

　さらに，これ以外の第三者も債務者の債務を有効に弁済することができる（**第三者の弁済**，474条1項）。もっとも，第三者が弁済をするについて正当な利益を有する者（物上保証人や後順位抵当権者，抵当不動産の賃借人など）でない場合には，次のような制限に服する。

　①正当な利益を有しない第三者は**債務者の意思**に反して弁済することができない。ただし，債務者の意思に反することを債権者が知らなかったときは，弁済は有効となる（474条2項）。また，②正当な利益を有しない第三者は**債権者の意思**に反して弁済することができない。債権者は自己の意思に反することを理由に受領を拒絶できる。ただし，この第三者が債務者の委託を受けて弁済する場合において，そのことを債権者が知っていたときは，この限りではない（同条3項）。

　さらに，弁済するについて正当な利益を有するか否かにかかわらず，①債務の性質がこれを許さない場合（労務者の労務提供，絵画の制作，舞台出演など），および②第三者弁済の禁止特約がある場合にも，第三者は弁済することができない（同条4項）。

　有効に弁済した第三者は，債務者との内部関係に基づいて求償しうる範囲内において，債権の効力及び担保としてその債権者が有していた一切の権利を行使することができる（501条1項・2項）。すなわち，弁済者は当然に**債権者に代位**する（**弁済者の代位**）。したがって，債権者の有していた原債権およびこの債権の担保である抵当権や保証債務などは弁済によって当然に第三者に移転し（譲渡行為などは不要），第三者はこれらの権利を行使することができる。このことは弁済するについて正当な利益を有する第三者であるか否かを問わない。ただし，正当な利益を有する者でない場合には，弁済者が債務者や第三者に対して権利行使するためには対抗要件を備えることが必要である（500条）。

　　(イ)　弁済の相手方　　弁済の相手方は債権者または弁済受領の権限を有

する第三者（債権者の代理人や法定代理人，差押債権者など）である。そうでない場合は，弁済は無効であり債権は消滅しない。

　もっとも，弁済の相手方が受領権者でなかった場合でも，その相手方が取引上の社会通念に照らして受領権者としての外観を有していたときは，善意・無過失でなされた弁済は効力を有する（**表見受領権者に対する弁済**・478条）。これは外観を信頼して弁済した者を保護するためのものである（表見法理・権利外観法理）。このような表見受領権者としては，たとえば，無効な債権譲渡契約に基づく譲受人，債権の表見相続人，預金証書と印章の持参人，真正または偽造の受取証書の持参人，詐称代理人などが挙げられる。

　また，有価証券においては，さらに信頼保護が強化され，証券の所持人が無権利者の場合でも，債務者が悪意・重過失でない限り，証券の所持人に対する弁済は有効となる（520条の10など）。

　　　(ウ)　弁済の充当　　債務者が同一の債権者に対して一個または複数の債務を負担している場合に，弁済として提供した給付がその債務の全部を消滅させるに足りないときは，その給付をもってどの債務の弁済にあてるべきかを決定する必要がある（**弁済の充当**）。たとえば，AがBに対して3000万円の債務と2000万円の債務を負担している場合に，Aが1000万円を支払ったようなときである。

　この場合，両者の間に合意があれば，その順序に従う（**合意による充当**・490条）。そうでないときは，弁済をする者が給付の時にこれを指定することができる（**指定充当**・488条1項）。弁済をする者が指定しないときは，弁済を受領する者が指定することができる（同条2項）。いずれの当事者もこのような充当の指定をしない場合には，①弁済期の到来の有無，②債務者にとっての弁済の利益の大きさ，③弁済期の先後を基準として充当先が決定される。②③の事項が相等しい債務の弁済は各債務の額に応じて充当される（**法定充当**・488条4項）。その他の債務との関係では，費用，利息，そして元本の順に充当される（489条1項）。

　　(b)　代物弁済（482条）　　代物弁済とは，債権者との間で，債務者が本来

の給付に代えて他の給付をすることにより債務を消滅させる旨の契約（代物弁済の契約）をいう。この場合には，債務者が当該他の給付をしたときに，債務は消滅する（482条）。

　(c)　供託（494条）　　債務者が債権者のために弁済の目的物を供託すると，この時に債権は消滅する。弁済のための供託（弁済供託）は次の場合に認められる。すなわち，①弁済を提供したにもかかわらず，債権者がその受領を拒んだとき，②債権者が弁済を受領することができないとき，③債務者の過失なしに債権者を確知することができないとき，の３つである（494条１項・２項）。

　(d)　相殺（505条）　　２人の当事者が互いに相手方に対して同種の債権を有する場合，一方当事者は相手方に対する意思表示によって，その債務を対等額で消滅させることができる。これを**相殺**という。

　たとえば，ＡがＢに対して1500万円の債権を有し，ＢがＡに対して1000万円の債権を有する場合，ＡまたはＢの相殺の意思表示により，対等額1000万円の限度で両者の債権は消滅し，ＡのＢに対する債権は500万円となる。

　相殺する側の債権を**自働債権**，相殺される側が有する債権を**受働債権**という。したがって，Ａが相殺する場合には，Ａの1500万円の債権が自働債権，Ｂの1000万円の債権が受働債権となる。逆に，Ｂが相殺する場合には，Ｂの債権が自働債権，Ａの債権が受働債権となる。

[図表 3-1]　相殺

　相殺は，上記の例から明らかなように，簡易な決済を図るとともに，相手方がたとえ無資力であっても債権の回収ができる点で**債権担保の機能**を営む。

　相殺をするには，①同一当事者間に債権の対立があること，②対立する債権が同種の目的を有すること，③両債権が弁済期にあることが必要である。これらの要件を満たして債権が相殺しうる状態にあることを**相殺適状**という。

　ただし，次のような場合には，相殺適状にあっても，相殺することはできない。①法律上の相殺禁止（労基17条など），②性質上の相殺禁止（いわゆる「なす債務」の場合［相互の不作為債務や労務提供債務など］，自働債権に同時履行の抗弁権が付着している場合など。505条１項ただし書），③相殺禁止特約がある場合（505条２項），④受働債権が悪意による不法行為に基づく損害賠償の債務である場合（509条１号）および人の生命または身体の侵害による（債務不履行または軽過失による不法行為に基づく）損害賠償の債務である場合（同条２号），⑤受働債権が差押禁止債権である場合（510条），⑥受働債権が差押えを受けた債権である場合（511条），⑦自働債権が訴求力を欠く債権である場合（理論上）がそうである。

　(2)　目的達成によらない消滅原因　　(a)　更改（513条）　　既存の債権を消滅させて，新たな債権を発生させることを内容とする契約が更改である。旧債権の消滅と新債権の成立が１個の契約の中で条件づけられている。したがって，旧債権が消滅しないときは新債権は成立せず，逆に新債権が成立しないときは旧債権は消滅しない。

　　(b)　免除（519条）　　免除とは，債権者が債務者に対する一方的な意思表示によって債務を消滅させることであり，換言すると，債権の放棄をいう。

　　(c)　混同（520条）　　債権者の地位と債務者の地位が相続などによって同一人に帰した場合には，債権を存続させる意味がないため，債権は消滅するものとして扱われる。これが**混同**である。ただし，当該債権が第三者の権利の目的となっているときは，債権は消滅しない（520条ただし書）。

2　その他の消滅原因

　(1)　概要　　債権は，473条以下で定められた消滅原因の他に，次のような原因によっても消滅する。

①　債権も権利であるから，権利の一般的な消滅事由によって消滅する。たとえば，消滅時効の完成，権利の存続期間の到来などがそうである。

②　契約に基づく債権については，債権発生の基礎である法律関係の消滅により，債権も消滅する。たとえば，契約の解除や取消しなどにより契約が

効力を失うと，債権も消滅する。

③　契約類型に特有な消滅原因も存在する。たとえば，委任契約は，委任者または受任者の死亡または破産手続開始の決定，および受任者の後見開始の審判により消滅する（653条）。また，使用貸借契約は，借主の死亡によって終了する（597条3項）。

これらの中で，とりわけ重要な消滅時効に関して，次にみることにしよう。

(2)　消滅時効　　(a)　時効期間　　㋐　原則　　債権者が権利を行使することができることを知った時（**主観的起算点**）から5年間行使しないときは，債権は時効によって消滅する。また，権利を行使することができる時（**客観的起算点**）から10年間行使しないときも，債権は時効によって消滅する（166条1項）。

主観的起算点である「債権者が権利を行使することができることを知った時」とは，債権の成立と期限の到来，条件成就など権利行使にとって法律上の障害がないことを知った時をいう。また，客観的起算点である「権利を行使することができる時」とは，弁済期の到来や停止条件の成就など，権利行使につき法律上の障害がなくなった時を意味する。病気や旅行など，個人的な事情で権利行使ができない場合は含まれない。

㋑　例外　　次の債権については，特別な時効期間が定められる。

①　人の生命又は身体の侵害による損害賠償請求権については，主観的起算点から5年は同じであるが，客観的起算点からは20年である（167条）。

②　定期金債権については，主観的起算点から10年，客観的起算点から20年である（168条1項）。

③　判決で確定した権利については，10年より短い時効期間の定めがあるものであっても，その時効期間は10年であるが（169条1項），判決確定の時に弁済期が到来していない債権は除かれる（同条2項）。

(b)　消滅時効の効果　　債権の消滅時効が完成しても，債権は当然には消滅しない。時効の効果が生ずるためには，当事者が時効を援用することが必要である（145条）。時効の援用があれば，これによって債権はその起算日に遡って消滅する（144条）。これを**時効の遡及効**という。

　(ア)　時効の援用　　**時効の援用**とは，当事者が時効の利益を享受することを主張する行為をいう。しかし，一方では，時効の完成によって債権は消滅するとしながら，他方では，時効の援用を必要とする点で，両者の関連が問題となる。これには種々の学説が存在するが，現在の判例および通説はいわゆる**停止条件説**の立場に立つ（最判昭61・3・17民集40・2・420）。すなわち，「援用」を停止条件として債権消滅の効果は確定的に生じ，逆に，**時効利益の放棄**（146条）があれば，時効の効果は発生しないことに確定する。

　(イ)　援用の方法　　時効の援用は裁判外でも行うことができる。停止条件説によれば，実体的な権利関係を確定させるための意思表示に他ならないからである。

　(ウ)　援用権者　　時効を援用しうる者は「当事者」である（145条）。ただし，消滅時効については，保証人，物上保証人，第三取得者その他権利の消滅について正当な利益を有する者も当事者に含まれる（同条括弧書き）。これと異なり，後順位の抵当権者は消滅時効を援用することができない。後順位抵当権者は先順位抵当権の消滅によって順位上昇の利益を享受するが，これは単に反射的な利益に過ぎないからである。

　(c)　時効障害　　時効期間が満了するまでの間に一定の事由が生ずると，時効の完成が妨げられる。これが**時効障害の制度**である。これには，**時効の完成猶予**と**時効の更新**がある。前者は時効の完成を一時猶予するものであり，この事由が終了すれば，以前の時効が再開する。後者は一定の事由が生ずると，それまでの時効期間の経過がなかったものとして，新たに時効がゼロから開始するものである。民法は当事者および関係者間で生じた事態の類型ごとに規定するが，ここでは効力に着目して整理してみよう。

　(ア)　時効の完成猶予　　(i)　権利行使による完成猶予　　①裁判上の請求等をしたときは，この事由が終了するまでの間は，時効は完成しない（147条1項）。②強制執行等（148条1項）または③仮差押え等（149条）をしたときも，同様である。さらに，④催告したときは，その時から6か月を経過するまでの間は，時効は完成しない（150条1項）。⑤権利についての協議を行う旨の合意が書

面でなされたときは，合意のときから1年を経過した時又は定められた協議期間を経過した時のいずれか早い時までの間は時効は完成しない（151条1項）。

　　(ii)　権利行使の困難性による完成猶予　　①未成年者又は成年被後見人に法定代理人がいないとき（158条1項），②未成年者又は成年被後見人がその財産を管理する父，母又は後見人に対して権利を有するとき（158条2項），③夫婦の一方が他の一方に対して権利を有するとき（159条），④相続財産の場合（160条），⑤天災その他避けることのできない事変の場合（161条）。これらはいずれも権利行使が事実上期待できないことを理由に時効の完成を猶予するものであり，猶予期間はその事由がなくなった時から6か月（①ないし④）または3か月（⑤）である。

　　(イ)　時効の更新　　①裁判上の請求等によって権利が確定したときは，この事由が終了した時から，時効は新たに進行を始める（147条2項）。②強制執行等の場合には，この事由が終了した時から，時効は新たに進行を始める（148条2項）。③権利の承認があったときは，その時から，時効は新たに進行を始める（152条1項）。

　時効の完成猶予との関連をみると，上記の①と②は完成猶予の事由でもあるから，双方の効力が認められる。他方で，③の承認については，時効の完成猶予は認められない。

第4節　債務不履行と債権者の救済手段

　弁済などの債権の消滅原因が生じたときは，債権はこれによって消滅する。これに対して，債権が有効に存在しているにも拘わらず，債務者がこれを履行しないときは（**債務不履行**），どうなるか。このような事態が生じたときは，債権者には次のような3つの救済手段が認められる。

　まず第1に，国家の力によって強制的に債権の内容の実現を図ることができる（**現実的履行の強制**・414条）。もちろん直ちにこのような強制的な措置をとることはできず，その前提要件を満たさなければならない（後述参照）。

　第2に，債務者の債務の不履行によって債権者が損害を被った場合には，債権者はこの損害の賠償を請求することができる（**損害賠償請求権**・415条）。

　第3に，債権が契約に基づいて生じたときは，債権者はこの契約を解除することができる（**契約解除権**・541条以下）。これによって，契約は当初から存在しなかったものとして扱われる。

　なお，現実的履行の強制や契約の解除がなされても，すでに生じた債権者の損害が回復されるわけではない。したがって，債権者はこれとは別個に損害賠償請求権を行使することができる（414条2項・545条4項）。

I　現実的履行の強制

1　意　　義

　現実的履行の強制とは国家の裁判機関によって強制的に債権の内容を実現することをいう。これの具体的手続については民事執行法がこれを定める。**民事執行**というのは，①一般債権による強制執行，②担保権の実行としての競売（担保執行），③形式的競売（留置権による競売および換価），④債務者の財産の開示を含むすべての総称であるが（民執1条），現実的履行の強制はこの中の**一般債権による強制執行**（①）に該当する。

2　要件と強制の方法

　(1)　**強制執行の開始の要件**　　裁判所が債権者の申立てに基づいて強制執行手続を開始するためには，①債務名義の存在（民執22条），②執行文の付与（民執26条），③債務名義等の送達（民執29条）が必要とされる。

　債務名義とは強制執行によって実現されるべき請求権の存在およびその内容を公に証明する文書をいう。民執22条は債務名義となり得るものを列挙しているが（同条1号ないし7号），その典型例は**確定判決**と**執行証書**である。すなわち，債務者が債務不履行している場合に，債権者は直ちに強制執行を申立てることができるわけではない。そうではなくて，まず最初に，債権者は債務者を相手として訴えを提起して，債務者に給付を命ずる判決を取得しなければならない。この判決が不服申立の余地がなくなったときに，確定判決として債務名義とな

る（民執22条1号）。この裁判手続が煩わしい場合には，金銭債権などに関しては，執行証書を予め作成しておけばこれを回避することができる。すなわち，公証人に公正証書を作成してもらい，その中に債務者の「直ちに強制執行に服する」旨の陳述が記載されると，執行証書として債務名義となる（民執22条5号）。

(2)　強制の方法　　履行を強制する方法は，**債務の内容を実現する主体**に応じて，①直接強制，②代替執行，③間接強制の3つに分けられる。**直接強制**とは，国家の裁判機関が自らその債務の内容を実現する方法をいう。**代替執行**とは，国家の裁判機関に代わって債権者または第三者が債務の内容を実現し，これに要した費用を債務者から取り立てるという方法である。**間接強制**とは，債務者に一定額の金銭の支払いを命ずることによって心理的に圧迫して，債務者自身に債務の内容の実現を行わせるという方法である。

　具体的にどの方法によるかは，債務者の人格尊重の理念に沿って，優先順位が上記の①→②→③と定まっている。すなわち，直接強制が可能な債権はこれによらなければならない。直接強制ができない債務については，代替執行，これもできない債務については，間接強制の方法による。その結果，強制の方法は債務の種類に応じて次の図表のように割り振られる（民執168条以下）。

[図表3-2]　債務の種類と強制の方法

債務の種類			強制の方法
金銭債務			直接強制
与える債務（物の引渡しを内容とする債務）			直接強制※
なす債務（債務者の行為を内容とする債務）			
	作為債務		
		①代替的作為債務（例　家の取り壊し，建物の建築）	代替執行※
		②不代替的作為債務（例　絵のモデル，専門業者による機械の製作や取付け）	間接強制
		（法律行為の場合）　（例　同意すべき義務，債権譲渡の通知）	（判決代用・民執174条）
	不作為債務		
		①有形の違反状態が継続する場合（例　違法な建物の建築）	代替執行※

	②無形の違反状態が継続する場合（例　競業禁止の違反）	間接強制
	③無形の違反状態が１回限りの場合（例　カラオケ騒音禁止の違反）	なし

※平成15年法改正（平成16年４月１日施行）によって，間接強制も可。

　これが原則的な形態であるが，平成15年の法改正によって，**間接強制の適用範囲が拡大**された。すなわち，金銭債権以外の債権の執行において，債権者からの申立がある場合には，間接強制の方法によることが認められた（民執173条１項）。

　なお，不作為を目的とする債務の強制執行に関して，新しい判例は債務者の義務違反の恐れのあることを立証すれば間接強制を命ずることができるとした（最決平17・12・９民集59・10・2889）。これは義務違反が現実になされる前の段階で間接強制を認めるものであり，債権保護の強化に資する。

3　直接強制

　履行強制の方法にはすでに見たように，直接強制・代替執行・間接強制の３つがある。ここでは，直接強制の仕方について，もう少し詳しくみることにしよう。

　(1)　**物の引渡債務の直接強制**　　不動産の引渡しの強制執行は，執行官が債務者の不動産に対する占有を解いて債権者にその占有を取得させる方法によって行われる（民執168条１項）。また，動産の引渡しの強制執行は，執行官が債務者からこれを取り上げて債権者に引き渡すという方法で行われる（民執169条１項）。

　(2)　**金銭債務の直接強制**　　金銭債権の場合には，他の債権とは異なって，債務者の責任財産を構成するものであれば，その種類を問うことなく，これを差し押さえてこれから弁済を受けることができる。

　　(a)　**物に対する執行**　　たとえば，AがBに対して1000万円の債権を有する場合，AはBの責任財産に属する物を差し押さえて競売にかけて，その競売代金から債権を回収することができる。差押の対象物に応じて，**不動産執行**（民執43条以下）・**船舶執行**（民執112条以下）・**動産執行**（民執122条以下）に分かれる。

これらの強制競売の手続は，差し押さえられた物を競売によって金銭に換える**換価手続**とこの競売代金を配当加入してきたすべての債権者に**債権者平等の原則**に基づいて配当するいわゆる**配当手続**から構成される。

　(b)　債権に対する執行　　債務者BがCに対して800万円の債権を有するときは，この債権もBの責任財産を構成するから，Aはこれから自己の債権の弁済を受けることができる（**債権執行**）（民執143条以下）。債権者Aからの申立てに基づき，執行裁判所が**差押命令**を発すると，債務者に送達された日から1週間を経過したときは，債権者Aはこの債権を取り立てることができる（民執155条1項）。この場合，執行力のある債務名義の正本を有する他の債権者などはこれに配当加入することができる（民執154条1項）。

　債権者Aの申立てに基づき，さらに**転付命令**が発せられると（民執159条1項），BのCに対する800万円の債権はAに移転し，Aの債権は，転付命令に係る金銭債権が存在する限り，その**券面額**で，転付命令が第三債務者Cに送達された時に弁済されたものとみなされる（民執160条）。すなわち，Cが弁済の資力を有しないためにAが現実に弁済を受けることができない場合にも，Aの債権は転付命令の発せられたBの債権の券面額800万の限度で消滅する。この点では，転付命令は債権者Aにとってはリスクが大きい。しかし，差押命令とは異なり，他の債権者に配当加入の余地がなく，事実上これを独占できるという点で，債権者にメリットがある。

　なお，社会政策的な考慮に基づき，給料債権などはその3/4は差押えが禁止される（**差押禁止債権**・民執152条）。

II　損害賠償の請求

1　債務不履行の類型

　債務者がその債務の本旨に従った履行をしないとき又は債務の履行が不能であるときは，債権者はこれによって生じた損害の賠償を請求することができる（415条1項本文）。ここでは，本旨不履行の類型と履行不能の類型が区別されているが，一般的には債務不履行は履行不能，履行遅滞，不完全履行の3つの類

型に分けられる。

2 履行不能

(1) 要件　　履行不能による損害賠償の要件は，①債務の履行が不能であること，②違法性が存在すること（正当防衛・緊急避難などの違法性阻却事由の不存在）の2つである。ただし，③履行不能が債務者の責めに帰すべき事由によるものでないときは，債務者は賠償責任を免れる（免責事由）。

履行が不能であるか否かは「契約その他の債権の発生原因及び取引上の社会通念に照らして」判断される（412条の2第1項）。たとえば，①物理的不能（引き渡されるべき家屋が焼失した場合），②法律的不能（契約締結後の法令による禁止，不動産の二重譲渡における登記の完了），さらに③履行の期待不能（債権者の利益と債務者のコストが著しく不均衡な場合）などがそうである。

また，債務者の責めに帰すべき事由（**帰責事由**，**帰責性**）とは，これまで債務者の故意・過失および信義則上これと同視すべき事由（履行補助者の故意・過失）と考えられてきた。しかし，近時，債務者の責任の基礎を過失責任の原則ではなくて，契約の拘束力（履行障害リスクの引受け）に求める見解が有力となっている。

(2) 効果　　債権者は**債務の履行に代わる損害賠償**すなわち**塡補賠償**を請求することができる（415条2項1号）。たとえば，家屋の引渡債務においては，当該家屋の価格1000万円を塡補賠償として請求し得る。

なお，この場合には，履行請求権はもちろん行使することができない。しかし，解除権は債務者の帰責事由の有無を問わずに行使できる。

(3) その他　　塡補賠償の請求は，このような履行不能の場合だけでなく，①債務者が履行拒絶の意思を明確に表示したとき，および②契約が解除され，又は債務の不履行による契約の解除権が発生したときにも認められる（415条2項2号・3号）。これらの場合には，契約はまだ解除されていないから，履行請求権は存続しており，塡補賠償請求権と履行請求権は併存する（もちろん最終的には1つの請求が認容されるに過ぎない）。そうすると，塡補賠償請求権は債務の履行に代わる損害賠償ではあるが，履行請求権が塡補賠償請求権に形を変え

たものということはできない。このことは履行不能の場合の塡補賠償請求権と
履行請求権の関係にも妥当する（**転形論の否定**）。

3　履　行　遅　滞

(1)　**要件**　　履行遅滞による損害賠償の要件は，①履行が可能であること，
②履行期を原則として徒過したこと，③履行しないことが違法であることの 3
つである。ただし，これらの要件を満たす場合でも，債務者の責めに帰すべき
事由が存在しないときは，債務者は賠償義務を免れる（**免責事由**）。

(a)　**履行が可能であること**　　これは履行遅滞と履行不能を限界づけるも
のである。履行が不能である場合には，履行遅滞ではなくて，履行不能の問題
となる。履行遅滞後に履行不能となったときも，履行不能として扱われる。

(b)　**履行期を原則として徒過したこと**　　履行期の定め方によって，遅滞
の責任が生ずる時期は異なる。

(ア)　**確定期限付き債務**　　たとえば10月 1 日というように，期限の到来
する時期が暦によって確定している場合を**確定期限**という。確定期限付きの債
務については，その日が到来した時から，履行遅滞となる（412条 1 項）。

(イ)　**不確定期限付き債務**　　ある人が死亡した時に債務を履行するとい
うように，期限の到来する時期が不確定な場合を**不確定期限**という。不確定期
限付き債務については，期限の到来した後に債権者から履行の請求を受けた時，
またはその期限の到来を債務者が知った時に，履行遅滞となる（同条 2 項）。

(ウ)　**期限の定めなき債務**　　これは債務を履行すべき時期について定め
がない場合をいう。履行期の定めのない契約や，不法行為による損害賠償請求
権のような法律の規定に基づく債権などがそうである。この場合には，債権者
から履行の請求を受けた時から，履行遅滞の責任を負う（同条 3 項）。

(c)　**履行しないことが違法であること**　　債務者が債務を履行しないこと
は原則として違法である。しかし，たとえば，売主が家屋の引渡しをせずに単
に代金の支払を請求してきたときは，買主は同時履行の抗弁権（533条）を主張
して代金の支払いを拒絶することができる。このように債務の履行を拒絶でき
る権利が法律上認められる場合には，例外的に違法性は否定される。

(d) 債務者の帰責事由　　これについては履行不能の該当箇所を参照。

(2) 効果　　(a) 債権者は**履行遅滞によって被った損害**の賠償（**遅延賠償**）を請求することができる。たとえば，家屋の購入が居住目的であった場合には，この間に居住し得なかったことによる損害，営業目的の場合には当該営業によって通常得ることができる営業収益がそうである。

この場合，本来の履行請求権は存続しているから，債権者は本来の債務の履行と遅延損害の賠償をともに請求することができる。塡補賠償とは異なり，両者は内容的に重ならないから，結果的にも債権者は本来の給付と遅延賠償の両方を得ることができる。

(b)　債権者は履行遅滞を理由として契約を解除することができる（541条）。この解除権発生の要件を満たしたときは，債権者は塡補賠償を請求することもできる（415条2項3号）。

4　不完全履行

(1)　要件　　不完全履行による損害賠償の要件は，①不完全な履行があったこと，②これが違法であったこと，の2つである。ただし，債務者の責めに帰すべき事由が存在しないときは，債務者は賠償義務を免れる（免責事由）。

不完全な履行というのは，たとえば，引き渡された家屋や自動車に欠陥があった場合や開腹手術で腹部内のガーゼを放置した場合などである。履行不能や履行遅滞では，履行が全く何もなされていないが，不完全履行では，不完全ながらも一応の履行がされている点に特色がある。

(2)　効果　　債権者は不完全履行によって被った損害の賠償を請求することができる。また，履行の不完全な部分が追完可能であるときは，損害賠償請求と並んで，履行の追完を請求することができる。

(a)　種類・品質・数量に関する契約不適合の場合　　たとえば，家屋や自動車などの引渡債務において，雨漏りのする家やブレーキの効きの悪い自動車などが引き渡された場合である。債務者は種類，品質又は数量に関して契約に適合した物を引き渡すべき義務を負うから，引き渡された物にこのような欠陥があるときは，債権者は債務者の**契約不適合責任**を追及することができる。具

体的には，目的物の修補，代替物の引渡し又は不足分の引渡しによる履行の追
完を請求することができる（**追完請求権**・562条1項）。債務者が催告期間内に追
完しないときは，債権者は不適合の程度に応じて代金の減額を請求しうる（**代
金減額請求権**・563条1項）。追完不能などの場合には，債権者は催告なくして直
ちに代金の減額を請求できる（同条2項）。

　債権者はこれと並んで，損害賠償請求権や解除権を行使することができる
（564条）。

　なお，種類又は品質に関する契約の不適合については，買主はその不適合を
知った時から1年以内にその旨を売主に通知しなければならない（566条）。こ
れを怠るときは，買主は上記の権利を行使することはできない。ただし，売主
が引渡しの時に悪意・重過失であったときはこの限りではない。

　　(b)　保持利益の侵害の場合　　たとえば，売主が買主の家の中へ家具を運
び込む際にカーペットを傷つけたり，花瓶や絵画などを壊してしまった場合な
どである。ここでは，**保持利益**すなわち契約とは無関係に債権者が有する生
命・身体・財産等の利益の侵害が問題となっている。債務者は，**信義則上の付
随義務**として，このような保持利益を侵害しないように配慮すべき義務を負う
（**安全配慮義務・保護義務**）。債務者がこれに違反するときは，債権者は保持利
益の侵害による損害の賠償を請求することができる。ここでは，遅延賠償や塡
補賠償の概念は妥当しない。また，追完請求や代金減額なども問題とならない。

　これに対して，寄託契約や旅客運送契約や物品運送契約，ボディーガード契
約など，いわゆる保管型・保安型の契約類型では，安全配慮義務や保護義務は
契約上の本来的な給付義務として位置づけられる。雇傭・労働契約における使
用者の安全配慮義務もそうである（労契5条）。

5　損害賠償の範囲

(1)　損害の分類　　たとえば，歩行者Xが横断歩道でYの運転するトラック
にはねられたという不法行為の事例をみると，これによってXの財産の減少が
もたらされる（**財産的損害**）。この中で，Xの治療代や入院費などの支出は，こ
の交通事故がなかったならば支出しなくて済んだものであり，換言すると，こ

の交通事故によってXの既存財産に積極的な減少がもたらされたという形での
損害（**積極的損害**）である。また，怪我により働くことができず，あるいは死亡
した場合には，本来であれば得たであろう収入を失うことになる（**逸失利益**）。
これは財産の増加が妨げられたという形での損害（**消極的損害**）である。

　さらに，この事故によってXは精神的苦痛を被った。これによる損害が**精神
的損害**であり，一般的には**慰謝料**と呼ばれる。

[図表3-3]　損害の分類

<pre>
        ┌ 積極的損害　既存の財産の減少による損害
        │
 財産的損害┤   例 治療費，入院費，通院のための交通費
        │
        └ 消極的損害　財産の増加が妨げられたことによる損害

                      例 休業損害，死亡による賃金の喪失などの逸失利益

 精神的損害（慰謝料）　精神的苦痛による損害
</pre>

　(2)　損害賠償の範囲の確定基準　　賠償されるべき損害の範囲について，民
法416条は次のように規定する。すなわち，債務不履行によって通常生ずべき
損害（**通常損害**）は，当然に賠償の対象となる（416条1項）。これに対して，特
別の事情によって生じた損害（**特別損害**）は，当事者がその事情を予見すべき
であったときに限り，賠償される（416条2項）。判例によれば，予見すべき当事
者は債務者であり，予見可能性は契約締結時ではなく債務の履行期までに存在
すれば足りる（大判大7・8・27民録24・1658）。

　これが民法416条の規定であるが，これを**相当因果関係**という理論によって
説明するのが一般的である。相当因果関係論とは，債務不履行によって種々の
損害が発生しうるが，債務不履行と自然的な因果関係に立つ損害のすべてが賠
償されるのではなくて，法的な平面において相当と評価された因果関係に立つ
損害が賠償の対象となるというものである。416条1項はこのような相当因果
関係の原則を定め，同条2項は相当因果関係の存否の判断の基礎とすべき特別
の事情の範囲を明らかにしたものに他ならない。

　相当因果関係論は損害賠償法の一般理論であるから，債務不履行による損害

賠償だけでなく，不法行為による損害賠償にも適用される。換言すると，相当因果関係論を定めた債務不履行に関する416条の規定は，不法行為による損害賠償にも類推適用される。

(3)　賠償額の減額　　このように416条の相当因果関係によって賠償されるべき損害が確定されるが，これが直ちに債務者の賠償すべき損害額となるわけではない。次のような事由が存在するときは，賠償すべき損害は減額される。現実に賠償すべき損害額はこのような減額事由の判断を経てはじめて確定される。

(a)　過失相殺　　債権者または被害者に損害の発生または損害の拡大につき過失があるときは，賠償額は減額される（**過失相殺**）。これは衡平の原則に基づく。債務不履行・不法行為のいずれの場合も明文規定がある。しかし，債務不履行では，債務者に過失があれば裁判所は必ずこれを斟酌しなければならない。また，過失相殺の結果として，賠償責任を否定することもできる（418条）。これに対して，不法行為では，被害者に過失があっても裁判所はこれを斟酌しないこともできる。また，過失相殺によって賠償額を減額することはできるが，賠償責任それ自体を否定することはできない（722条2項）。

(b)　損益相殺　　債務不履行または不法行為により，債権者または被害者が損害を被ると同時に，利益を得たり，出費を免れることがある。たとえば，被害者の死亡によって支出を免れた生活費などである。このような場合には，損害賠償額からこれが控除される（**損益相殺**）。民法典に規定はないが，衡平の原則より認められる。

(4)　416条の適用排除　　賠償されるべき損害の範囲は一般的には416条の相当因果関係により確定されるが，次の場合には，この原則は適用されない。

(a)　金銭債務の場合　　売買代金の支払債務，債務不履行または不法行為による損害賠償債務など，金銭の支払いを目的とする債務の不履行については，次のような特別な取扱いがなされる。

①損害賠償の範囲は一定の利率によって算定される。損害賠償の範囲の一般的な確定基準によるのではない。利率は原則として法定利率によるが，約定利

率のほうが高いときはこれによる（419条1項）。利率によって算定されるために，**遅延利息**ともいわれるが，これは損害賠償であって本来の利息ではない。②損害の発生を証明する必要はない（同条2項）。債権者が現実に損害を被っていなくとも，賠償請求できる。③債務者は不可抗力をもって抗弁とすることができない（同条3項）。債務者は帰責事由がなくとも，損害賠償責任を負う。

　　(b)　賠償額の予定　　債務不履行による損害賠償については，債務者が支払うべき賠償額についてあらかじめ契約で定めておくことができる（**賠償額の予定**・420条1項）。賠償額の予定がなされた場合には，当事者が実損害を立証してその増減を請求することはできない。

　なお，消費者契約においては，解除に伴う損害賠償額の予定は当該事業者に通常生ずる平均的な損害の額を超える部分について無効とされる。また，消費者の支払うべき金銭の遅滞による損害賠償額の予定は，年14.6％を超える部分について無効とされる（消費契約9条2号）。

Ⅲ　契 約 の 解 除

1　意　　　義

　契約の解除とは，契約が有効に締結された後に，契約当事者の一方の意思表示により契約関係を遡及的に消滅させることをいう。契約を解除しうる権利（契約解除権）は契約または法律の規定により生ずる（540条1項）。前者を**約定解除権**，後者を**法定解除権**という。

　たとえば，土地の売買契約において，「いつでも契約を解除することができる」あるいは「転勤が取りやめになったときは解除することができる」という合意がなされた場合，さらに，手付の授受（557条1項）や不動産の買戻しの特約（579条）がなされた場合などは，約定解除権の例である。法定解除権には，各種の契約において個別的に規定された解除権（641条・651条1項など）と一般の契約に共通して認められる解除権すなわち債務不履行に基づく解除権（541条・542条）がある。

2　解除権の要件

　約定解除権および個別的な契約類型における法定解除権の要件は，契約または法律で個別的に規定される。

　ここでは，債務不履行による契約の解除権についてみると，これは**催告による解除**と**催告によらない解除**の2つの類型に分けられる。前者の催告解除が解除の原則的な形態である。

　(1)　催告による解除　　(a)　当事者の一方が債務を履行しない場合には，①相手方が相当の期間を定めて催告し，②その期間内に履行しないときに，契約の解除権が発生する（541条）。契約の解除については，損害賠償とは異なって，当該債務不履行が債務者の責めに帰すべき事由によることは必要ではない。契約の解除権は契約の拘束力から免れるための債権者の救済手段であって，債務不履行した債務者に対するサンクションとは異なるからである。

　　(b)　これらの要件を満たす場合にも，その期間を経過した時における債務の不履行がその契約及び取引上の社会通念に照らして軽微であるときは，契約を解除することはできない（541条ただし書）。たとえば，すでに履行された部分だけでは契約目的を達成することができない場合はもちろん，契約目的を達成できないとまではいえない場合であっても，契約の解除は認められる。しかし，債務不履行の態様および違反した義務の内容などを考慮して，当該債務不履行が軽微であると評価しうるときは，例外的に，契約の解除は否定される。

　(2)　催告によらない解除　　(a)　契約の全部解除　　次の場合には，催告をすることなく，直ちに契約の全部を解除することができる（無催告解除）。①債務の全部の履行不能，②債務者の明確な債務全部の履行拒絶，③債務の一部につき履行不能又は債務者の明確な履行拒絶の場合において，残存する部分のみでは契約をした目的を達成することができないとき，④定期行為（契約の性質又は当事者の意思表示により，特定の日時又は一定の期間内に履行しなければ契約をした目的を達成することができない場合）において，債務者が履行しないでその時期を経過したとき，⑤債務者が債務を履行せず，債権者が催告しても契約をした目的を達成するのに足りる履行がされる見込みがないことが明らかなとき，

の５つの場合である（542条１項）。

　(b)　契約の一部解除　　次の場合には，催告することなく，直ちに契約の一部を解除することができる。①債務の一部の履行不能，②債務者による明確な債務の一部の履行拒絶，の２つの場合である（542条２項）。

3　行使の方法と効果

　解除は解除権者による相手方に対する意思表示によって行う（540条１項）。この意思表示は撤回することができない（同条２項）。解除がなされると，契約は契約締結時に遡って消滅する（**解除の遡及効**）。したがって，履行されていない債務は当然に消滅する。債務がすでに履行されている場合には，各当事者は受領した給付を相手方に返還して契約がなかったときと同じ状態に戻さなければならない。これを**原状回復義務**という（545条１項）。たとえば，土地の売買契約が解除されると，売主が土地を買主に引き渡していないときは，売主の土地引渡債務は消滅する。買主が土地の引渡しを受け，売主が代金の一部を受領しているときは，買主は土地を売主に返還し，売主は受領した代金を買主に返還しなければならない。

　このような解除の効果は解除原因によって異ならない。約定解除権および法定解除権のすべてに共通する。

　相談に対する回答

(1)　(ア)　売買契約においては，目的物が特定物である場合にも，売主Ａは契約に適合した物を引き渡すべき義務を負う。したがって，引き渡された家屋が雨漏りしている場合には，買主Ｂは売主Ａに対して契約不適合責任を追及することができる。具体的には，屋根の修繕による履行の追完を請求することができる（562条１項）。買主Ｂが相当の期間を定めて催告をしたにもかかわらず，売主Ａがこの期間内に履行の追完をしないときは，買主Ｂは代金の減額を請求することができる（563条１項）。このような契約の適合性の有無は引渡時を基準に判断される。したがって，雨漏りが契約締結時にすでに存在していたか，その後に生じたかは問題とならない。

(イ)　買主Ｂがこのような契約不適合物の引渡しによって損害を被ったときは，この損害の賠償を請求することができる（564条・415条）。たとえば，雨漏りの修繕の間，家屋を利用することができないために，ホテルに宿泊せざるを得なかったような場合には，これに要したホテル代などがそうである。

(ウ)　買主Ｂは相当の期間を定めて催告したにもかかわらず，売主Ａがその期間内に屋根の修繕をしないときは，買主Ｂは売買契約を解除することができる（564条・541条）。

(エ)　もっとも，買主Ｂがその不適合を知った時から１年以内にその旨を売主に通知することが必要である（566条）。これを怠るときは，その不適合を理由として，履行の追完の請求，代金の減額の請求，損害賠償の請求及び契約の解除をすることができない。

(2)　(ア)　売買契約の目的物が滅失した場合には，売主Ａの目的物引渡義務は履行不能となる。したがって，買主Ｂは引渡債務の履行を請求することができない（412条の２第１項）。

(イ)　損害賠償請求権についてみると，この滅失が売主Ａの責めに帰すべき事由によるときは，買主Ｂは債務の履行に代わる損害の賠償を請求できるが（415条２項１号），そうでない場合には，損害賠償請求権は認められない（415条１項ただし書）。

　　そうすると，売主Ａに帰責事由がない場合には，買主は履行請求も損害賠償の請求もすることができない。このとき，買主Ｂの代金支払義務はどうなるのであろうか。この点について，民法は買主Ｂに代金支払拒絶権を認め，売主Ａから代金の支払請求があったときは，これの支払いを拒絶できるとした（536条１項）。もっとも，この場合にも，買主Ｂは契約の解除権を有するから，契約を解除して代金支払義務を免れることもできる。

(ウ)　履行不能の場合には，買主Ｂは催告せずに直ちに契約を解除することができる（542条１項１号）。

　　なお，契約締結時にすでに滅失していた場合でも，契約は有効に成立するから（412条の２第２項），上記のことがそのまま妥当する。

第4章 売買契約による所有権の移転

相談内容

　ある日，Bが念願のマイホームで休日を楽しんでいたところ，Cが突然現れて，この家屋はAから買ったから自分のものであるとして，この家から出て行くように言われた。調べてみると，Bとの売買契約締結後に，Aはこの家屋をCに売却する契約を締結したことが分かった。BからCの主張するように家を出て行かなければならないのだろうかという相談を受けたが，どのようにアドバイスできるだろうか。

　購入した物がBの趣味で使うマウンテンバイクであった場合はどうか。

第1節　物権変動の基本原則

I　物権変動と公示の原則

1　物　権　変　動

　物権の発生，変更，消滅の場面（物権の設定および移転）をとらえて物権変動と呼んでいる。本章のテーマとなっている「売買契約による所有権の移転」も物権変動のひとつである。売主から買主に所有権という物権が移転する。さらには，銀行から借り入れをするについて債務者が自己所有の土地に抵当権を設定する（抵当権という担保物権の発生），物を捨てる（所有権の放棄・消滅）などという場面においても物権変動が生じている。

　物権変動を生じさせる原因としてはさまざまなものが予定されている。単な

[図表4-1]

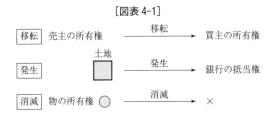

る事実や事実行為も物権変動を生じさせる。たとえば人の死亡という事実を原因として相続が開始され（882条），被相続人に属する物権が相続人へ承継される（896条）。また誰の所有権も設定されていない動産を所有の意思を持って占有すると（事実行為）その動産の所有権を取得できる（239条1項）。

　このようにさまざまな原因により生じる物権変動ではあるが，数が最も多くかつ典型的な発生原因は法律行為である。先に述べた抵当権の設定は，抵当権者（債権者）と抵当権設定者（たとえば債務者）との契約（法律行為）によって行われる。なかでも売買契約を締結し所有権を移転させるという行為は我々が頻繁に行っている行為である。したがって，以下本章においては法律行為に基づく物権変動，とくに「売買契約による所有権の移転」を中心に解説することになる。

2　物権変動における公示の役割

1　公示の必要性

　物権には排他性がある。つまり物権は誰に対しても主張できるという性質を持っている。たとえばAが土地を所有していた場合，その所有権は誰に対しても主張できることになる。見方を変えれば物権は誰に対しても影響を与える可能性がある。そのことを考えれば物権の帰属（誰が持っているのか）や内容（どのような物権なのか）を誰もが認識しうる状態を作ることが必要である。たとえばCがAの所有地だと思い土地を買い受けたとする。しかし実際にはその前日に当該土地がAからBに売却されていた場合，同一の土地についてBとCの利害が衝突することになる。このような問題を避けるためには，Cが土地を購入

する時点で土地がBの所有になっていると認識できる状況が重要となる。そして、この「物権の帰属，内容を誰もが認識しうる状態」を実現しているのが**公示**である。物権の排他性という性質は，この公示を備えることを条件に認められることになる。

---

① A→Bへ土地所有権が移転。

② Bの所有地だと公示する。

③ 公示を見たCはBの所有地だと分かる（Aからは買わない）。

では公示とは具体的にどのような方法で行われているのであろうか。**公示方法**にはいくつかの種類がある。 まず動産については**占有**（178条）によって公示を行うことになる。占有とは物を事実上支配している状態のことをさす。時計や服を身につけていたり，本を自分の家に置いておいたりすれば動産を占有していることになる。不動産については占有による公示方法は事実上難しい。したがって不動産については**登記**（177条）により公示を行うことになっている。具体的には不動産登記簿に物権の内容や帰属を記載することによって行われる。なお特殊な動産（船舶や自動車など）については登記，登録の制度がありこれによって公示が行われる。

また立木や未分離の果実（蜜柑，稲立毛など）は原則として土地所有権に吸収されることになるが，これらを土地とは別の取引対象とするために**明認方法**という公示方法が判例上認められている（最判昭36・5・4民集15・5・1253）。立木については立木法上の登記という公示方法もある。後に説明する対抗要件としてもこれらの方法が機能する。

2 公示の原則と公信の原則

物権変動において公示は重要な役割をはたすわけであるが，それではこの公示にはどの程度の法的な効力が与えられているのであろうか。

(1) 公示の原則 まず，公示方法に一定の法的な力を与えることにより物権の帰属と内容を公示するという考え方がある。これを**公示の原則**という。たとえば公示方法に対抗要件としての法的な効力を付与し，このことによって公

示を行うというものである。公示に与えられた力が対抗要件としての法的効力だとすれば，土地所有者は公示を備えることにより自らの土地所有権を第三者に対抗できることになる（排他性を取得する）。しかし公示に与えられた効力がこの範囲のものであるならば，土地を購入しようとする者が公示を信頼したとしてもそれだけでは保護されない可能性がでてくる。もしAの所有地と公示されている土地が本当はBの所有地である場合，CがAという公示を信じて土地を購入してもそれだけでは保護されないことになる。対抗力には真の権利関係を覆す力がない。わが国においては，不動産についてこの公示の原則が採用され，公示に与えられる法的効力は**対抗要件**としての効力ということになる（177条）。

不動産（土地・建物）の購入
① 登記を確認する。
② 登記と真の権利関係が一致しているか確認する。

---

　(2)　**公信の原則**　　つぎに，公示を信頼し取引をした者については，公示を備えていた者が真の権利者でなかったとしても保護を与え，当該取引による権利取得を認めてしまおうという考え方がある。これを**公信の原則**という。この場合，公示には**公信力**が付与されることになる。たとえばA所有の時計を借りていたBが，時計を勝手にCに売ってしまったとする。本来所有権を有していないBから，Cが時計の所有権を取得することはできないはずであるが，CがBの公示（占有）を信じて（公示通りBに所有権があることを信じて）取引をしたならばCを保護し当該時計の所有権取得を認めることになる。公信の原則は第三者の保護，取引の安全に資する考え方といえる。わが国においては動産の取引について，事実上この公信の原則が採用されている（192条）。

II　物権変動の要件

1　物権変動の要件

　物権変動が物権の発生，変更，消滅の場面（物権の設定および移転）を指すこと，その発生原因の主たるものが法律行為であることはすでに述べた（本章，本節，Ⅰ**1**）。それでは法律行為のなかでも売買契約を原因として物権変動が生じる場合（たとえば土地所有権の移転），売買契約の成立だけで物権変動が生じるのであろうか。そこにはいくつかの考え方がある。

　まず売買契約は債権債務関係という債権的な法律効果を生じさせる債権行為であり，物権的な法律効果（物権変動）を生じさせるためには別途物権行為が必要であるという見解がある。AからBへの土地の売買契約を考えると，売買契約によって生じるのは土地の引渡し，代金の支払といった債権債務関係のみであり，土地所有権の移転には別途，物権的合意（物権的契約）が必要となる。いわゆる**物権行為の独自性を肯定する**立場である。なお登記を物権変動の成立要件として位置づける場合これを**形式主義**とよぶ。ドイツの立法主義においては，物権行為の独自性を肯定し，形式主義が採用されている。つまりドイツにおいては売買契約（債権行為），物権的契約（物権行為），登記の移転（形式主義）の３つの要件を満たすことにより物権変動が生じる。

[図表 4-2]

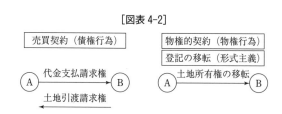

　これに対して売買契約のような債権行為によって，債権的な効果（債権債務関係）の発生のみならず，物権的な効果（物権変動）も生じるとする**物権行為の独自性を否定する**見解がある。つまりAからBへの土地の売買契約が成立すれ

ば，それだけで，債権債務関係のみならず土地所有権も移転することになる。フランスの立法主義においては，物権行為の独自性は否定され，売買契約のような意思表示（債権行為）のみで物権変動が生じることになる。また登記は物権変動の成立要件とは位置づけられていない。このような考え方を**意思主義**という。なお登記は対抗要件として位置づけられている（**対抗要件主義**）。

　わが国（日本）の民法においては，176条が「物権の設定及び移転は，当事者の意思表示のみによって，その効力を生ずる。」と規定し，また177条により登記は対抗要件として位置づけられ，フランスと同様の立場が採用されている。

　なお上記のように，わが国において物権行為の独自性は原則として否定され，意思主義が採用されているものと考えられるが，民法176条は任意規定と解釈されており，売買による土地所有権移転の要件に代金支払を加えるというようなことは一般的に行われている。

[図表4-3]

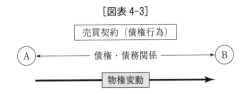

2　所有権の移転時期

　すでにみたように，わが国においては原則として，売買契約の成立時（意思表示時）に所有権の移転が生じるとされているわけであるが，このことは私たちが通常考えている所有権の移転時期と一致しているであろうか。売買代金を支払ったから自分の物（所有物）になった，物を渡してもらったから自分の物になった，と考えることのほうが多いのではないか。また売買代金の支払いを促すについて，それと引き換えに所有権を移転するというのは実効性を確保するのに有効であろう。先にも述べたように，判例は民法176条を任意規定と解釈している。つまり売買契約による所有権の移転についても特約を認めるのである（最判昭38・5・31民集17・4・588，最判昭35・3・22民集14・4・501など）。物権

変動においては意思主義が採用されているわけであるから，売買契約によって不動産を取得する場合は売買契約の成立と同時に所有権の移転が生じることになるが，特約は別途認められるため代金支払時や登記の移転時に所有権を移転させることもできる。

[図表 4-4]

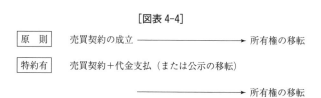

　動産の売買における所有権の移転時期についても基本的には不動産の場合と同様に考えればよいわけであるが，動産取引については事実上公信の原則が採用されているため（192条，善意取得・即時取得），民法192条の適用を受ける場合には特約がなくても公示（占有）の取得時が所有権の取得時期（ただし原始取得）となる。なお種類物売買や他人物売買においては売買契約の成立のみでは所有権は移転せず，種類物売買においては種類物が特定した時に所有権の移転が生じ（最判昭35・6・24民集14・8・1528），他人物売買においては売主が所有権を取得するのと同時に買主に所有権が移転する（大判大8・7・5民録25・1258）。

　以上のように，判例は売買契約の成立時（意思表示時）の所有権の移転を原則としながら，特約を認めることにより代金支払や公示の移転など私たちの常識と一致した時期での所有権の移転を肯定している。また学説の中には，売買契約成立時での所有権移転を原則とすること自体に疑問を提示するものもある。たとえば，物権行為の独自性を主張する見解，当事者の合理的な意思であるとか有償性の原則を根拠とする見解，そもそも所有権移転時期の確定は不要であるとの見解などがある。

3 物権の消滅

　物権の取得（発生，変更）の場面のみならず，物権の「消滅」も物権変動のひとつであったのでここで確認しておく。

　物権の消滅原因としては，物権が設定された目的物の滅失，時効による消滅，物権の放棄，混同による消滅，公用徴収などがある。

1　目的物の滅失

　物権は物や権利自体を直接，排他的に支配する権利であるから，物権が設定されている目的物がなくなれば当然消滅する。高級なグラスを誤って粉々に壊してしまえば，当然そこに設定されている所有権は消滅する。

2　消 滅 時 効

　民法166条2項は「債権又は所有権以外の財産権は，権利を行使することができる時から二十年間行使しないときは，時効によって消滅する。」と規定する。たとえば地役権が20年間行使されない場合，時効により消滅することがある。また所有権は消滅時効にはかからないが，取得時効にかかる場合はある。その場合，所有権は原始取得されるので，その反射的効果としてもともと設定されていた所有権は消滅する。

3　放　　　棄

　物権は原則として放棄することができ，これにより消滅する。

　なお，上述の放棄とは直接には関係しないが，令和3年に「相続等により取得した土地所有権の国庫への帰属に関する法律」が制定されている。この法律は，現在社会問題になっている「所有者不明土地」の解消を目的とした制度のひとつである。この法律の要件にしたがえば，相続により取得した土地の国庫への帰属について承認を申請することができる。

4　混　　　同

　2つの法律上の地位が同一の者に帰属することによって，2つの法律上の地位を併存させておく必要性が失われるときには，一方の地位がもう一方の地位に吸収され消滅する（179条）。たとえばA所有の土地にBが地上権を設定し家屋を所有していたとする。この場合にBがAから当該土地の所有権を売買により取得すると，Bの地上権は土地所有権に吸収され消滅する。

5　公 用 徴 収

　たとえば特定の公共事業のために私人の土地が強制的に取得されることがあ

る（土地収用法など）。この場合の取得は原始取得とされているので，私人が有していた土地の所有権は消滅する。

第2節　不動産取引と登記

I　不動産取引の対抗要件

1　対抗関係・対抗要件

前節においては物権変動全般について説明をしてきたが，本節においては取引上の目的物を不動産に限定して解説を加える。

さて民法177条は「不動産に関する物権の得喪及び変更は，不動産登記法（平成十六年法律第百二十三号）その他の登記に関する法律の定めるところに従いその登記をしなければ，第三者に対抗することができない。」と規定する。それでは，「対抗することができない」とはどのような意味であろうか。たとえばAが自己の所有する土地をBに譲渡するという契約を締結し，さらにAは同じ土地をCに譲渡するという契約を結んだとする（二重譲渡）。BとCはそれぞれAと有効な譲渡契約（たとえば売買契約）を締結しているわけであるから，その意味においては取引対象となった土地の有効な権利者（所有者）である。そうすると，つぎに考えなければならないのが，ひとつしかない当該土地の所有権をBとCのどちらが取得するのかということである。民法177条はこの問題につき，BとCのうち登記を先に備えた方に優先的保護を与える（第三者対抗力を付与する）と規定している。取引の時期が遅れていてもCが先に当該土地につき所有権移転登記を備えれば，土地の所有権はCに確定的に帰属することになる。なぜならCは登記を備えることにより所有権の取得をBにも主張できることになり，他方登記を備えていないBはその権利取得をCには主張できない。この場合のBとCのような関係を対抗関係（対抗問題）といい，対抗問題の優劣を決するための要件（基準）を対抗要件という。

[図表4-5]

Cに所有権が帰属する

　もちろん対抗関係は二重譲渡の場面に限られない，たとえばDの所有する土地にEが抵当権の設定を受け，その土地をFがDから買い受けたとする。Eの抵当権とFの所有権のどちらが優先されるかは，Eの抵当権設定登記とFの所有権移転登記の先後によって決まる。かりにEの抵当権設定登記が先に行われたとすれば，その時点でEの抵当権はFにも対抗できるものとなり，Fの土地所有権取得はEには対抗できない状態となる。この場合のEとFとの関係も対抗関係である。

　不動産取引においては登記が対抗要件とされているわけであるが，これは不動産の公示方法を登記と定め，登記を備えることにより排他性（第三者対抗力）を得るということを意味する。

2　二重譲渡は概念しうるのか

　さて対抗関係（対抗問題）を生じる例として二重譲渡をあげたわけであるが，この二重譲渡についてはそもそも生じうるのかという理論上の問題がある。

　すでにみたように，民法176条は意思表示のみで物権変動を生じると規定している。これを二重譲渡の説明に用いた先の例に当てはめると，第1売買においてAB間の売買契約が成立した時点で所有権はBに移転しているのであり，第2売買において無権利者となったAからCへの所有権移転はそもそも生じないことになる。つまり二重譲渡は概念しえないことになる。物権行為の独自性を肯定し，登記を所有権移転の要件とするのであれば問題ないが，売買契約の成立という意思表示（債権行為）のみで所有権が移転する（物権変動が生じる）との前提に立てば，二重譲渡を認めるにあたり，民法176条と177条とを矛盾の

生じないように理論的に説明する必要があり，学説上はさまざまな見解が示されている。

(1) 民法176条の規定により意思表示（売買契約）のみで物権変動（所有権の移転）が生じるのは，意思表示（契約）の当事者間のみであり，第三者に対しては効果が生じない（第三者に対して効力が生じるのは登記の移転時となる）とする説（相対的無効説）。

(2) 意思表示のみで当事者のみならず第三者に対しても物権変動は効力を生じる。しかし第三者は物権変動を否認する権利（否認権）を取得し，これを行使すれば，登記を備えていない物権変動の効果は第三者との関係で否定されるとする説（否認権説）。

(3) 意思表示のみで物権変動は生じるが，そのとき生じた物権変動は不完全なものであり，所有権の譲渡人にもまだ一部の所有権が残されているのでこれをさらに譲渡（二重譲渡）することは可能であるとする説。つまり二重譲渡の第1譲受人と第2譲受人は売買契約時にそれぞれ不完全な所有権を取得するのであり，完全な所有権を取得するには登記の移転が必要であるとする（不完全物権変動説）。

(4) 意思表示のみで物権変動が生じると考える以上，第1売買契約の成立時に不動産の所有権は第1譲受人に移転するのであり，その時点で譲渡人は無権利者となる。ただしその後も不動産の登記を譲渡人が有していたとすればその登記を信頼したという効力により，第2譲受人は登記の移転を条件に所有権を取得できる。つまり，民法177条は少なくとも二重譲渡の場面においては公信力を採用したとする説（公信力説）。

(5) 民法176条と177条の関係を理論的に説明する必要はないとし，177条はそのような法定の制度であるとする説（法定制度説）。176条に基づき意思表示により物権変動が生じることとなるが，二重譲渡の場合には登記を備えた者が優先的に所有権を取得する。

以上のように学説は176条と177条両条の存在を前提としながら，いわゆる二重譲渡の場面が登記の有無によって優劣を決せられることを肯定しようとして

いる。もちろん判例は，二重譲渡の場面を対抗問題として処理することを認め
ている。また一般的には(3)説に近いと解されている。

3　民法177条にいう第三者

　民法177条は，登記をしなければ物権変動を「第三者」に対抗できないと規
定しているが，ではここでいう「第三者」とはどのような者を指すのであろう
か。かつて第三者の範囲は広く解され，当事者（売買においては契約当事者）や
包括承継人（たとえば当事者の相続人）以外の者がこれに該当するとされていた
（無制限説）。このように第三者の範囲を考えた場合，不動産の売買における買
主は，不法占拠者に対しても登記を経由するまで権利取得を対抗できない可能
性が生じる。

[図表 4-6]

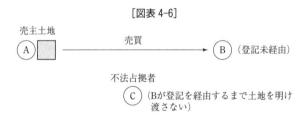

　現在の判例はこの無制限説の立場を採用していない。177条の第三者は，当
事者と包括承継人を除外し，さらに登記の欠缺を主張するについて正当な利益
を有する者だけがこれに該当する，との立場（制限説）を採用している（大連判
明41・12・15民録14・1276）。二重譲渡における第1売買の買主と第2売買の買主
とは，お互いに相手に登記がないことを主張すると自分自身の正当な所有権保
護につながるという立場にあるので当然第三者に該当する。なお177条の第三

[図表 4-7]

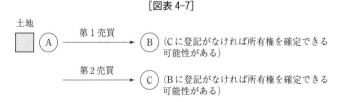

者に該当する者としては，目的不動産についての物権取得者のほか，対抗要件を備えた不動産賃借人や不動産を差し押えた債権者などが含まれる。

　さて判例は第三者の範囲を以上のように考えているわけであるが，それに該当する者であればすべて177条の第三者として扱われるのであろうか。実は177条の第三者に該当するためには，さらに第三者の主観的な要件を検討する必要がある。たとえば土地の二重譲渡において第１譲受人（B）が土地の売買契約後も登記の移転を受けずにいたところ，売主（A）に残っていた登記を信頼して第２譲受人（C）が売買契約を締結し当該土地の登記を経由したとする。この場合にCが保護されるについては，取引の安全という観点からいっても結論を肯定できるであろう。それではCが，ＡＢ間の土地の売買が先行していたこと（Aに残っている登記は実体がないこと）を知っていたとしたらどうであろうか。この場合Cは取引をやめるべきである，第２売買を締結したCは保護されるべきではない，と考えるかもしれない。しかし判例は，単に登記に即した権利が存在しないことを知っている（単純悪意）だけでは177条の第三者から排除しないとしている。単純悪意の第三者は自由競争の範囲から逸脱していないと考えられている。自由な取引社会において，どうしても手に入れたいものを獲得するため競争相手より良い条件を提示するということは通常行われているのであろう。ただし判例は，単に登記に即した権利が存在していないことを知っているというだけでなく，さらに高い悪性を帯びている第三者（背信的悪意者）については177条の第三者から排除するとしている（登記を得ていても所有権を取得できない）。背信的悪意者とは，不動産の二重譲渡において第１譲受人を害する目的で売買契約を締結した第２譲受人（かつての判例は，このような者を公序良俗違反による契約無効を理由として第三者から排除していた〈最判昭36・４・27民集15・４・901〉が，現在では背信的悪意者として177条の第三者から排除されるであろう）や，第１譲受人に高値で不動産を売りつけ不当な利益を上げようというような目的で売買契約を締結した第２譲受人（最判昭43・８・２民集22・８・1571）などがこれに該当する。

　ここまで民法177条の第三者に該当する者を検討してきたわけであるが，そ

[図表 4-8]

れでは不動産の二重譲渡において，背信的悪意者たる第2譲受人からの転得者はどのように扱われるのであろうか。背信的悪意者は177条の第三者から排除され，所有権を取得できないのであるから，背信的悪意者から不動産を譲り受けた転得者も所有権を取得できないようにも考えられる。しかし判例は，背信的悪意者が177条の第三者から排除されるのは第1譲受人に対して信義則上登記の欠缺を主張できないだけであり，背信的悪意者であっても全くの無権利者ではないと考えている（登記を経由した第2譲受人が背信的悪意者として第三者から排除されるかは，第1譲受人との関係で相対的に判断される。相対的構成）。したがって，背信的悪意者からの転得者も177条の第三者に該当することになり，転得者自身が背信的悪意者でない限り，登記を経由することにより不動産の所有権を取得できる（最判平8・10・29民集50・9・2506）。

[図表 4-9]

※Dは自身が背信的悪意者でない限り保護される

4　民法177条が適用される物権変動

　民法177条が適用される物権変動は，売買のような契約などに限られず，広く法律行為を原因とするものに適用されるほか，法律行為以外の原因に基づく物権変動にも適用される。以下いくつかのものについて具体的に説明する。

1 取消しと登記

　たとえばAからBへ不動産を売り渡す契約がBの詐欺や強迫などを理由にAにより取り消されると，売買契約は遡及的に消滅するので，たとえ不動産が第三者に転売されていたとしてもAは不動産を取り戻すことができる（ただし詐欺による取消しについては取消前の善意・無過失の第三者が存在すればAは不動産を取り戻すことができない。96条3項）。しかし取消後に，Aが登記を取り戻さずにいたところ，取消しにより権利を伴わなくなった無効な登記を信頼し不動産の転売を受けた第三者（C）が出現すると，このCの保護（取引の安全）をはかる必要が出てくる。判例は取消後の第三者が存在した場合には，取消しの意思表示により不動産の所有権がBからAに復帰する物権変動が生じるとしている。つまりBからAへの復帰的物権変動とBからCへの転売という2つの物権変動がBを中心に生じることになり，AとCとは177条の対抗関係に立つので登記の有無により優劣が決することになる（大判昭17・9・30民集21・911）。なお学説上は取消後の善意の第三者の保護は民法94条2項の類推適用によるべきとの見解も有力である。

2 解除と登記

　AからBへの不動産の売買契約がBの債務不履行を理由に解除された場合はどうであろうか。解除によってAからBへの所有権の移転は遡及的に消滅することになる（ただし，545条1項ただし書によって，登記を備えた解除前の第三者は保護される）。しかし判例は契約解除の場面においても取消しと同じように考え，解除後の第三者（C）が存在した場合には解除によりBからAへの復帰的物権変動が生じると考え，AとCとの関係は177条の対抗問題として処理するとしている（最判昭35・11・29民集14・13・2869）。

3 取得時効と登記

　A所有の土地をBが時効取得したとする。判例はBの時効完成後にAから当該土地を買い受けた第三者（C）が存在していれば，BはCに対しては登記なくして土地の時効取得を対抗できないとしている（大判大14・7・8民集4・412）。この場合のBとCも177条の対抗関係に立つとされる。

4　遺産分割と登記

　共同相続された場合にはA，Bが2分の1ずつ相続するはずであった不動産を，遺産分割によりBが相続することになったとする。しかし遺産分割後，Aの債権者（C）が共同相続されればAに帰属したはずの持分を差し押さえた場合，BとCは177条の対抗関係に立つとされる（最判昭46・1・26民集25・1・90）。なお，現在の899条の2第1項とも矛盾しない立場である。

Ⅱ　不 動 産 登 記

1　不動産登記とは

　民法177条が登記を不動産物権変動の対抗要件としていることを確認してきたわけであるが，それでは不動産登記とはどのような制度であろうか。

　不動産登記とは，不動産についての権利関係を登記官が不動産登記法に規定された手続にしたがって登記簿に登記事項を記録すること（不登11条），またはその記録をさす。そして登記を記録した帳簿を登記簿といい，現在では磁気ディスクの形で存在している（不登2条9号）。登記簿は，一筆の土地または一個の建物ごとに作成される（**物的編成主義**・不登2条5号）。わが国においては，不動産ではなく人ごとに登記簿を作成する**人的編成主義**は採られていない。登記記録は表題部と権利部に区分され（不登12条），さらに権利部が甲区と乙区に分けられている。表題部には登記記録と対象の不動産が同一のものかを識別するための情報が記録される。土地であれば，所在，地番，地目，地積などが，建物であれば，所在，種類，構造，床面積などである。権利部の甲区には所有権に関する事項が記録される。また乙区には所有権以外の権利（抵当権や地上権など）に関する事項が記録される。表題部の登記を**表示に関する登記**といい，権利部の登記を**権利に関する登記**という。民法177条の対抗要件としての登記（対抗力のある登記）とは権利に関する登記を備えなければならず，表示に関する登記だけでは対抗力を得ることはできない。

　なお登記が有効に成立するためには，**実質的な要件**と**形式的な要件**を両方と

[図表4-10]　登記事項証明書のイメージ

○県×市△町□□　　　　　　　　　　　　　　　　全部事項証明書　　（土地）

【 表 題 部 】 (土地の表示)				調製　令和○○年○月○日	地図番号	余白
【不動産番号】	○○○○○○○○○○○○○					
【所在】	○市△町□□					
【① 地番】	【② 地目】	【③ 地積】　㎡		【原因及びその日付】		【登記の日付】
11 番 11	宅地	99	00	11 番 1 から分筆		令和○年×月△日

【 権 利 部 　（甲区）】 (所有権に関する事項)				
【順位番号】	【登記の目的】	【受付年月日・受付番号】	【原因】	【権利者その他の事項】
1	所有権移転	令和×年△月○日 第○○○○号	令和×年○月○日売買	所有者　○市△町○丁目○番○号 ○○　○○
2	所有権移転	令和△年△月○日 第××××号	令和△年○月△日売買	所有者　○市×町×丁目×番×号 ××　××

【 権 利 部 　（乙区）】 (所有権以外の権利に関する事項)				
【順位番号】	【登記の目的】	【受付年月日・受付番号】	【原因】	【権利者その他の事項】
1	抵当権設定	令和××年×月×日 第○○○○号	令和××年○月○日 金銭消費貸借同日設定	債権額　○○○万円 利息　年△% 損害金　年○○% 債務者　○市×町×丁目×番×号 ××　×× 抵当権者　○市×町△丁目△番△号 ○△銀行
2	1 番抵当権抹消	令和△△年△月△日 第××××号	令和△△年○月○日 弁済	

も満たさなければならない。実質的な要件は登記が現在の権利関係および現在の権利関係に至るまでの経過（過程）と一致していることであり，形式的な要件は不動産登記法上の手続的な要件を満たしていることである。

2　登記の申請について

　売買により不動産の所有権を取得したとする。登記はどのように申請し，手続を行えばよいのであろうか。登記には原則として**共同申請主義**が採用されている（不登60条）。不動産の売買でいえば，買主である**登記権利者**と売主である

登記義務者（売買の売主には，登記その他の対抗要件を移転する義務がある。560条）が共同して行わなければならない。ただし例外的に登記権利者が単独で登記申請できるものもある。たとえば確定判決による登記や相続による権利移転の登記，未登記不動産の保存登記などがこれにあたる（不登63条以下・74条）。このように登記は原則として当事者の申請によって行われる（不登16条1項）。それ以外には，登記官の職権によりなされることや（不登67条など），官庁または公署の嘱託によりなされることもある（不登115条以下）。

　つぎに登記を申請する方法であるが，オンラインを利用し申請する方法（**オンライン申請制度**・不登18条1号）と書面（磁気ディスクを含む）による方法（不登18条2号）の2種類が認められている。また登記によって申請者自らが登記名義人になる場合には，登記完了後速やかに申請者に対して「**登記識別情報**」が通知される（不登21条）。この登記識別情報は登記申請手続の際に申請者が登記名義人本人かどうかを識別する方法として用いられる（不登22条）。

3　不動産登記の種類

　不動産登記の種類は基準に従いさまざまなものがある。以下にその一部を紹介する。

　先に説明した「表示に関する登記」と「権利に関する登記」とは登記の記録場所による分類である。

　また内容による分類もある。たとえば不動産売買による所有権の移転に基づき所有権移転登記がなされる。これは新たな登記原因によって，新たな登記がなされており，「記入登記」と呼ばれる。不動産の売買契約を締結し所有権の移転も完了した後に，何らかの理由で売買契約が無効となれば所有権移転登記を抹消しなければならない。このようにすでになされた登記を抹消する登記のことを「抹消登記」という。

　さらに効力を基準に考えれば，177条の対抗力を得る登記のことを「本登記」と分類し，本登記による効力発生を前提に順位の保全を目的としてなされる仮登記を「予備の登記」に分類する。

4 相続登記の申請義務化

不動産登記はあくまでも対抗要件であり，権利取得要件ではない。一方で令和3年の不動産登記法の改正により，相続等（相続や遺贈）による所有権移転登記の申請が義務化された。これは，現在社会問題となっている「所有者不明土地」の解消を目的とした法改正のひとつである。

まず，相続により所有権を取得した者は，相続開始を知り，かつ当該所有権の取得を知った日から3年以内に所有権移転登記を申請しなければならない（不登76条の2第1項）。

また，この登記が法定相続分に応じてなされた場合，その後に遺産分割があれば，法定相続分を超えて所有権を取得した者は遺産分割の日から3年以内に所有権移転登記を申請しなければならない（不登76条の2第2項）。

上記の登記申請義務を怠ると10万円以下の過料に処されることがある（不登164条1項）。

さらに，登記名義人は，氏名もしくは名称または住所について変更があった場合には，2年以内にその変更を登記申請しなければならない（不登76条の5）。この登記申請義務を怠ると5万円以下の過料に処されることがある（不登164条2項）。登記官は，法務省令で定めるところによりこの変更登記を職権で行うことができるが，登記名義人が自然人であるときはその申出が必要である（不登76条の6）。

第3節　動産取引における公示の原則と公信の原則

I　動産取引の対抗要件

1 動産物権変動の対抗要件

前節までに説明したように不動産物権変動における対抗要件は登記とされて

いた。これに対して民法178条は「動産に関する物権の譲渡は，その動産の引渡しがなければ，第三者に対抗することができない。」と規定し，動産物権変動の対抗要件が「引渡し」であることを示している。不動産物権の公示方法が登記であったのに対して，動産物権の公示方法は原則として占有が採用されている。動産取引は私たちが毎日のように繰り返し行うものであり，いちいち登記手続をとらなければ対抗要件を具備できないということにはなじまないであろう。また動産は，不動産に比べれば権利者の支配下に置く（占有）という状態を作り出しやすいように思われる（家の中に置く，身に着ける）。そして動産の占有を移転させる行為が動産の引渡しであるので，「引渡し」とは「占有の移転」を意味するものと考えてよい。

　なお先にも説明したように，特殊な動産（船舶や自動車など）については登記，登録の制度がありこれによって公示が行われる。したがって対抗要件も引渡しではなく，登記，登録が対抗要件となる（178条に基づく対抗関係は生じない）。

　また，動産及び債権の譲渡の対抗要件に関する民法の特例等に関する法律 3 条 1 項は「法人が動産（当該動産につき倉荷証券，船荷証券又は複合運送証券が作成されているものを除く。以下同じ。）を譲渡した場合において，当該動産の譲渡につき動産譲渡登記ファイルに譲渡の登記がされたときは，当該動産について，民法第百七十八条の引渡しがあったものとみなす。」と規定している。法人が動産を譲渡した場合，動産譲渡登記ファイルへの登記によって対抗要件を具備することもできる。

2　引渡し（占有の移転）の種類

　民法178条は動産物権変動の対抗要件を「引渡し」としているわけであるが，それでは「引渡し」という要件を満たす「占有の移転」形式にはどのようなものがあるのだろうか。民法はつぎの 4 つの形式を178条の「引渡し」として認めている。

1　現実の引渡し（182条 1 項）

現実の引渡しとは，目的物を実際に引き渡す方法である。私たちが対面で日

用品を購入する場合，通常は代金の支払とほぼ同時に物の引渡しを受けている
はずである。

[図表 4-11]

（売主）Ⓐ ◄─────売買契約─────► Ⓑ（買主）

現実に引き渡す。
──────────────────► ● 動産

2　簡易の引渡し（182条2項）

　AがBに動産を預けていた，または貸していたとする。そうするとA所有の
動産をBが占有していることになるが，この時点でAB間の売買契約が締結さ
れ動産の所有権がBに移転すると，引渡しは当事者の意思表示，つまり占有を
AからBに移転したという意思表示のみで完了する。これを**簡易の引渡し**とい
う。この場合動産をいったんBからAに戻しさらにAからBに引き渡すという
作業は必要ない。動産の取引が遠隔地間で行われるものや，目的物自体が移動
に時間，労力，コストを必要とするものであるかもしれない。そのような場合
の不都合を避けるために必要な占有移転形式である。

[図表 4-12]

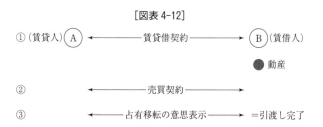

① （賃貸人）Ⓐ ◄─────賃貸借契約─────► Ⓑ（賃借人）

　　　　　　　　　　　　　● 動産

②　　　　　　　◄─────売買契約─────►

③　　　　　　　◄───占有移転の意思表示───► ＝引渡し完了

3　占有改定（183条）

　AがBに売買契約により動産を譲渡したとする。さらに目的物である動産が
特殊な管理を要する物であったために，売買契約後もAが動産を保管していた
とする。この場合には，AがBのために占有する旨意思表示することによりB
は引渡しを受けたことになる。これを**占有改定**という。**2　簡易の引渡し**，に
おいて説明したような不都合を避けるために必要な手段である。

[図表4-13]

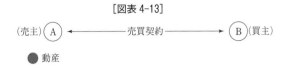

①売買契約前 ── Aは所有者として占有
②売買契約後 ── Aは占有代理人として占有
　　　　（Aには，Bのために占有する意思の表示が必要）

4　指図による占有移転（184条）

　Aが管理の必要な動産を，管理のために必要な施設を持つCに預けていたとする。つぎにAが売買により当該動産をBに譲渡したとする。その場合AがCに対して，今後はBのために占有するように命じ，Bがそのことを承諾することによって引渡しは完了したものとされる。これを**指図による占有移転**という。CからAに返し，AからBに引き渡し，BからCに預け直すという物の移動を常に課すのは合理的とはいえないであろう。

[図表4-14]

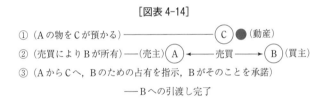

①（Aの物をCが預かる）────────────── Ⓒ ● （動産）
②（売買によりBが所有）──(売主)Ⓐ ←── 売買 ──→ Ⓑ (買主)
③（AからCへ，Bのための占有を指示，Bがそのことを承諾）
　　　　　── Bへの引渡し完了

Ⅱ　即　時　取　得

1　動産物権変動における公信の原則

　ここまで民法177条により不動産物権変動の対抗要件が登記であり，178条により動産物権変動の対抗要件が引渡し（占有の移転）であることを確認してきた。いうまでもなくそこで取り扱ったのはあくまでも対抗要件としての公示（登記や占有）であり，公示方法に与えられた力は公示の原則の範囲にとどまることを前提とする。しかしながら動産の取引については，別の法制度により事実上「公信の原則」が採用されている。この制度が即時取得（192条）である。動産

の取引は不動産の取引と違い，私たちが毎日のように繰り返し行う行為である。この頻繁に行われる動産取引について不動産と同じような慎重さを求めるのは難しい。不動産の場合に比べて動産取引においてはより簡易に取引の安全をはかる必要がある。

即時取得の制度は，一定の要件を満たし，動産の公示方法である占有を信頼した者を保護し，取引の安全をはかる制度である。たとえ取引相手が無権利者であっても，即時取得が成立すれば動産を原始取得できる。たとえばAが腕時計をBに貸していたとする。つぎにBが勝手にCに対して腕時計を売ってしまった。そのときCが，腕時計を占有していたBを所有者だと信じ，さらに他の法定の要件を満たしていれば即時取得が成立する。Cは腕時計の所有権を原始取得できる。

2 即時取得の成立要件

即時取得が成立するためには次の要件を満たす必要がある。

1 目的物が動産であること

即時取得は動産についての取引の安全をはかる制度であるから，当然取引の対象は動産でなければならない。ただし登記や登録されることにより公示がなされる動産については，登記や登録が外観に対する信頼の対象となる。したがって原則として即時取得は適用されない。

たとえば登録された自動車は即時取得の対象とならない。一方で未登録の自動車は即時取得の対象となる（最判昭45・12・4民集24・13・1987）。

2 取引による取得であること

即時取得は取引の安全をはかる制度であるから，動産の取得原因は取引行為であることが求められる。売買や贈与などがこれにあたる。

3 取引相手に動産の処分権限がないこと

取引相手が動産の処分権限を有していれば，通常の承継取得の形で動産を取得できるはずである。この場合に即時取得を認める必要はない。したがって成立要件には取引相手に処分権限がないということが必要となる。

4　平穏，公然，善意，無過失

　即時取得者は，平穏，公然，善意，無過失という要件を満たさなければならない。平穏とは，威力を用いたような取引ではないということであり，公然とは隠れた取引（たとえば盗品の売買を隠れて行うなど）ではないということである。善意とは取引相手に処分権限がないことを知らないことであり，知らないことに過失のないことが無過失ということになる。なお平穏，公然，善意は占有を取得することによって推定される（186条１項）。また民法188条は「占有者が占有物について行使する権利は，適法に有するものと推定する。」と規定する。このことから占有者を権限のある者と考えることに原則として過失はないことになるので，無過失も推定される（最判昭41・6・9民集20・5・1011）。

5　動産の占有を取得すること

　即時取得が成立するためには，目的物である動産の占有を取得しなければならない。占有取得の方法としては，178条の引渡し（占有移転）として認められていた方法のうち，「現実の引渡し」「簡易の引渡し」「指図による占有移転」の３種類が即時取得の成立要件を満たすものとして認められている。しかしながら「占有改定」は即時取得の成立要件たる占有取得の方法としては認められていない（最判昭32・12・27民集11・14・2485など）。たとえば動産の二重譲渡において，第１売買と第２売買がいずれも占有改定により行われたとする（占有改定の先後も第１売買，第２売買の順に行われたものとする）。占有改定が即時取得の成立要件たる占有取得にあたるとすれば，第２売買においては即時取得が成立する可能性がある。成立すれば第２売買の当事者たる買主が動産を取得する。しかし占有改定は即時取得の成立要件を満たさないと解されていて，占有改定はあくまでも178条の引渡しにとどまるのであるから，上記の場合においては先に占有改定をした（対抗要件を備えた）第１売買の買主が動産を取得する。もちろん第２売買の買主が現実の引渡しを受ければ即時取得は可能である（他の要件を満たすかどうかによる）。

[図表4-15]

第1売買・占有改定

A ●━━━━━━━━━━━━━━━━→ B

第2売買・占有改定

━━━━━━━━━━━━━━━━→ C

3 即時取得の効力

即時取得が成立すると，動産上の対象となった権利は原始取得される。即時取得されるのが動産の所有権であれば，即時取得者は何の制限もない新たな所有権を取得することになる。

また即時取得される権利は，「その動産について行使する権利」ということである。具体的には動産の所有権が主たる対象となり，他には動産質権や動産の譲渡担保権も即時取得の対象になる。

なお即時取得の制度には，盗品または遺失物に関する特則が定められている（193条・194条）。もし即時取得の対象となった動産が権利者から盗まれた物であったり（盗品），権利者が落とした物（遺失物）であったというような場合には，被害者や遺失者は，盗難や物をなくした時から2年間については動産の占有を取得した者に対してその動産の回復を請求できる（193条）。ただし動産の占有を取得した者が，盗品や遺失物を公の市場やその物と同種の物を販売する商人から購入した場合には，その対価を占有者に弁償しなければ，回復請求は認められない（194条）。

以上にみてきたことを少し整理すると，即時取得の成立要件は推定規定などもあり非常に容易く成立する仕組みになっており，即時取得が成立すれば動産は原始取得されることになる。また盗品や遺失物については回復請求が認められているが，これには対価の弁償という高いハードルが用意されている。

このように即時取得は，取引により動産を取得する者を強く保護し，取引の安全をはかっている。

[参考文献]
• 宮本健蔵編著『バードビュー民法の基礎』嵯峨野書院，2007年
• 宮本健蔵編著『新・マルシェ物権法・担保物権法』嵯峨野書院，2020年
• 淡路剛久・鎌田薫・原田純孝・生熊長幸著『民法Ⅱ─物権〔第5版〕』有斐閣，2022年
• 平野裕之『新論点講義シリーズ10　物権法』弘文堂，2012年
• 宮本健蔵編著『新・コンダクト民法』嵯峨野書院，2020年

[相談に対する回答]

(1)　家屋の売買

　Aは，BとCに二度家屋を譲渡しているので，AからBへ，AからCへの二重譲渡となる。不動産の二重譲渡は民法177条の対抗問題となる。したがって家屋の登記をB，Cのどちらが備えているかにより家屋の所有権の帰属が確定する。

　もし両者とも家屋の登記を備えていなければ先に登記の移転を受けたほうが家屋の所有権を確定的に取得する（登記に公信力は認められていない）。

　なおCが登記を備えていたとしても，Cが背信的悪意者である場合には177条の第三者から排除されるので，Cは権利取得をBに主張できない。

(2)　マウンテンバイクの売買

　家屋と同様，AからBへ，AからCへの二重譲渡となる。動産の二重譲渡は民法178条の対抗問題となる。したがってB，Cのどちらがマウンテンバイクの引渡しを受けているかによりマウンテンバイクの所有権の帰属が確定する（背信的悪意者が排除されるのは家屋の場合と同様）。

　なお，Bが占有改定により引渡しを受けていた場合，または取引後何らかの理由でBがAにマウンテンバイクの占有を移転していた場合，Cが占有改定以外の方法で引渡しを受けると即時取得（192条）が成立する可能性がある。このときBは対抗要件を具備していても所有権を失う（即時取得は原始取得）。動産取引には事実上「公信の原則」が採用されている。

第5章
所有権と占有権

　Bはマイホームを建てる予定でAから土地を購入したが，この土地は現在5台分の駐車場として使われている。建築計画を進めたところ，次のような問題に出くわして困っているという。

(1)　この駐車場の一部をCが借りて使っているが，マイホーム建築のためにはこのCに出て行ってもらわなければならない。これは可能か。また，Cは駐車場を簡易舗装し，カーポートを設置しているが，Cの退去に際してBはその費用を支払う必要があるか。

(2)　Bは子供のために小さなプールを隣地との境界線に沿って作りたいと思っている。また，隣地には竹藪と大きな桜の木があるが，その影響で空いている駐車場に竹が生え，桜の木の枝が張りだしている。Bはマイホームの夢を実現することができるか。

第1節　物権法の基本原則

Ⅰ　物権の客体

　物権の客体は，原則として物であり，物とは有体物である（85条）。物権は直接的・排他的支配権であることから，物権の客体には特定性と独立性が要求される。一個の物権の客体は，独立した一個の物でなければならない，という原則を**一物一権主義**という。

1 土　　地

人為的に区画されて，登記簿に一筆の土地として登記されたものが一個の所有権の客体となる。土地は便宜上人為的に区画されているにすぎないことから，一筆の土地の一部を時効取得することもできる（大判大13・10・7民集3・509）。

2 建　　物

建物は，土地とは独立の物とされ，一棟の建物が一個の所有権の客体となる。ただし，一棟の建物の一部であっても，構造上区分され，独立して住居，店舗，事務所または倉庫その他建物としての用途に供することができるものである場合には，その部分は，独立の所有権の客体とすることができる（建物区分1条）。

3 立　　木

立木は，原則として，土地の一部とされ，独立の物権の客体とはならないが，立木法によって登記された立木は，土地とは独立の不動産とみなされる（立木2条1項）。また，立木法の適用を受けない立木も，明認方法を施して土地から独立したものとして取引の対象とされるときは，独立の不動産となる。

II　物 権 の 本 質

物権とは，一定の物を**直接に支配**して利益を受ける**排他的な権利**である。直接に支配するとは，他人の行為をまたず，権利内容を実現することができることを意味し，排他的な権利であるとは，同一物上にはこれと両立しない物権が複数成立しえないということを意味する。

III　物 権 の 効 力

物権の本質から物権の一般的効力として，**優先的効力**と**物権的請求権**の2つが認められる。

1 優 先 的 効 力

1 物権相互間の優先的効力

　内容の衝突する物権相互間では，時間的に先に成立した物権が後のものに優先する。ただし，物権変動を第三者に対抗するためには対抗要件を備えなければならないことから（177条・178条），物権相互間の優劣は，成立時期の先後によってではなく，対抗要件を具備した時点の先後によって決定される。また，先取特権については，公益的理由から民法によって特別の優先順位が定められている（329条〜331条・334条・339条）。

2 債権に対する優先的効力

　同一物に対して物権と債権が競合するときは，物権が優先する。たとえば，Aが所有する物をBが賃借していたところ，Cがその物の所有権をAから取得した場合，Cの所有権がBの賃借権に優先するのが原則である。このことを「売買は賃貸借を破る」という。ただし，この原則には例外があり，不動産賃借権は，民法その他の法律により定められた対抗要件を具備することによって，物権に優先することができる（605条，借地借家10条・31条，農地16条1項）。また，不動産の物権変動を生じさせることを請求する債権は，仮登記を備えることによって，仮登記後に成立した物権に対して結果的に優先することができる（不登106条）。

2 物権的請求権

1 物権的請求権の意義・根拠

　物権的請求権とは物権の円満な支配状態が妨げられ，あるいは妨げられるおそれがある場合に，その物権を有する者が侵害の除去または予防を請求することができる権利をいう。

　物権的請求権につき民法に明文の規定はないものの，物権が目的物に対する直接の支配権であることから，当然に認められるとされる。いわば仮の権利にすぎない占有権に占有訴権が認められていること，占有訴権のほかに「本権の

訴え」が存在することを前提としていること（202条）も物権的請求権の根拠とされている。物権的請求権の成立に相手方の故意・過失は要しない（大判昭7・11・9民集11・2277）。

2　法 的 性 質

　物権的請求権の法的性質については見解が分かれる。判例は，物権的請求権につき物権の一作用として発生し，物権から独立して時効消滅することはなく（大判大5・6・23民録22・1161），また物権が移転すると物権的請求権もこれに随伴して移転するとしている（大判昭3・11・8民集7・970）。

3　物権的請求権の種類

　(1)　目的物返還請求権　　物権の目的物の占有の全部を奪われた場合に，侵奪者に対してその物の返還を求めることができる権利をいう。たとえば，他人が土地を不法に占拠しているときにその土地の明渡しを請求したり，動産が泥棒に奪われた場合にその動産の引渡しを侵奪者に対して請求できる。

　(2)　妨害排除請求権　　物権の内容の実現が目的物の占有侵奪以外の方法によって妨げられている場合に，妨害者に対してその妨害の排除を求めることができる権利をいう。たとえば，自己の土地に他人が無断で建築資材を置いているときにその除去を請求できる。

　(3)　妨害予防請求権　　物権の妨害が現に生じているわけではないが，将来妨害の生ずるおそれがある場合に，妨害のおそれを生じさせている者に対して妨害の予防を求めることができる権利をいう。たとえば，山林の土砂採取によって隣地が崩落するおそれがあるときに予防工事を請求できる（大判昭7・11・9民集11・2277）。

4　物権的請求権の内容

　物権的請求権の行使によって生ずる費用を誰が負担するかという問題と関連して物権的請求権が**行為請求権**であるのか，**忍容請求権**であるのかにつき争いがある。物権的請求権の内容を相手方の費用で返還ないし妨害排除を請求することができる権利と解する見解（行為請求権説），物権的請求権の内容を自己の費用で相手方に物権的請求権の行使を忍容すべきことを請求できる権利と解す

る見解（忍容請求権説），相手方の責任の有無によって費用負担を決する見解（責任説）などがある。判例は，物権的請求権の内容を行為請求権と解するが，侵害の原因が不可抗力の場合は例外とする（大判昭12・11・19民集16・1881）。

第2節 所 有 権

I 所有権の性質と効力

1 性　　質

　所有権は法令の制限内で所有物を自由に使用・収益・処分することのできる権利である（206条）。所有権は，他人の土地を一定の目的のために使用・収益できる用益物権や，自己の債権担保のために他人の物を利用できる担保物権と異なり，物を全面的に支配できる権利である（全面性）が，こうした所有権の支配権能は，使用・収益・処分等の権能の単なる束ではなく，それらの権能が渾然一体となった支配権である（渾一性）。そこで，同一物について所有権と他の物権が同一人に帰属したときには，他の物権は消滅する（179条）。所有権は，地上権等の他物権が設定されると，その範囲で制約を受けるが，期間の満了等によって他物権が消滅すれば，所有権は再び元の円満な状態に復帰する（弾力性）。また，所有権自体は，存続期間を限定されることもなく，時効により消滅することもない（恒久性）。

2 効　　力

　所有権の効力として，法令の制限内で，自由にその所有物を**使用・収益・処分**することができる（206条）。ここで「使用」とは，目的物を物理的に利用することであり，「収益」とは，目的物から果実を取得することであり，「処分」とは，目的物の物理的処分（消費・改造・毀滅・放棄など），または，目的物の法律的処分（譲渡もしくは用益物権・担保物権の設定など）のことである。使用，収益，

処分の各権能は，物の全面的支配権の代表的な権能の例示と考えられている。

　所有権の内容は法令により制限されるが，憲法29条 2 項より，ここでいう法令とは法律および法律により委任された命令をいう。法令による制限の目的・内容・態様などは多岐にわたる。また所有権の行使は私権の行使に関する一般原則による制約を受け，それが**権利の濫用**（ 1 条 3 項）と解されるときには認められない。判例は，侵害による損失の程度が軽微で，かつ侵害の除去が著しく困難で，侵害の除去のために莫大な費用を要する場合に，もっぱら不当な利益を得るためになされた所有権に基づく妨害排除請求は，権利の濫用として許されないとする（大判昭10・10・ 5 民集14・1965）。

　動産や建物では所有権の範囲はほとんど問題とならないが，土地については地上および地下もあることから所有権の効力がどこまで及ぶのかが問題となる。民法207条は，土地の所有権につき，法令の制限内において，その土地の上下に及ぶとしており，所有権の効力は上空および地下に及ぶ。しかし，所有権の効力の及ぶ範囲にはおのずと限界があり，利益の存する限度までと解されている。

Ⅱ　相 隣 関 係

　民法は209条ないし238条に，隣接する不動産の所有者相互の利用を調整することを目的として**相隣関係**の規定を設けている（令和 3 年に一部法改正）。

1　隣 地 の 使 用

1　隣 地 使 用 権

　土地の所有者は，①境界又はその付近における障壁，建物その他の工作物の築造，収去又は修繕，②境界標の調査又は境界に関する測量，③民法233条 3 項の規定による枝の切取りのために必要な範囲内で，隣地を使用することができる。ただし，居住者の承諾がなければ，住家に立ち入ることはできない（209条）。

2　隣 地 通 行 権

　他の土地に囲まれて公道に通じない土地（袋地）の所有者は，公道に出るた

め，その土地を囲んでいる他の土地（囲繞地）を通行することができる（210条1項）。公道には狭義の公道のみでなく，公衆が自由に通行しうる私道も含まれる（東京高判昭29・3・25下民集5・3・410，高松高判昭32・6・8下民集8・6・1080）。通行の場所および方法は，通行権を有する者のために必要であり，かつ，他の土地のために損害が最も少ないものを選ばなければならない（211条1項）。

[図表5-1] 隣地通行権

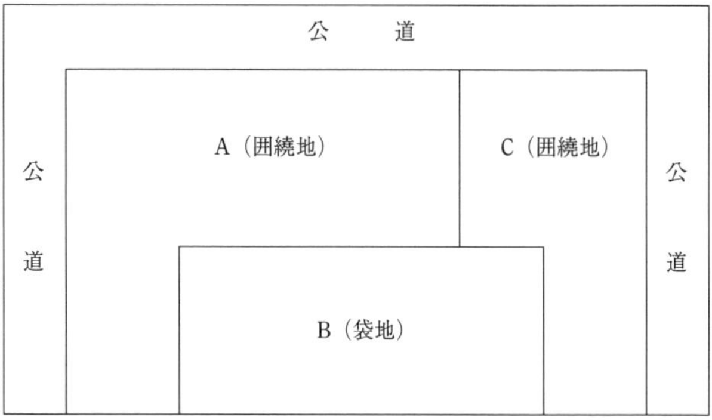

公　　道		
A（囲繞地）	C（囲繞地）	
B（袋地）		

公道（左）　公道（右）

Bはまわりの土地を通行することができる。

3　継続的給付を受けるための設備の設置権等

　土地の所有者は，他の土地に設備を設置し，または他人が所有する設備を使用しなければ電気，ガス，水道水の供給その他これらに類する継続的給付を受けることができないときは，継続的給付を受けるため必要な範囲内で，他の土地に設備を設置し，または他人が所有する設備を使用することができる（213条の2第1項）。土地の分割または一部譲渡によって他の土地に設備を設置しなければ継続的給付を受けることができない土地が生じたときは，その土地の所有者は，継続的給付を受けるため，他の分割者または譲渡者の所有地のみに設備を設置することができる（213条の3）。

2　水に関する相隣関係

1　排水に関する相隣関係

(1)　自然的排水　　土地の所有者は，隣地から水が自然に流れて来るのを妨げてはならない（214条）。

(2)　人工的排水　　人工的排水のために他人の土地を使用することは原則として許されない。したがって，土地の所有者は，直接に雨水を隣地に注ぐ構造の屋根その他の工作物を設けてはならない（218条）。

2　流水に関する相隣関係

(1)　水流変更権　　溝，堀その他の水流地の所有者は，対岸の土地が他人の所有に属するときは，その水路または幅員を変更してはならない（219条1項）。両岸の土地が水流地の所有者に属するときは，その所有者は，水路および幅員を変更することができる（同条2項）。

(2)　堰の設置および利用　　水流地の所有者は堰を設ける必要がある場合には，対岸の土地が他人に属するときであっても，その堰を対岸に付着させて設けることができる（222条1項）。対岸の土地の所有者は，水流地の一部がその所有に属するときは，費用を分担してその堰を使用することができる（同条2項・3項）。

3　境界に関する相隣関係

1　境界標設置権

土地の所有者は，隣地の所有者と共同の費用で，境界標を設けることができる（223条）。境界標の設置および保存の費用は，相隣者が等しい割合で負担する（224条本文）。土地の境界が不明なときには，境界確定の訴えを提起できる。

2　囲障設置権

2棟の建物がその所有者を異にし，かつ，その間に空地があるときは，各所有者は，他の所有者と共同の費用で，その境界に囲障を設けることができる（225条1項）。

3 　境界線上の工作物の所有関係

　境界線上に設けた境界標，囲障，障壁，溝および堀は，相隣者の共有に属するものと推定される（229条）。ただし，共有物分割請求は認められない（257条）。

4 　竹木の切除に関する相隣関係

　隣地の竹木の枝が境界線を越えるとき，土地の所有者は，その竹木の所有者に，その枝を切除させることができる（233条1項）。①竹木の所有者に枝を切除するよう催告したにもかかわらず，竹木の所有者が相当の期間内に切除しないとき，②竹木の所有者を知ることができず，またはその所在を知ることができないとき，③急迫の事情があるときには，土地の所有者は，その枝を切り取ることができる（同条3項）。隣地の竹木の根が境界線を越えるときは，土地の所有者は，その根を切り取ることができる（同条4項）。

5 　境界線付近の工作物築造に関する相隣関係

1 　境界線から一定の距離を保つべき義務

　(1)　建物　　建物を築造するには，境界線から50センチメートル以上の距離を保たなければならない（234条1項）。これに違反して建築をしようとする者があるときは，隣地の所有者は，その建築を中止させ，または変更させることができる。ただし，建築に着手した時から1年を経過し，またはその建物が完成した後は，損害賠償の請求のみをすることができる（同条2項）。建築基準法は，防火地域または準防火地域内にある建築物で，外壁が耐火構造のものについては，その外壁を隣地境界線に接して設けることができると規定する（63条）。そこで，この規定と民法234条1項との関係が問題となるが，判例は，建築基準法65条（現63条）につき民法234条の特則を定めたものと解する（最判平元・9・19民集43・8・955）。

　(2)　建物以外の工作物　　井戸，用水だめ，下水だめまたは肥料だめを掘るには境界線から2メートル以上，池，穴蔵またはし尿だめを掘るには境界線から1メートル以上の距離を保たなければならない（237条1項）。

2　目隠し設置義務

境界線から1メートル未満の距離において他人の宅地を見通すことのできる窓または縁側（ベランダを含む）を設ける者は，目隠しを付けなければならない（235条1項）。

Ⅲ　所有権の特別な取得原因

所有権を取得する方法には，売買や相続などにより前主の所有権をそれに対する負担とともに引継ぐ**承継取得**と，時効取得のように前主の権利とは無関係に新たに所有権を取得する**原始取得**がある。ここでは，所有権の原始取得原因のうち，取得時効および民法239条から248条までに規定されているものについて述べる。

1　取 得 時 効

20年間，所有の意思をもって，平穏にかつ公然と他人の物を占有した者は，その物の所有権を時効によって取得する（162条1項）。10年間，所有の意思をもって，平穏にかつ公然と他人の物を占有した者は，その占有の開始の時に善意でありかつ過失がなかったときはその物の所有権を時効によって取得する（162条2項）。

2　先占・拾得・発見

1　無 主 物 先 占

所有者のない動産（無主の動産）は，所有の意思をもって占有することによって，その所有権を取得することができる（239条1項）。これを無主物先占という。**無主物**とは現に所有者のない物をいい，野生の動物や海洋の魚介類がその典型である。

2　遺 失 物 拾 得

遺失物は，遺失物法（平18年法73号）の定めるところに従い，公告をした後3か月以内にその所有者が判明しないときは，拾得者がその所有権を取得する

（240条）。**遺失物**とは，占有者の意思によらないでその所持を離れた物のうち，盗品でないものをいう。

3　埋蔵物発見

埋蔵物とは，土地その他の物の中に外部からは容易に目撃できないような状態に置かれ，しかも現在何人の所有であるか分かりにくい物をいう（最判昭37・6・1訟月8・6・1005）。埋蔵物は，遺失物法の定めるところに従い公告をした後，6か月以内にその所有者が判明しないときは，これを発見した者がその所有権を取得する（241条）。ただし，他人の所有する物の中から発見された埋蔵物については，これを発見した者およびその他人が等しい割合でその所有権を取得する（同条ただし書）。

3　添　　付

所有者の異なる2つ以上の物が付合したり，混和し，これをもとに戻すことが著しく困難となったり，損傷しなければ分離できなくなったときには，これを無理に分離・復旧することは社会経済上の見地からみて不利益となる。そこで民法は，その全体を1個の物として扱い，当事者にその分離・復旧の請求を認めないこととした。これが**添付**の制度であり。民法は添付として，**付合，混和，加工**の3種を認めている。

1　付　　合

付合とは所有者の異なる2個以上のものが結合して1個の物となることをいい，不動産の付合と動産の付合とがある。

(1)　**不動産の付合**　　不動産の所有者は，その不動産に従として付合した物の所有権を取得する（242条本文）。無権原者が他人の土地に播種し成育した苗は土地に付合する（最判昭31・6・19民集10・6・678）。ただし，民法242条ただし書は権原によってその物を附属させた他人の権利を妨げないとする。そこで，農作物が権原に基づいて植栽された場合には，土地に付合しない（大判昭7・5・19新聞3429・12）。ここで「権原」とは，地上権，永小作権，土地賃借権など不動産に動産を附属させることを内容とする権利をいう。

(2)　動産の付合　　所有者を異にする数個の動産が，付合により，損傷しなければ分離することができなくなったとき，または分離するのに過分の費用を要するとき，その合成物の所有権は，主たる動産の所有者に帰属する（243条）。主従の区別につき，判例は，船舶用発動機は据付船舶に比し著しく高価であるため，発動機を主たる動産として取引される場合もあることから，発動機に対して船舶が常に主たる動産であるとはいえないとする（大判昭18・5・25民集22・411）。付合した動産について主従の区別をすることができないときは，各動産の所有者は，その付合の時における価格の割合に応じてその合成物を共有する（244条）。

2　混　　　和

穀物などの固形物が混ざりあったり（混合），酒などの流動物が混ざりあって（融和），識別することができなくなった場合には，その混和物の所有権は，主たる動産の所有者に帰属し，混和物について主従の区別をすることができないときは，各動産の所有者はその混和の時における価格の割合に応じてその混和物を共有する（245条）。

3　加　　　工

他人の動産に工作を加えて新たな物を製作することが加工であり（大判大13・1・30刑集3・38），他人の動産に工作を加えた場合，その加工物の所有権は，材料の所有者に帰属する。ただし，工作によって生じた価格が材料の価格を著しく超えるときは，加工者がその加工物の所有権を取得する（246条1項）。

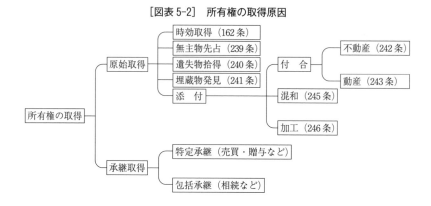

[図表 5-2] 所有権の取得原因

Ⅳ 土地・建物の管理命令

　所有者が特定不能または所在不明となった土地および建物の管理の効率化・合理化のため，このような土地および建物について利害関係人の請求により管理人を選任し，この管理人による管理を命ずる処分をすることができる制度として所有者不明土地・建物管理制度が設けられている。また，所有者が判明していても，管理不全の状態にある土地および建物の適切な管理を可能とするため，利害関係人の請求により管理人を選任し，この管理人による管理を命ずる処分をすることができる制度として管理不全土地・建物管理制度が定められている。

1 所有者不明土地・建物管理命令

　裁判所は，所有者を知ることができず，またはその所在を知ることができない土地（土地が数人の共有に属する場合にあっては，共有者を知ることができず，またはその所在を知ることができない土地の共有持分）について，必要があると認めるときは，利害関係人の請求により，その請求に係る土地または共有持分を対象として，所有者不明土地管理人による管理を命ずる処分（所有者不明土地管理命令）をすることができる（264条の2第1項）。所有者を知ることができず，また

はその所在を知ることができない建物についても裁判所は所有者不明土地と同様の要件で所有者不明建物管理人による管理を命ずる処分（所有者不明建物管理命令）をすることができる（264条の8第1項）。

2 管理不全土地・建物管理命令

　裁判所は，所有者による土地の管理が不適当であることによって他人の権利または法律上保護される利益が侵害され，または侵害されるおそれがある場合において，必要があると認めるときは，利害関係人の請求により，当該土地を対象として，管理不全土地管理人による管理を命ずる処分（管理不全土地管理命令）をすることができる（264条の9第1項）。所有者による建物の管理が不適当であることによって他人の権利または法律上保護される利益が侵害され，または侵害されるおそれがある場合についても管理不全土地と同様の要件で管理不全建物管理人による管理を命ずる処分（管理不全建物管理命令）をすることができる（264条の14第1項）。

第3節 占 有 権

I　占有権の成立と態様

1 占有権の成立要件

　占有権は，自己のためにする意思をもって物を所持することによって成立する（180条）。自己のためにする意思とは，所持による事実上の利益を受けようとする意思（占有意思）をいう。所持は，社会通念上ある物がある人の支配下にあると認められる状態をいい，必ずしも物を直接把持している必要はない。

2 占有の態様

1 自己占有（直接占有）と代理占有（間接占有）

占有権は，代理人によって取得することができる（181条）。占有者が占有代理人を介して物を所持することを**代理占有**（間接占有）という。これに対して，占有者が自ら物を直接所持することを**自己占有**（直接占有）という。たとえば，Aが自己所有地をBに賃貸した場合に，Bはこの土地を直接所持（自己占有）し，AはBの所持を通してこの土地を所持（代理占有）する。

2 自主占有と他主占有

所有の意思のある占有を**自主占有**といい，所有の意思のない占有を**他主占有**という。所有の意思とは，所有者として占有する意思である。所有の意思の有無は，占有取得の原因である事実によって外形的客観的に判断される（最判昭45・6・18判時600・83）。したがって，買主や盗人は自主占有者とされ，賃借人や受寄者は他主占有者とされる。

3 善意占有と悪意占有

占有すべき権利（本権）があると誤信してする占有を**善意占有**といい，占有すべき権利がないことを知り，または占有すべき権利の有無に疑いを抱きながらする占有を**悪意占有**という。善意占有のうち，善意であることに過失がある場合を**過失ある占有**，善意であることに過失のない場合を**過失なき占有**という。

4 瑕疵ある占有と瑕疵なき占有

悪意，過失，暴行・強迫，隠匿，および不継続など完全な占有としての効果の発生を妨げる事情がある占有を**瑕疵ある占有**といい，そうでない占有を**瑕疵なき占有**という。善意，平穏，公然および継続は推定される（186条1項・2項）。

II 占有権の効力

1 権利の推定

占有者が占有物について行使する権利は適法に有するものと推定される

（188条）。すなわち，占有者は占有物に対して占有すべき権利（本権）を有する
ものと推定される。占有者は所有の意思をもって占有をするものと推定される
ため（186条1項），通常，所有権を有するものと推定される（大判大13・9・25新聞
2323・15）。なお，登記のある不動産については，登記の推定力が占有の権利推
定に優先するとされている。

2　占有訴権

　占有者は，占有が妨害された場合や妨害されるおそれが生じた場合に，妨害
者や妨害のおそれのある状態をひきおこしている者に対して妨害の排除や予防
を請求する権利がある。これを**占有訴権**という。占有訴権は物権的請求権の一
種と解されている。占有訴権には，占有に対する侵害の態様によって，占有保
持の訴え，占有保全の訴え，占有回収の訴えの3種類がある。

1　占有保持の訴え

　占有者がその占有を妨害されたときは，その妨害の停止および損害の賠償を
請求することができる（198条）。この訴えは，妨害の存する間または妨害が停
止した後1年以内に提起しなければならない（201条1項）。たとえば，隣地の木
が倒れてきた場合などである。

2　占有保全の訴え

　占有者がその占有を妨害されるおそれがあるときは，その妨害の予防，また
は損害賠償の担保を請求することができる（199条）。この訴えは，妨害の危険
の存する間に提起しなければならない（201条2項）。たとえば，隣地の木が倒れ
てきそうな場合などである。

3　占有回収の訴え

　占有者がその占有を奪われたときは，その物の返還および損害賠償を請求す
ることができる（200条）。この訴えは，占有を奪われたときから1年以内に提
起しなければならない（201条3項）。たとえば，所持していた動産を奪われた場
合などである。所有者が盗まれた自らの所有物を発見し奪還した（**交互侵奪**）
場合に，被奪還者が奪還した所有者に対して占有回収の訴えを提起することが

できるかにつき，これを認めた判例がある（大判大13・5・22民集3・224）が，所有者の奪還行為が1年以内であるかぎり，被奪還者の占有回収の訴えは認められないとするのが現在の通説である。

[図表5-3]　占有訴権の種類

占有訴権の種類	要件	請求内容	権利行使期間
占有保持の訴え（198条）	占有を妨害されたとき	妨害の停止および損害賠償	妨害の存する間または妨害が停止した後1年以内（ただし，工事により損害が生じた場合には，工事着手後1年以内または工事完成前）
占有保全の訴え（199条）	占有を妨害されるおそれがあるとき	妨害の予防または損害賠償の担保	妨害の危険の存する間（ただし，工事により損害が生ずるおそれがある場合には，工事着手後1年以内または工事完成前）
占有回収の訴え（200条）	占有を奪われたとき	目的物返還および損害賠償	占有を奪われたときから1年以内

3　その他の効力

1　善意占有者の果実収取権

　善意の占有者は，占有物から生ずる果実を取得することができる（189条1項）。善意占有者とは，果実収取権を含む本権があると誤信する占有者をいう。果実収取権を含む本権がないことを知り，または本権の有無に疑いを抱いている悪意占有者は，現存する果実を返還し，かつ，すでに消費し，過失によって損傷し，または収取を怠った果実の代価を償還する義務を負う（190条1項）。

2　占有者の損害賠償義務

　占有物が占有者の責めに帰すべき事由によって滅失・損傷したときは，悪意占有者は，その損害の全部について賠償義務を負う。これに対して，善意占有者は，その滅失または損傷によって現に利益を受けている限度でのみ賠償をする義務を負う（191条本文）。ただし，所有の意思のない占有者は，善意であっても，全部の賠償をしなければならない（191条ただし書）。

3　占有者の費用償還請求権

　占有者が占有物を返還する場合に，占有者は，その物の保存のために支出した金額その他の必要費の償還を請求することができる（196条1項本文）。ただし，占有者が果実を取得したときは，通常の必要費は，占有者が負担する（196条1項ただし書）。占有者が占有物の改良のために支出した金額その他の有益費については，その価格の増加が現存する場合に限り，占有者は，回復者の選択に従い，その支出した金額または増加額の償還を請求することができる（196条2項本文）。なお，占有者・回復者間に賃貸借等特別な法律関係がある場合についてはその規定に従う。

相談に対する回答

(1)　同一物に対して物権と債権が競合するときは，原則として物権が優先する。Ｃの土地利用権が対抗要件を備えていない賃借権の場合，当該土地を購入したＢはＣに対して明け渡しを請求することができる。

　　占有者が占有物の改良のために支出した有益費については，その価格の増加が現存する限り，占有者は，回復者の選択に従い，その支出した金額または増加額の償還を請求することができる。したがって，駐車場の簡易舗装などによる価値の増加が駐車場の返還時に現存している場合，ＣはＢに対して支出額または増加額の償還請求をすることができる。

(2)　池，穴蔵またはし尿だめを掘るには境界線から1メートル以上の距離を保たなければならないことから，プールを作るにあたっては境界線から1メートル以上の距離をおく必要がある。

　　隣地の竹木の枝が境界線を越えるとき，土地の所有者は，その竹木の所有者に，その枝を切除させることができる。①竹木の所有者に枝を切除するよう催告したにもかかわらず，竹木の所有者が相当の期間内に切除しないとき，②竹木の所有者を知ることができず，又はその所在を知ることができないとき，③急迫の事情があるときには，土地の所有者は，その枝を切り取ることができる。隣地の竹木の根が境界線を越えるときは，土地の所有者は，その根を切り取ることができる。

　したがって，Bは越境した竹木の根については自分で切り取ることができ，また越境した桜の木の枝についても竹木の所有者に枝を切除するよう催告したにもかかわらず相当の期間内に切除されない場合等には自分で切り取ることができる。

第6章
債権の回収と債権の担保

相·談·内·容

(1) BはAから多額の融資を受けて個人商店を営んでいるが，店の売り上げが急速に悪化してきたことから，万が一に備え，Bはめぼしい財産を自分の家族や知人に贈与したり，不当に安く売却したりしている。このままではBの財産が減少し，融資したお金が返ってこないのではないかとAは心配している。AはどのようなΦ段をとったらいいか。

(2) Cは親友Dから，土地の購入資金を貸してほしいと頼まれた。親友なので貸してあげたいが，将来確実に返済されなければ困るので，悩んでいるCにどのようなアドバイスをしたらいいか。

第1節　債権の回収の基本原則

　債権は，特定の人（債務者）に対して，一定の行為を請求する権利であるから，債権者は債務者に債務の履行を請求することはできるが，債権が実現するかどうかは，債務者の任意の履行にかかっている。債務者が債務を任意に履行しない場合，担保設定（人的担保［後述第3節］または物的担保［後述第4節］）がなされている場合には，債権者はそれによって債権を実現させることもできるが，そうでない場合には，債権者は債務者の一般財産（債務者の総財産から物的担保設定により優先的に支配されている財産を除いたもの）に強制執行をして，そこから債権を実現させることになる。したがって，債権者は，債務者の一般財産が債権の裏づけとなっており（このことから，債務者の一般財産を「責任財産」という），債務者の一般財産が減少するかどうかについて重大な利害を有する。

　ところで，債務者の一般財産はあくまで債務者の財産であることから債務者が自由に管理・処分できるのが原則とはいえ，債権を権利として認めた以上，債権の実現を保障するためには債権者に債務者の一般財産の管理・処分に介入する権限を認める必要がある。そこで，民法は，債権者に責任財産保全のための二つの権利，債権者代位権と詐害行為取消権を与えた（後述第2節）。なお，これらは，本来は債務者が自由にできるものを債権の保全のために制約するのであるから，その目的のための必要最小限の介入にとどめている。

第2節　責任財産の保全

I　債権者代位権

1　債権者代位権の意義

　債権者代位権とは，債務者が自己の権利を行使しないとき，債権者が債務者に代わって権利行使をすることにより，責任財産の維持を図るための権利である（423条1項本文）。

　たとえば，A（債権者）はB（債務者）に対して100万円の金銭債権を有しているが，BはC（第三者）に対する100万円の金銭債権以外に財産はないにもかかわらず，Bは，Cに対する債権を放置していて，その債権の消滅時効が完成しそうになっている。このままでは，AはBに貸したお金を返してもらえなくなってしまう。そこで，このような場合，AはBに代わって，Cに対して債務の弁済を請求し，それを取り立てることができる。このような権能を債権者代位権という。

　なお，債権者代位権によって保全される債権（AのBに対する債権）を「被保全債権」といい，代位権行使の対象となる債務者の第三者に対する権利（BのCに対する権利）を「被代位権利」という。

2　債権者代位権の要件

(1)　債権保全の必要性（423条1項本文）　　債権者代位権を行使するには，債

務者の資力（責任財産）が不十分なため，債権者が債務者の権利を行使しなければ自己の債権が完全な満足を受けることができない又はそのおそれがあることを必要とし，これは債務者が債務超過（無資力）であることを意味しており，したがって，これを「**無資力要件**」という。無資力の立証責任は，債務者の財産管理に介入しようとする原告（債権者）の側にあるとされる。なお，判例は，債権者代位権によって保全されるのは，必ずしも金銭債権に限らないとし，特定債権の保全のために債権者代位権を行使することを認めている。これは「債権者代位権の転用」とよばれる（後述5）。債権者代位権の転用の事案では，無資力要件は要求されない。

(2)　**債務者の権利不行使**　　条文はないが，代位権の行使は，債務者自らが自分の権利を行使する以前であることが必要である（最判昭28・12・14民集7・12・1386）。本来，債務者だけが自由にできる権利行使に債権者が干渉するのであるから，その干渉はなるべく必要最小限に限られるべきであり，債務者がすでに権利行使をしている以上，もはや債権者は代位権を行使できないと解すべきである。

(3)　**被保全債権が履行期にあること**（423条2項）　　債権者は，被保全債権の期限が到来しない間は，被代位権利を行使することができない（423条2項本文）。本来，債権者代位権制度は，強制執行の準備手段としての意味をもち，強制執行が可能な状態である債権の履行期到来が必要と考えられているからである。ただし，例外として，「保存行為」については履行期前でも代位権を行使することができる（423条2項ただし書）。保存行為とは，債務者の財産の現状を維持・保存する行為であり，たとえば，債務者の所有する未登記の不動産の保存登記をすること，債務者の債権についてその消滅時効の完成猶予・更新をすることなどがあげられる。

(4)　**債権が強制執行により実現可能であること**（423条3項）　　被保全債権が強制執行により実現することができない権利であるときは，債権者は被代位権利を行使することができない（423条3項）。債権者代位権は，債務者の財産を保全して強制執行の準備をするための制度であるから，強制執行により実現する

ことができない債権は被保全債権としての適性を欠く。たとえば，当事者において，強制執行しない旨の合意がなされているような債権がこれにあたる。

(5) 被代位権利に関する要件（423条1項ただし書）　被代位権利（債権者代位権の客体）となりうるのは，債務者の一身専属権と差押えを禁じられた債権を除いたものである（423条1項ただし書）。したがって，これらでないことを要する。

(a) 一身専属権でないこと　ここにいう一身専属権とは，**行使上の一身専属権**（権利を行使するかどうかは権利者の意思のみによって決められるべき権利）であり，相続法に規定される一身専属権（帰属上の一身専属権）とは区別される。もっとも両者は重なる場合が多い。一身専属権として，債権者による代位行使が認められない例として，①慰謝料請求権（被害者自身が行使しない限り代位行使はできないが，いったん被害者が権利行使し，具体的な金額が確定すれば，その代位行使は可能である），②身分法上の権利（離婚・認知・同居請求権などはそもそも債権者代位権に親しまない，財産的価値のある身分法上の権利である夫婦間の契約取消権［754条］，親族間の扶養請求権［877条以下］，離婚による財産分与請求権［768条］，遺留分減殺請求権［1031条］など）があげられる。

(b) 差押えを禁じられた権利でないこと　給料債権の4分の3（民執152条1項2号），生活保護費（生活保護58条），国民年金の受給権（国年24条），恩給の受給権（恩給11条）などは差押えを禁じられた権利であり，債権者代位権の客体になりえない。

3　債権者代位権の行使

(1) 行使の方法　債権者代位権の行使方法については特に規定はないので，詐害行為取消権（後述Ⅱ）のように裁判上の行使である必要はなく，裁判外において自由に代位権を行使できる。その際，債権者は，債務者の代理人としてではなく，自己固有の資格で債務者に属する権利を行使するのであり（大判昭9・5・22民集13・799など），したがって，債務者の名義ではなく，債権者自身の名義で代位行使すべきものとされている（通説・判例）。なお，債権者が裁判上の行使をする場合には，債権者は訴えを提起した旨を，遅滞なく債務者に対して訴訟告知しなければならない（423条の6）。

（2）　行使の範囲　　債権者代位権は，債権保全のためとはいえ，債務者の財産的自由を制約するものであるから，代位行使の範囲も必要最小限の範囲とすべきであり，被代位権利の目的が可分である場合（金銭債権がその典型）には，自己の債権の額の限度においてのみ，被代位権利を行使できる（423条の2）。

（3）　相手方（第三債務者）の地位　　債権者は，自己の名で債権者代位権を行使するのであるが，相手方からすれば，代位債権者は，債務者（相手方にとっては自分の債権者）の地位に立つものであるから，相手方は，債務者に対して主張できる抗弁（相殺・権利消滅・同時履行など）をすべて代位債権者に対抗できる（423条の4）。他方，代位債権者が相手方に対して主張できる事由は，債務者自身が主張できる事由に限られる。

（4）　請求の内容　　代位債権者は相手方に対して目的物を債務者に給付せよと請求するのが原則であるが，被代位権利が金銭の支払いまたは動産の引渡しを目的とするものであるときは，相手方に対し，その支払いまたは引渡しを自己に対してすることを求めることができる（直接請求権・423条の3前段）。つまり，債権者への直接履行を認めている。相手方が，債権者に対してその支払いまたは引渡しをしたときは，被代位権利は，これによって消滅する（423条の3後段）。

4　債権者代位権の効果

（1）　効果の帰属　　債権者代位権は，基本的に，債務者の権利を行使するものであるから，回収した代金等は債務者（相手方からすると自分の債権者）に帰属することになる。たとえば，代位債権者Aが，債務者Bの相手方Cに債権を代位行使して，A自らが目的物の引渡しを受けた場合でも，それはあくまでCのBに対する弁済としてなされた引渡しであり，A自身の債権に対する弁済になるわけではない。したがって，引渡しの目的物が動産の場合は，改めて強制執行の手段によらなければ，Aは自己の債権の弁済に充当することはできず，他の債権者もその強制執行に配当加入することができる。これに対して，引渡しの目的物が金銭であるときは，Aは受領した金銭をBに引き渡す債務を負うことになるが，それと自己の債権とを相殺しうると解されており，Aは事実上の優先権を得られることになる。

(2) **債務者の処分権**　　代位債権者が被代位権利を行使した場合でも，債務者は，被代位権利について自ら取り立てその処分をすることを妨げられない（423条の5前段）。相手方も，被代位権利について，債務者に対して履行することを妨げられない（423条の5後段）。つまり，債権者代位権が行使された場合であっても，債務者には被代位権利の弁済受領権限があり，かつ，債務者に対する相手方の弁済が有効とされるのである。

(3) **費用償還請求権**　　債権者が債権者代位権行使のために支出した費用について，通説は，その償還を債務者に請求できると解している。そして，代位権行使は共同担保の保全を目的とするものであるから，費用を支出した債権者はその償還請求権につき，先取特権を有するものとされている（306条・307条）。

(4) **代位訴訟判決の効力**　　債務者が代位訴訟に当事者として参加した場合（民訴47条），あるいは債務者に訴訟告知がなされた場合（民訴53条）には，債務者にも代位訴訟の判決の効力が及ぶことについては異論がない。問題は，債務者の訴訟参加あるいは債務者に対する訴訟告知がない場合，代位訴訟の判決の効力は債務者に及ぶかということである。

通説・判例は，代位権の行使による訴訟は，責任財産保全という目的で債権者が債務者のために行うのであるから，その結果は，債権者を含む関係者に及んで法律関係が確定されなければならず，代位訴訟は，他人のために訴訟を管理する権限が与えられる法定訴訟担当（民訴115条1項2号）に該当するとして，債務者にも判決の効力が及ぶとする（大判昭15・3・15民集19・586）。なお，423条の6は，代位訴訟の提起後，債権者は遅滞なく債務者に対して訴訟告知をしなければならないと規定して，債務者に対する訴訟告知を代位債権者に義務づけることによって，債務者が代位訴訟に関与する機会を保障している。

5　債権者代位権の転用

債権者代位権は，本来，債務者の責任財産の減少を防ぐための制度であり，責任財産は最終的には金銭に換えて債権者への支払に充てられる財産であるから，保全される債権は金銭債権が原則であると考えられてきたが，判例では，債権者代位権によって保全されるのは必ずしも金銭債権に限らないとし，土地

の買主が移転登記を保全するために，第三者に対して売主の有する登記請求権を代位行使すること（大判明43・7・6民録16・537），土地の不法占拠者に対して賃貸人（所有者）の妨害排除請求権を代位行使すること（大判昭10・6・29新聞3869・10，最判昭39・10・15民集18・8・1671）などを認めてきた。このように，本来の債権者代位権が想定する場面とは異なるが，特定の権利の実現に被代位権利の行使が必要不可欠であるときには，その特定の権利を実現するために債権者代位権の行使が認められる場合がある。これを，債権者代位権の本来の目的（責任財産の保全）とは別の目的のために用いるという意味で「債権者代位権の転用」とよぶ。なお，債権者代位権の転用においては，保全の必要性として無資力は要求されない。債権者代位権の転用に関する一般的な規定はないが，平成29（2017）年改正により，これまで判例が認めてきた転用事例のうち，①登記請求権と②妨害排除請求権について，新たな規定が設けられた。

　①登記請求権については，423条の7で，登記又は登録の請求権を保全するための債権者代位権について規定し，これには423条の4（相手方の抗弁），423条の5（債務者の取立てその他の処分権限等），423条の6（被代位権利の行使に係る訴えを提起した場合の訴訟告知）が準用される旨規定している。②妨害排除請求権については，対抗要件を具備した賃借人の賃借権に基づく妨害排除請求権を認める規定を設けた（605条の4）。なお，この規定は，これまでの債権者代位権の行使の判例法理を否定する趣旨ではないとされる。

II　詐害行為取消権

1　詐害行為取消権の意義

　(1)　詐害行為取消権とは　　詐害行為取消権とは，債務者のなした法律行為によって債権者の債権が害される場合に，債権者がその行為（詐害行為）を裁判上取り消しうる権利をいう。たとえば，BはAから1000万円の借金をしている。Bは時価3000万円相当の土地を所有しているが，それ以外に財産はない。Bは借りた1000万円を使い果たし，借金を返せず土地をAに差し押さえられるくらいならCにあげた方がいいと考え，土地をCに贈与した。そのため，Bは

無資力となった。このような場合，AはBの行為の取消しを裁判所に請求できる。Bの行為は，責任財産を減少させAの債権の回収をできなくする，つまりAの権利を害することを知って行っており，このような行為を「詐害行為」という。なお，詐害行為取消権を行使する債権者Aを「取消債権者」，詐害行為の取消しによって保全される債権（AのBに対する1000万円の貸金債権）を「被保全債権」，詐害行為の相手方Cを「受益者」という。さらに，仮にCからDにこの土地が売られた場合，Dを「転得者」という。

詐害行為取消権（424条）は，債権者代位権と同様に強制執行の準備段階として責任財産保全を目的とする制度であるが，債務者の本来は有効なはずの法律行為を取り消すのであるから，その法律行為の相手方（受益者）や転得者の利益も考慮しなければならない。このこともあって，債権者代位権における「転用」，つまり責任財産保全以外の目的に流用することは認められていない。

(2) 詐害行為取消権の性質　　詐害行為取消権制度は，責任財産の保全のため，詐害行為を「取消す」ことによって，債務者の責任財産から移転した財産（逸出財産）を「取戻す」ことであるから，その本質は，詐害行為を取り消すことと，それによって逸出財産を取り戻すことにある（通説・判例）。そのことは，424条の6第1項前段（債権者がした詐害行為の取消しとともに，その行為によって受益者に移転した財産の返還を請求できる），424条の7第1項（詐害行為の取消訴訟の相手方となるのは，受益者または転得者である）にあらわれている。

2　詐害行為取消権の要件

(1) 債権者を害する行為であること（424条1項）　　(a) 詐害性　　債務者の行為が債権者を害する場合，「詐害性」があるという。「債権者を害する」とは，債務者の責任財産を減少させて，債権を回収できなくすることをいう。したがって，たとえば，債務者Bが受益者CにB所有の土地を贈与しても，Bには他に十分な財産があれば，債権者Aは債権を回収できるので，債務者Bの行為は詐害性がなく，詐害行為取消権は認められない。

(b) 無資力　　無資力とは，すべての債権者に弁済するために十分な財産がないことをいう。詐害性のほかに無資力も要件とされる（大判大15・11・13民

集5・798）のは，債務者の行為のときに債務者に十分な財産があれば，その行為には詐害性がなく詐害行為取消権は認められず，また，債務者の行為のときには十分な財産がなかったとしても，その後，財産を回復しすべての債権者に弁済できるようになれば，詐害行為取消権を認める必要はないからである。債務者の無資力は，裁判所が証拠を調べて事実を認定できる最終の時点，つまり民事訴訟法における事実審（第1審と控訴審がこれにあたる）の口頭弁論終結時を基準として判断される。

　(2)　債権者を害することを知っていたこと（424条1項）　　債務者が債権者を害することを知ってした行為でなければならない。この詐害意思は，詐害性の「認識」（悪意）で足りるのか，より積極的に「意図」（害意）していなければならないのか議論があったが，現在では，行為の詐害性と債務者の詐害意思とを相互に関連するものと考え（**相関関係説**），それを前提に行為の詐害性が高ければ詐害意思は「認識」で足り，行為の詐害性が低ければ詐害意思は「意図」（害意）まで必要とされる。判例は，一般論としては詐害意思を詐害性の「認識」（悪意）ととらえるが（最判昭35・4・26民集14・6・1046），詐害行為の類型によって具体的な判断は異なり，債務者が一債権者と通謀し，他の債権者を害する意思（詐害意思）をもって弁済した場合の事例で，債務者の詐害の「意図」が必要であるとした（最判昭33・9・26民集12・13・3022）。

　一般的に，詐害意思は詐害性の「認識」で足りるとする判例の立場は維持されているが，平成29年改正法は，以下の(a)～(c)の場合に特則をおいた。

　(a)　相当の対価を得てした財産の処分行為の特則（424条の2）　　債務者が適正価格で自己所有の不動産を売却した場合のように，相当な対価を得てした財産の処分行為については，原則として詐害行為性が否定されるが，例外的に以下の①～③の三つの要件をすべて満たしている場合には，債権者はその行為について詐害行為取消請求をすることができる。①不動産を金銭に換価する場合のように，処分によって財産の種類が変更し，債務者において，隠匿，無償の供与その他の債権者を害することとなる処分をするおそれを現に生じさせるものであること（同条1号），②債務者が，その行為の当時，対価として取得し

た金銭その他の財産について，隠匿等の処分をする意思を有していたこと（同条2号），③受益者が，その行為の当時，債務者が隠匿等の処分をする意思を有していたことを知っていたこと（同条3号）。

　(b)　特定の債権者に対する担保の供与等の特則（424条の3）　多重債務を負担している債務者が一部の債権者に弁済その他の債務の消滅に関する行為（代物弁済，相殺，更改）をした場合，あるいは一部の債権者に担保を供与した場合などは（偏頗行為），いずれの場合も債権者の平等を破るような行為ではあるが，債務者の総財産に変化はないとして，これらの行為については，原則として詐害行為性は否定されるが，例外的に以下の①～②の二つの要件をすべて満たしている場合には，債権者は，その行為について詐害行為取消請求をすることができる（同条1項）。①その行為が，債務者が支払不能の状態に陥っているときに行われたものであること（同項1号），②その行為が，債務者と受益者とが通謀して他の債権者を害する意図をもって行われたものであること（同項2号）。ここでいう支払不能とは，債務者が支払能力を欠くために，弁済期にある債務につき，一般的かつ継続的に弁済できない状態をいう。

　なお，債務者によるこれらの行為が，債務者の義務に属さない場合（たとえば代物弁済など），またはその時期が債務者の義務に属さない場合（期限前弁済など）には，以下の①～②の二つの要件をすべて満たしているときは，債権者は，その行為について詐害行為取消請求をすることができる（同条2項）。①その行為が，債務者が支払不能の状態になる前30日以内に行われたものであること（同項1号），②その行為が，債務者と受益者とが通謀して他の債権者を害する意図をもって行われたものであること（同項2号）。

　(c)　過大な代物弁済等の特則（424条の4）　代物弁済のように，債務者がした債務の消滅に関する行為であって，受益者の受けた給付の価額がその行為によって消滅した債務の額より過大であるときには，債務者が債権者を害することを知って行った場合，債権者は，過大である部分のみを詐害行為として取消請求をすることができる。

　(3)　財産権を目的とする行為であること（424条2項）　取り消される行為は，

「財産権を目的とする行為」でなければならない。婚姻や離婚，養子縁組や離縁などは，身分の取得や変動を内容とする行為で，財産権を目的とする行為にはあたらず，また，その行為によって債権者の利益が害されたとしても，当事者の意思を尊重すべきであり，第三者が介入して，これらの行為を取り消すことは不適切であると考えられる。ただし，離婚にあたって支払われる財産分与や慰謝料には別の問題がある。財産状態が悪化した債務者は，離婚して財産分与や慰謝料と称して主な財産を配偶者に渡してしまうことが考えられる。判例は，離婚に伴う財産分与は，本来は詐害行為取消権の対象にはならないとしつつ，「不相当に過大であり，財産分与に仮託してされた財産処分であると認めるに足りるような特段の事情」があれば，取消しの対象となるとした（最判昭58・12・19民集37・10・1532）。また，配偶者の行った過大な慰謝料の合意につき，「慰謝料支払の名を借りた金銭の贈与契約ないし対価を欠いた新たな債務負担行為」であるとして，一部取消を肯定した（最判平12・3・9民集54・3・1013）。一方，遺産分割協議は取消しの対象となりうるとしている（最判平11・6・11民集53・5・898）。

　(4)　被保全債権が詐害行為よりも前の原因に基づいて成立していること（424条3項）　　詐害行為後に取引に入った債権者は，すでに減少した責任財産を前提にしているのであり，そのような債権者を詐害行為取消権によって保護する必要はない。したがって，詐害行為取消権を行使するためには，被保全債権は，詐害行為前に取引に入った債権，つまり，詐害行為前の原因に基づいて生じた債権であることが必要である。ちなみに，すでに発生している債権につき，詐害行為後に遅延利息が生じた場合，その遅延利息債権も詐害行為取消権の対象となる。なぜなら，被保全債権（原因）から生じた債権（遅延利息債権など）は，その「原因」である債権（元本債権）が詐害行為の前に生じたものであるからである。

　(5)　被保全債権が強制執行により実現可能であること（424条4項）　　詐害行為取消権は，逸出財産を債務者の一般財産に戻し，そこに強制執行をかけて弁済を受けるというしくみであるから，被保全債権が強制執行により実現するこ

とができない権利であるときは，債権者はその債権に基づいて債務者のした詐害行為の取消しを請求することはできない。

(6) 受益者の悪意（424条1項）　受益者がその行為の当時，債権者を害することを知らなかった（善意）場合は，債権者は詐害行為取消権を行使することができない。受益者の悪意は，債権者を害する意図は必要なく，その事実を認識していれば十分であると解されている。受益者は，債務者の詐害の意思の立証から事実上悪意が推定されるので，受益者の善意の立証責任は，受益者が負う。

(7) 転得者の悪意（424条の5）　債権者が，転得者に対して詐害行為取消権を行使できるのは，債権者が受益者に対して詐害行為取消請求をすることができる場合に限られる。そして，その上で，債権者が転得者に対して詐害行為取消請求ができるのは，①転得者が，受益者から目的物を転得した場合，転得の当時，債務者がした行為が債権者を害することを知っていたとき（同条1号），②転得者が，他の転得者から目的物を転得した場合，その転得者およびその前に転得したすべての転得者がそれぞれの転得の当時，債務者のした行為が債権者を害することを知っていた（同条2号）ときに限られる。転得者には「悪意」が要求されるが，その立証責任は取消債権者の側にある。なぜなら，通常，転得者は債務者の経済状態について知りうる立場になく，債権者を害することを知らないこと（善意）が推定されるからである。

3　詐害行為取消権の行使

(1) 行使方法　詐害行為取消権は，裁判上行使しなければならない（424条1項）。なぜならば，他人間の法律行為を取り消すということは重大なことであり，第三者にも影響が及ぶので要件充足の有無など，取消しの判断は裁判所を通じて厳正に行われなければならないし，また何が責任財産に戻ったのかを他の債権者にわかるようにしなければならないからである。債権者は，裁判所に，詐害行為の取消しとともに逸出財産の取戻しを請求することができる（424条の6）。

(2) 行使の相手方　受益者に対する詐害行為取消請求の場合は受益者を被

告とし（424 条の 7 第 1 項 1 号），転得者に対する場合は転得者を被告とする（同項 2 号）。債務者は被告とならないことから，債権者は詐害行為取消訴訟を提起したときは，遅滞なく，債務者に対して訴訟告知をしなければならない（424 条の 7 第 2 項）。債務者に，訴訟に参加して自分の主張や反論を行う機会を与えるためである。

(3)　行使の範囲　　詐害行為取消権の行使は，債務者の財産的自由を制約することになるから，その範囲も必要最小限に限られるべきである。債務者のした詐害行為が「可分」である場合（金銭債権が典型）は，債権者は自己の債権の額の限度においてのみ，その取消しを請求できる（424 条の 8）。しかし，詐害行為の目的物が「不可分」である場合（不動産など）は，たとえ，その価額が債権額を超える場合であっても，債権者はその行為の全部を取り消すことができる（424 条の 8 の反対解釈）。

(4)　債権者への直接履行　　債権者は，詐害行為取消訴訟において，本来は目的物を債務者に返還せよと請求できるだけのはずであるが，返還請求が金銭の支払いまたは動産の引渡しを目的とするものであるときは，受益者に対してその支払いまたは引渡しを，転得者に対してその引渡しを自己に対してすることを求めることができる（直接請求権・424 条の 9 第 1 項前段）。受益者または転得者は，債権者に対してその支払いまたは引渡しをしたときは，債務者に対してその支払いまたは引渡しをする必要はない（同項後段）。また，債権者が，受益者または転得者に対して，財産の返還に代わる価額の償還を請求する場合も同様である（同条 2 項）。

　取消債権者に直接履行された金銭は，本来は債務者に戻すものであり，その意味で取消債権者は債務者に返還債務を負うことになるが，取消債権者の被保全債権と債務者に対する返還債務とを相殺することができ，債権者が複数いる場合，取消債権者は，債務者に相殺の意思表示をすれば，他の債権者に優先して弁済を受けたのと同じ結果になる。これを「事実上の優先弁済」という。なお，取消債権者が受け取ったのが動産の場合は，相殺できないので，強制執行の手続きをとらなければならない。

(5) 詐害行為取消権の期間制限　債務者が債権者を害することを知って行為をしたことを債権者が知ったときから2年経過したときは，債権者は詐害行為取消請求の訴訟を提起することができない。行為のときから10年経過したときも，同様である（426条）。同条は，出訴期間の規定であり，時効ではないので，時効の更新に関する規定は適用されない。

4　詐害行為取消権の効果

(1) 取消認容判決の効力　詐害行為取消請求を容認する判決が確定したときは，その判決は債務者及びそのすべての債権者に対してもその効力を有する（425条）。訴訟当事者である債権者および受益者（転得者）に確定判決の効力が及ぶのは当然であるが，その範囲を債務者およびすべての債権者にまで拡張している。なお，債務者の財産が転々譲渡され複数の転得者を生じているような場合には，被告である転得者以外の転得者・受益者には判決の効力は及ばないと考えられる。

(2) 受益者との関係　(a) 債務者がした財産の処分に関する行為が取り消された場合　受益者は債務者に対して，その財産を取得するためにした反対給付の返還を請求することができる（425条の2前段）。たとえば，債務者Bが自己の所有する不動産を相手方（受益者）Cに売却した場合，債権者AがCに対して，BC間の売買契約について詐害行為取消訴訟を提起し，その売買契約が取り消されたときは，CはBに対して，支払った売買代金の返還を請求できる。なお，債務者が反対給付を返還することが困難である場合には，受益者はその価額の償還を請求できる（同条後段）。たとえば，Bが自己所有の土地とCの名画を交換していた場合には，Cは名画の返還（現物返還）を求めることができるが，売り払われて現物返還が困難である場合には，Cは名画の価額を支払うよう請求できる。

(b) 債務者がした債務の消滅に関する行為が取り消された場合　受益者が債務者から受けた給付を返還し，またはその価額を償還したときは，受益者の債務者に対する債権は，これによって原状に復する（425条の3）。たとえば，無資力である債務者Dが債権者Eから100万円，債権者Fから200万円をそれぞ

れ借りていたところ，Dは，たまたま手に入れた100万円をEに弁済した。F
はEに対して，その弁済について詐害行為取消訴訟を提起し，その弁済が取り
消される判決が確定した場合，E（受益者）はF（取消債権者）に100万円支払
わなければならないが，このときすでにDの弁済によりEの貸金債権は消滅し
ており，このままではEが不当な損害を被ってしまう。そこで，EがDから弁
済として受け取った100万円を返還したときは，同条により，EのDに対する
債権は復活し，EとDの法律関係は，従来どおり存続することになる。

　(3)　転得者との関係　　詐害行為取消権の効果は，訴訟当事者である債権者，
受益者（又は転得者）のほか，債務者，すべての債権者に及ぶが，それ以外の受
益者や転得者には及ばない（425条）ことから，詐害行為取消請求を受けた転得
者が不当な損害を被ることのないように救済を図る必要がある。たとえば，債
務者Bと受益者Cとの間の土地の売買契約が詐害行為であるとして，債権者A
が，すでに転売されている土地の転得者Dを被告として詐害行為取消訴訟を提
起し，請求を認める判決が確定した場合，Dは土地を返還しなければならない
のに，土地を売ったCに対して代金の返還を請求することはできない。なぜな
らば，Cには判決の効力がおよばないからである。つまり，取り消されたのは
B・C間の売買契約であり，C・D間の売買契約は有効である。したがって，
このままではDは土地を返還しても代金は返還してもらえず，不当な損害を被
ってしまう。そこで，民法は，詐害行為取消請求を受けた転得者に，詐害行為
が受益者に対する詐害行為請求によって取り消されたとすれば，受益者が債務
者に対して有していたであろう権利の行使を認めることによって，転得者の保
護を図っている。つまり，①債務者がした財産の処分に関する行為が取り消さ
れた場合，転得者は，転得者の反対給付または債権の価額を限度として，425
条の2の規定により生ずべき受益者の債務者に対する反対給付の返還請求権ま
たはその価額の償還請求権を行使できる（425条の4ただし書・第1号），また②債
務者がした債務の消滅に関する行為が取り消された場合，転得者は，425条の
3の規定により回復すべき受益者の債務者に対する債権を行使することができ
（425条の4第2号），転得者に本来受益者に帰属すべき権利の行使を認めている。

第3節　責任財産の拡大による債権の担保

I　連帯債務

1　連帯債務の意義

　連帯債務とは，債務の目的が性質上可分である場合に，数人の債務者が，同一内容の給付について，法令又は当事者の意思表示により，各自独立に全部の給付をすべき債務を負い（**全部給付義務**），しかもそのうちの1人又は数人が一個の全部の給付をすれば，他の債務者も債務を免れる多数当事者の債務関係をいう（436条）。たとえば，B・C・Dの三人が共同で事業を始めようと考え，A銀行から3000万円の融資を受け，その弁済について三人が連帯債務者になることをA銀行と約した場合，B・C・Dは各自が独立して3000万円全額を弁済すべき債務を負い，そのうちの一人Bが3000万円を弁済すれば，C・DはA銀行に対する債務を免れる。なお，C・DはA銀行に支払う必要はなくなるが，B・C・Dの内部関係では，各債務者が最終的に負担する「負担部分」（連帯債務者相互間で内部的に各自負担する割合）があるので，全額を支払ったBはC・Dに対して各々の負担部分の支払いを求めることができる。これを求償といい，Bのこのような権利を求償権という。負担部分は，特段の事情がない限り平等であると解されるので，この場合，B・C・Dは1：1：1の割合で債務を負担することになり，BはC・Dに各々1000万円ずつ求償できる。また，連帯債務は，債務者の数に応じた複数の独立した債務であるから，各債務者の債務の態様が異なってもよく，各債務者の債務の期限・条件・債務額・利率などを異にすることができる。

2　連帯債務の要件

　連帯債務は，「法令の規定又は当事者の意思表示」によって成立する（436条）。法律の規定によるものとしては，民法では個別の規定として719条1項の定める共同不法行為，761条の日常家事債務に関する夫婦の連帯責任などがある。

なお，商法では一般規定として511条１項（多数当事者間の債務の連帯）がある。

　当事者の意思表示，つまり法律行為（契約など）による場合は，連帯についての合意が必要である。判例は，契約により連帯債務が成立するためには，その旨の明示または黙示の意思表示がなければならないとし，連帯の特約がない場合，黙示であっても連帯の意思表示と認めるべきものがあればよいとした（最判昭39・９・22判時385・50）。

　契約によって連帯債務が生じる場合，必ずしも一個の契約（共同契約）でなくともよい。つまり，Ｂ・Ｃ・Ｄの三人が債権者Ａと別々に三個の契約をして連帯債務者となることも可能である。この場合，Ｂ・Ｃ・ＤがＡに対する連帯債務者となるためには，必ずＢ・Ｃ・Ｄ間に連帯についての合意または同意を必要とする。なお，一個の契約によった場合でも，Ｂ・Ｃ・Ｄの一人に無効や取消しの原因があっても他の債務者については完全に有効な債務が成立する（437条）。

3　連帯債務の効力

　(1)　連帯債務の対外的効力　　連帯債務においては，債権者は，連帯債務者の一人に対し，または同時にもしくは順次にすべての連帯債務者に対して，全部または一部の履行を請求することができる（436条）。たとえば，債権者Ａは，連帯債務者Ｂ・Ｃ・Ｄの各人に対し全額3000万円を同時にまたは順次に請求することも，またＢに対してのみ全額3000万円を請求することも，Ｂに1500万円，Ｃに300万円，Ｄに200万円を請求することも任意にできる。このような履行の請求は，裁判外・裁判上いずれにおいてもできる。したがって，同時にＢ・Ｃ・Ｄを共同被告として訴えを提起することもできれば（民訴38条），Ｂ・Ｃ・Ｄに対し順次に別個の訴えを提起することもできる（これは民訴142条の二重起訴の禁止にはあたらない）。また，１人の債務者Ｂに対する全額の認容判決が確定した後でも，現実に履行を受けるまでは，他の債務者Ｃ・Ｄに対して裁判上・裁判外の履行の請求ができる。一部の弁済がされたときは，その範囲で債務が消滅し，残額について上記のような履行の請求ができる。

　(2)　連帯債務者の一人について生じた事由　　連帯債務においては，連帯債

務者の数と同じ数の債務が存在し，連帯債務者は全部給付義務を負っているから，他の債務者について生じた事由の影響を受けることはないと考えられ，性質上および明文による絶対的効力事由以外は，連帯債務者の一人について生じた事由は，他の連帯債務者に影響を及ぼさない，つまり相対的効力が原則である（441条本文）。

　(a)　絶対的効力事由　　(ア)　弁済・代物弁済・供託　　明文規定はないが，連帯債務者の一人が弁済・代物弁済または供託をすれば，その限度ですべての連帯債務者の債務が消滅する。連帯債務は同一の給付を目的とするものであるから，いずれも債権の満足をもたらすものであり，絶対的効力事由となる。

　　(イ)　更改（438条）　　連帯債務者の一人と債権者との間で，従来の債務に代えて新たな債務を発生させる更改（513条）がなされると，債権は，すべての連帯債務者のために消滅する（438条）。たとえば，連帯債務者B・C・Dが債権者Aに対して3000万円の借金を負っていたところ，BがAと，この借金の代わりにB所有の土地をAに取得させる債務を負担する（更改）契約を結んだ場合，BのみならずC・Dも従来の債務を免れる。この規定は，すべての債務者に対する債権を消滅させて新しい債権をこれに代えるという契約当事者の意思の推測に基礎を置くものであるから，当事者間において，更改が他の連帯債務者に影響しない旨の特約（たとえば，A・B間で更改契約をしたとしても，総債務の免責ではなく負担部分だけに関するもので他の連帯債務者に影響を及ぼさない）を結ぶことは可能であると解される。

　　(ウ)　相殺（439条）　　債権者に対して反対債権を有している連帯債務者が相殺を援用したときは，その限度で連帯債務はすべての連帯債務者のために消滅する（439条1項）。たとえば，債権者Aに対して，3000万円の連帯債務を負っているB・C・Dのうち，BがAに対して1600万円の反対債権を有していた場合，それをもって相殺の意思表示をしたときには，Bの債務は1600万円の限度で消滅し，その効果がC・Dにも及ぶため，連帯債務はBのみならずC・Dについても1400万円となる。また，反対債権を有する債務者が相殺を援用しない場合，他の連帯債務者は，反対債権を有する債務者の負担部分の限度におい

て，債権者に対して債務の履行を拒絶することができる（439条2項）。たとえば，上記の例で（負担部分は平等とする），Bが相殺を援用しない間に，CがAから全額3000万円を請求されたときには，Cは，Bの負担部分1000万円の限度で債務の履行を拒絶することができ，2000万円支払えばよい。CがAに2000万円支払った場合には，Cは自己の負担部分1000万円とDの負担部分1000万円を支払ったことになるので，CはDに対して求償権を取得し，Dに1000万円を請求できる。BのAに対する債権1600万円はそのままである。この場合，B・C間に求償関係が生じることはない。BはAとの相殺で支払いと債権の回収をすることになる。このことから，CがBの反対債権をもって履行拒絶の抗弁権を行使するためには，B自身がAに対して相殺権を行使しうる場合，つまり相殺適状にあることを要すると解すべきである。

　　(ｴ)　混同（440条）　　連帯債務者の一人と債権者との間に混同があったときは，その債務者は弁済をしたものとみなされる（440条）。混同とは，ある債権について，ある人に債権者の地位と債務者の地位が帰属することで，原則として債権は消滅する（520条）。たとえば，上記の例で，BがAの債権を譲り受けたり，Aを相続したりした場合，Bに3000万円の金銭債権と3000万円の金銭債務が帰属することになり，混同により，3000万円の金銭債権は消滅する。Bは実際に弁済したわけではないが，混同によって債権が消滅したことにより，弁済したものとみなされる。その結果，C・Dが負っていた連帯債務も消滅し，BはC・Dに対して，各々負担部分1000万円を求償できる。

　(b)　相対的効力事由　　先にも述べたように，上記(a)(ア)～(ｴ)にあげた事由以外は相対的効力事由である。したがって，平成29年改正前に絶対的効力事由として規定していた履行の請求，免除，時効の完成の条文は削除されたため，これらも相対的効力事由である（441条本文）。なお，債権者と連帯債務者の一人が別段の意思表示をしたときは，他の連帯債務者に対する効力は，その意思に従う（441条ただし書）。たとえば，上記の例で，AのBに対する履行の請求をC・Dにも及ぼすためには，A・C間で「AがBに対して履行の請求をした場合には，Cに対しても履行の請求をしたことにする」旨の合意が，A・D間に

も同様の合意がそれぞれ必要である。A・B間で合意しても，Bに対する履行の請求の効力を合意の当事者ではないCやDに及ぼすことはできない。なお，Bに対する請求の効力をCに及ぼすためには，A・C間の合意があれば足り，BやDの同意は不要である。

(3) 連帯債務の対内的効力　(a) 求償権と負担部分　連帯債務者の一人が弁済やその他自己の財産をもって共同の免責を得たときは，その連帯債務者は，その免責を得た額が自己の負担部分を超えるかどうかに関わらず，他の連帯債務者に対して，その免責を得るために支出した財産の額のうち，各自の負担部分に応じた額の求償権を有する（442条1項）。負担部分とは，連帯債務者の間で内部的に各自が負担する「割合」で，連帯債務者間の特約で決めることができ，特約のない場合は，各連帯債務者が受けた利益の割合によるが，それが明らかでない場合は，各連帯債務者間の負担部分は平等とされる。法律の規定によって連帯債務とされる場合にはその法律の趣旨によって負担部分が決まり，たとえば，共同不法行為者が連帯して損害賠償債務を負担する場合には（719条1項前段），負担部分は各共同不法行為者の過失割合など公平の観点から決まる。なお，求償することができる額は，連帯債務者相互間で内部的に負担すべき割合を，免責を得た額に掛け合わせることで算定される。たとえば，B・C・Dの三人が連帯してAに3000万円の金銭債務を負っていた場合（負担割合は平等），Aからの請求に応じてBが600万円を支払ったときは，Bの支払った額は自己の負担額（1000万円）より少ないが，求償権は成立するから，BはC・Dそれぞれに対して200万円（600万円×3分の1）を求償できる。

　(b) 求償権の制限　連帯債務者の一人が弁済その他共同の免責を得るために財産を支出することは，これを知らない他の連帯債務者に大きな影響を及ぼすので，その事前および事後に他の連帯債務者に通知すべきことを規定し，他の連帯債務者の存在を知りながら（悪意），これを怠った場合は，弁済した連帯債務者は，一定の範囲で求償権が制限されるものとした（443条）。①事前の通知を怠った場合には，通知を受けなかった連帯債務者は，弁済をした連帯債務者からの求償に対して，自己が債権者に対抗することができた事由をもって

対抗できる（443条1項前段）。また，この場合，弁済した連帯債務者は，債権者に対して相殺によって消滅すべきであった債務の履行を請求することができる（同項後段）。たとえば，B・C・Dの三人がAに対して負担部分平等で3000万円の連帯債務を負っていた場合に，Bは他の連帯債務者C・Dの存在を知っていた（悪意）が，Aに全額弁済する旨の通知をせずに弁済をすませた。BはC・Dに対して各自の負担部分1000万円をそれぞれ求償してくるが，CがAに対して700万円の債権をもっていた場合，CはAに対抗できる事由「相殺」をBに対抗することができ，BはCに対して300万円しか求償できない。この場合，Bは，Aに対して，Cに求償できなかった700万円を請求できる。

　②事後の通知を怠った場合，通知を受けなかった連帯債務者が，弁済ずみの事実を知らずに（善意）弁済をした場合は，この連帯債務者は自己の行為を有効なものとみなすことができる（443条2項）。たとえば，連帯債務者B・C・Dのうち，BはC・Dの存在を知っていたが債権者Aに全額弁済したことを通知せず，それを知らないCがAに全額弁済した場合，CはBからの求償に対して，自分の行為が有効であると主張してBからの求償を拒むことができる。Cの弁済が有効であるということは，Cの弁済により連帯債務が消滅したことになり，Bの支払いは債務がないのに支払ったことになるので，弁済の効果は認められず求償権も認められない。Cの弁済が有効であるから，CはB・Dに対して求償できる。なお，Bの支払は有効でなかったことになるので，BはAに対して不当利得として返還請求することになる。

　(c)　無資力者がある場合の求償（求償権の拡張）　　たとえば，3000万円の連帯債務者B・C・D（負担部分平等）のうち，Bが全額弁済したとする。Dが無資力となった場合，Bは，本来はC・Dに1000万円ずつ求償できるところ，Dからは払ってもらえない。その分については，444条1項により各自の負担部分に応じてこれを負担することになっており，Dの負担部分をCと半分ずつ分担して，Cに1500万円求償できる。なお，Bが，すぐにDに対する求償を行っていれば償還を受けることができたのに，それを怠りその間にDが無資力となった場合には，Bに過失があり，この場合にはCに分担を請求することはで

きず，Cに負担部分1000万円を求償できるだけである（444条3項）。また，B・Cが負担部分なし，Dのみが全額負担となっていた場合に，債権者Aからの請求に応じてBが全額支払ったので，Dに求償しようとしたら資力がないことがわかった。この場合，444条2項によりBと資力のあるCとの間で，等しい割合で分担することになるので，BはCに対して1500万円を求償できる。

(d) 連帯の免除　　連帯の免除とは，債権者と個々の連帯債務者との関係において，債務額を債務者の負担部分の範囲に限定することである。つまり，連帯の免除は，連帯債務者の全給付義務を解体するものであり，債権総額に影響を与えるものではない。連帯の免除には，①絶対的連帯免除と②相対的連帯免除の二種類がある。①絶対的連帯免除とは，連帯債務者全員に対して連帯の免除をすることで，連帯債務は消滅し分割債務（427条）となり，求償関係も消滅する。以後，各債務者は，各自の負担部分に対応する額につき，債権者に対して債務を負うことになる。②相対的連帯免除とは，連帯債務者中の一人または数人に対して連帯の免除をすることで，免除を受けた連帯債務者だけが負担部分につき分割債務を負担し，他の連帯債務者の連帯債務に影響は及ぼさない。したがって，求償関係も他の連帯債務者との間で存続する。たとえば，B・C・Dを債務者とする3000万円の連帯債務で，Bに対して連帯の免除がされた場合には，Bは1000万円の債務を負い，C・Dは3000万円の債務を負うことになる。

(e) 連帯債務者の一人との間の免除等と求償権　　連帯債務者の一人に対して債務の免除がされ，または連帯債務者の一人のために時効が完成した場合においても，他の連帯債務者は，その一人の連帯債務者に対して，求償権を行使することができる（445条）。

(f) 求償権者の代位権　　連帯債務者の一人が他の連帯債務者に対して求償権をもつときは，その範囲において債権者に当然に代位する（499条）。

4　不真正連帯債務

不真正連帯債務とは，多数の債務者が同一内容の給付について全部履行すべき義務を負い，しかも，一債務者の履行によって他の債務者も債務を免れると

いう点では連帯債務と同じであるが，もともと各債務者間に密接な関係がない
ため，一債務者について生じた事由が他の債務者に影響を及ぼさず，負担部分
の観念もなく，求償も当然には生じない点で連帯債務とは区別される，多数当
事者の債務関係をいう。たとえば，Aの運転する自動車とBの運転する自動車
が双方の過失から衝突し，通行人Cが負傷した場合，A・BはCに対して共同
不法行為（719条）により「各自が連帯してその損害を賠償する責任を負う」こ
とになる。このようなA・Bの債務を不真正連帯債務という。

　不真正連帯債務は求償関係を当然の内容としていないが，学説は認める場合
があることを説き，判例も共同不法行為者相互間での求償を公平の見地から認
めるに至った（最判昭41・11・18民集20・9・1886）。判例は，本来なら求償の生じ
ない場合に，公平や政策的な観点から認めるのであるから，求償できるのは自
己の負担部分を超えた支払をした場合に限るとした。なお，不真正連帯債務は，
連帯債務における免除が平成29年改正で相対的効力事由に変更されたことから，
その有用性は大幅に減ったといえる。

Ⅱ　保 証 債 務

1　保証債務とは

　(1)　意義　　保証とは，債務者Bが債権者Aに債務を弁済しない場合には，
第三者CがBに代わって債務を弁済する責任を負うことである（446条1項）。こ
の場合，Bを主たる債務者（主債務者），Bの負担する債務を主たる債務（主債
務），Cを保証人，保証人の負う債務を保証債務という。保証債務は，主債務の
履行を担保することを目的として，債権者と保証人との間で締結された保証契
約により成立する債務であり，人的担保の典型的な制度である。

　(2)　法的性質　　①保証債務は，主債務とは別個の債務と考えられている
（独立債務性）。主債務は債権者と債務者との間の契約によって，保証債務は債
権者と保証人との契約によって生じるものであり，主債務とは別個の消滅原因
をもちうる。②保証債務は，主債務の存在を前提とし，主債務に従たる性質を
もっており（**付従性**），主債務の成立・内容・消滅に付従性する。③保証債務は，

債権者が主債務者に対する債権を第三者に譲渡した場合，保証人に対する債権もこれに伴って第三者に移る（**随伴性**）。④保証人は，主債務者がその債務を履行しないときに初めて自己の債務を履行する責任を負う（446条1項）。これを保証債務の**補充性**という。この性質により，保証人には催告の抗弁（452条）と検索の抗弁（453条）がある（後述3(1)(b)）。なお，連帯保証（後述5）には，補充性がない。

2　保証債務の成立

保証債務は，保証人と債権者との間の保証契約によって成立する。保証契約は，より慎重に行わせるため，書面によらなければ効力を生じない（446条2項）。保証人となるには別段資格を要しないが，法律の規定で「相当の担保」を供すべき場合（29条1項・576条等）や債務者が債権者との契約によって保証人を立てる義務を負っている場合は，保証人は行為能力と弁済資力を有する者でなければならない（450条1項）。なお，付従性により，主債務が存在しなければ保証債務も成立しない。

3　保証債務の効力

(1)　債権者・保証人間効力　　(a)　保証債務の内容　　保証債務の内容は，保証契約と保証債務の付従性によって定まる。たとえば，100万円の主債務につき保証した場合は保証債務も100万円になるが，特約により50万円だけ保証する契約も有効である。そして，その効力は主債務のほか，主債務に関する利息，違約金，損害賠償その他すべて主債務に従たるものに及ぶ（447条1項）。保証債務が主債務の契約解除による原状回復義務にまで及ぶかについては，判例は，かつて保証債務の独立債務性を理由に否定していたが（大判明36・4・23民録9・484），学説の批判を受け，最高裁はこれを肯定するに至った（最大判昭40・6・30民集19・4・1143，最判昭47・3・23民集26・2・274）。なお，保証人の負担が主債務より重いときは，保証人の負担は主債務の限度に減縮される（448条）。

(b)　保証人の抗弁　　保証人には，保証債務の補充性から，①催告の抗弁と②検索の抗弁がある。債権者が主債務者に履行の請求をすることなく，いきなり保証人に保証債務の履行を求めてきたときは，保証人は，まず主債務者に

対して催告するように請求できる（452条）。これを催告の抗弁という。また，債
権者が主債務者に催告した後であっても，主債務者の財産より先に保証人の財
産について強制執行してきたときは，保証人は，主債務者に弁済資力があり，
かつ強制執行の容易であることを証明すれば，まず主債務者の財産に対して執
行すべきことを主張できる（453条）。これを検索の抗弁という。なお，催告の抗
弁又は検索の抗弁が行使されたにもかかわらず，債権者が催告又は執行を怠っ
たために主債務者から弁済を受けられなくなったときは，保証人は，債権者が
直ちに催告または執行をすれば得ることができた限度で，その義務を免れる
（455条）。

　（c）　主債務者の有する抗弁の援用　　保証債務の付従性から，保証人は，
主債務者が主張できる抗弁をもって債権者に対抗できる（457条2項）。たとえば，
主債務者の有する同時履行の抗弁，主債務が時効で消滅したという抗弁などが
これにあたる。また，主債務者が債権者に対して相殺権，取消権又は解除権を
有するときは，これらの権利の行使によって主債務者がその債務を免れるべき
限度において，保証人は，債権者に対して債務の履行を拒むことができる（457
条3項）。たとえば，主債務者Bが債権者Aに対して相殺権を有している（主債
務は100万円，Bの反対債権は80万円とする）ときに，保証人Cは，Aから債務の
履行の請求を受けた場合にBが相殺権を行使したときに債務を免れる限度でA
に対して債務の履行を拒むことができるので，保証債務の履行として20万円の
みを支払うことになる。なお，主債務者が消滅時効を援用しない場合には，保
証人は，主債務について消滅時効を援用することができる（145条）。

　（2）　主債務者・保証人間の効力　　①主債務者に生じた事由は，保証債務の
付従性から，原則として，保証債務の内容を加重するのでない限り（448条1
項・2項），すべて保証人にも効力を及ぼす。たとえば，主債務者の時効が履行
の請求その他の事由によって完成猶予または更新となった場合は，保証人にも
その効力が及ぶ（457条1項）。また，主債務者に対する債権が譲渡された場合，
主債務者に対して対抗要件（467条）を得れば，保証人に対しても対抗要件を具
備したことになる。主債務者が死亡した場合，その債務は相続人によって承継

されるから，保証債務も存続する。相続人が限定承認した場合であっても，た
だ相続人の債権者に対する責任が相続財産の範囲に限定されるだけであり，保
証債務自体には影響がない。

　②保証人に生じた事由は，弁済その他債務を消滅させるものを除き，原則
として主債務者に効力を及ぼさない。たとえば，保証人に対して債権譲渡の通
知（債権譲渡の対抗要件）をしても，主債務者に通知したことにならない（大判
昭9・3・29民集13・328）。

4　保証人の求償権

　保証人が主債務者に代わって債権者に弁済した場合には，保証人は主債務者
に求償できる。保証人は，主債務者から依頼されてなるのが通常であるが，と
きには主債務者に頼まれずに保証人となる場合もありうる。前者を委託を受け
た保証人（**受託保証人**）といい，後者を委託を受けない保証人（**無委託保証人**）
という。

　(1)　受託保証人の求償権　　(a)　事後求償権　　保証人が債権者に弁済その
他債務の消滅行為をしたときは，保証人は，主債務者に対して求償権を取得す
る。この保証人の権利を**事後求償権**という（459条・459条の2）。

　主債務の弁済期後の弁済の場合，求償権の範囲は，弁済額のほか，免責のあ
った日以後の法定利息および避けることができなかった費用，その他損害賠償
に及ぶ（459条2項・442条2項）。受託保証人は弁済をなす前に主債務者にその旨
の通知をしなければならず，この事前の通知を怠ると，主債務者は債権者に対
してもっていた抗弁権（相殺等の抗弁）を行使して保証人に対抗することができ
き（463条1項），また，主債務者が善意で債務の消滅行為をした場合（二重払い），
主債務者は自己の弁済を有効とみなしうる（463条3項）。なお，主債務者が弁済
しながら受託保証人に対する通知を怠り，保証人が善意で二重に弁済した場合
には，保証人は自己の弁済を有効とみなすことができる（462条2項）。

　主債務の弁済期前の弁済の場合は，保証人は，主債務者に対して，主債務者
がその当時利益を受けた限度において求償権を有する（459条の2第1項前段）。
そして，求償可能な法定利息は主債務の弁済期以後のものに限られ，また，求

償可能な費用その他の損害賠償も弁済期以後に債務の消滅行為をしたとしても避けることができなかったものに限られる（同条2項）。求償権の行使時期は，主債務の弁済期以後である（同条3項）。主債務者の期限の利益を害することのないように求償権の行使時期を制限している。

　(b)　事前求償権　　保証債務を履行した後で求償すると，主債務者の財産が減少してしまっていて，主債務者から求償を得られないおそれがあるときは，弁済等の債務の消滅行為をする前に，受託保証人が求償権を行使することが認められている。このような求償権を**事前求償権**といい，保証人が求償権を行使できるのは，①主債務者が破産手続開始の決定を受け，かつ，債権者がその破産財団の配当に加入しないとき（460条1号），②債務が弁済期にあるとき（同条2号本文），③保証人が過失なく債権者に弁済すべき旨の裁判の言渡しを受けたとき（同条3号）である。なお，主債務者は，保証人が事前求償権を行使してきた場合，保証人の弁済を確実なものにするために，債権者が全部の弁済を受けない間は，保証人に担保の提供を求めたり，自己に免責を得させることを請求したりすることができ（461条1項），また主債務者は，保証人に対して償還すべき金額を供託したり，担保を提供したり，保証人に免責を得させて事前の求償に応じる義務を免れることができる（同条2項）。

　(2)　無委託保証人の求償権　　委託を受けない保証人も債務を消滅させたときは主債務者に求償することができ，①主債務者の意思に反しない場合は，債務の消滅行為をした当時に主債務者が利益を受けた限度で求償でき（462条1項が準用する459条の2第1項），つまり求償の範囲として，免責の日以後の法定利息，費用，損害賠償を含まない。求償権を行使できるのは，弁済期後である（462条3項による459条の2第3項の準用）。②主債務者の意思に反する場合は，求償の当時，現に主債務者が利益を受ける限度で求償できるにとどまる（462条2項）。求償の行使時期は弁済期後である。

5　連 帯 保 証

　(1)　意義と性質　　連帯保証とは，主債務者と連帯して債務を負担する場合を連帯保証という（454条）。債務者と保証人が，保証契約において連帯の特約

をすることにより，連帯保証となる。連帯保証もまた保証契約の一種であり，主債務に付従するので，付従性から生じる効果は通常の保証債務と同様であるが，連帯の特約があることから，通常の保証と異なり，連帯保証には補充性がなく，これが最大の特徴である。つまり連帯保証人には，「催告の抗弁権」「検索の抗弁権」がなく，そのため，債権者は，主債務者の資力の有無にかかわらず，直ちに連帯保証人に債権全額の請求ができる。この点で，通常の保証よりも連帯保証の方が債権者にとって有利であるので，実際に使われるのはほとんどが連帯保証である。

(2) 効力　①債権者が連帯保証人に対して有する権利は，連帯債務者に対して有する権利と基本的に同じである。なお，同一債務につき連帯保証人が数人いても，各連帯保証人は全額の保証責任負うのであって，分別の利益はもたない。②主債務者について生じた事由は，連帯保証債務も通常の保証債務と同様に付従性が認められるから，すべての連帯保証人に及ぶと考えられている。たとえば，債権者が主債務者に請求し，時効の完成猶予および更新事由が生じたときは，その効力は連帯保証債務にも及ぶ。③連帯保証人に生じた事由については，458条により，連帯債務の規定の一部が準用される。更改（438条），相殺（439条1項），混同（440条），相対的効力の原則（441条）の規定がそれである。つまり，絶対的効力事由である更改，相殺，混同が連帯保証人に生じれば，主債務者に対して影響を及ぼす。なお，連帯保証人と主たる債務者との求償関係は通常の保証と同様である。

6　共同保証

共同保証とは，1個の債務について複数の保証人がいる場合をいう。共同保証の形態には，複数の保証人が，①普通の保証人である場合，②連帯保証人である場合，③普通の保証人であるが各保証人が全額弁済の特約を結んでいる場合（保証連帯）の三つがある。保証連帯は，主債務者と保証人との関係では普通の保証であっても（したがって補充性がある），複数の普通保証人間に連帯の関係がある。

各共同保証人は，主債務の額を保証人の頭数で割った額についてのみ保証債

務を負担する（456条）。これを「分別の利益」という。しかし，①主債務が不可分債務である場合（465条1項），②保証連帯の場合（同項），③連帯保証である場合には分別の利益はない。

　共同保証人の一人が弁済その他の債務の消滅行為をしたときは，その保証人は，主債務者に対して求償権を取得し（459条または462条），また，他の共同保証人に対しても求償権を取得する（465条）。共同保証人に分別の利益がある場合には，負担部分を超える額を弁済した保証人は，無委託保証人の求償権に関する規定を準用し，その超過額についてだけ，他の共同保証人に求償することができる（465条2項による462条の準用）。共同保証人に分別の利益がない場合には，負担部分を超える額を弁済した保証人は，連帯債務者間の求償権に関する規定を準用して求償できる（465条1項による442条から444条までの準用）。

　共同保証人の一人について生じた事由については，複数の保証人がいる場合に，保証人間に保証連帯がある場合を除いて，各保証人間に連帯債務に準じる法律関係は生じないので，共同保証人の一人に生じた事由は，他の共同保証人に影響を及ぼさない。もっとも，保証連帯の場合は，共同保証人間に連帯の特約があるため，各保証人間に連帯債務に準じる法律関係が存在するので，連帯債務で絶対的効力事由とされるもの（更改，相殺，混同，弁済，代物弁済，供託など）は他の共同保証人に影響を及ぼす。

7　根　保　証

　(1)　意義　根保証（継続的保証）とは，継続的な取引関係から生じる不特定の債務を担保するための保証をいう。信用保証，賃借人の債務の保証，身元保証がその典型である。信用保証は，卸売商と小売商との売掛取引とか，銀行と商人間の当座貸越契約とか，一定の継続的取引関係から生じる将来の債務を保証するものである。これらの保証は，保証される債務の額が画されず，保証期間，債務負担の限度額（極度額）の定めがなされないことも少なくなく，保証人にとって予期せず過大な負担を強いられるおそれがある。そこで，民法は，保証人が法人でないもの，つまり個人が保証人となる根保証契約（個人根保証契約）に関して，保証人を保護するための規定を設けている。信用保証，賃借

人の債務の保証，身元保証のいずれについても，保証人が個人であれば，この規定が適用される。

(2) 個人根保証契約　一定の範囲に属する不特定の債務を主債務とする保証契約（根保証契約）であって，保証人が法人でないものを**個人根保証契約**という（465条の2第1項）。個人根保証契約は，他の保証契約と同様に書面でしなければならない（446条2項3項）。個人根保証契約では，極度額（保証する限度額）を定めなければ効力は生じない（465条の2第2項）。この極度額には，主債務者の元本・利息・違約金・損害賠償その他の債務に従たるものすべてを含むものとして定めなければならない（同条1項）。

個人貸金等根保証契約（465条の3第1項。根保証契約において定められた主債務に，貸金債務または手形割引に係る債務が含まれているものをいう）については，元本確定期日について規定があり，①元本確定期日を定める場合，契約締結の日から5年以内の日を定めなければならない（465条の3第1項），②元本確定期日を定めていない場合，契約締結日から3年を経過する日まで保証債務を負う（同2項），③元本確定期日を変更する場合，変更後の元本確定期日，その変更をした日から5年以内でなければならない（同3項）。

個人根保証契約の元本確定事由については，次の①〜③の事由が生じた場合，保証すべき主たる債務の元本は確定する。①債権者が，保証人の財産について，金銭の支払いを目的とする債権についての強制執行又は担保権の実行を申し立てたとき（ただし，強制執行又は担保権の実行の手続の開始があったときに限る），②保証人が破産手続開始の決定を受けたとき，③主債務者又は保証人が死亡したとき（465条の4第1項）。なお，貸金等根保証契約に限って元本確定事由となるのは，①債権者が，主債務者の財産について，金銭の支払いを目的とする債権についての強制執行又は担保権の実行を申し立てたとき（ただし，強制執行又は担保権の実行の手続の開始があったときに限る），②主債務者が破産手続開始の決定を受けたときである。

(3) 事業に係る債務についての保証契約の特則　(a) 個人保証の制限　個人が事業債務の保証をする場合に，予期せぬ企業の経営悪化により保

証人が重い責任を負わされるリスクから保証人を保護するため，「事業のために負担した貸金等債務を主たる債務とする保証契約」または「主たる債務の範囲に事業のために負担する貸金等債務が含まれる根保証契約」で保証人が個人であるものについては，保証人になろうとする者が，契約締結の日前一箇月以内に作成された公正証書（保証意思宣明公正証書）で，保証債務を履行する意思を表示していなければ，その効力は生じない（465条の 6 第 1 項）。なお，個人保証人が主債務者の経営に実質的に関与している場合，いわゆる経営者保証の場合は，公正証書は不要である（465条の 9 第 1 号・2 号・3 号）。

　(b)　契約締結時に主債務者が負う情報提供義務　　事業のために負担した貸金等債務を主債務とする保証を委託する場合，主債務者は，①財産及び収支の状況，②主債務以外に負担している債務の有無，その額，履行状況，③主債務の担保として他に提供し，または提供しようとするものがあるときは，その旨及びその内容の情報を委託を受ける者に提供しなければならない（465条の10第 1 項）。これらの情報を提供しない，または事実と異なる情報を提供した場合，債権者がそのことを知り，または知ることができたときには，保証人は保証契約を取り消すことができる（465条の10第 2 項）。

第 4 節　優先弁済権の確保による債権の担保

I　担保物権の基本原則

1　物的担保の意義・分類

　責任財産を拡大して債権の回収の可能性を高める人的担保（本書第 3 節）に対して，財産にかかわる担保制度を物的担保という。物的担保は，典型担保（担保物権）と非典型担保に分類される。

　(1)　典型担保（担保物権）　　担保物権とは，多くの物的担保手段のうち，民法上，担保物権として規定された留置権・先取特権・質権・抵当権（後述 II）の 4 つをいう。これらは，物に対する全面的支配権である所有権と対比して，

物の価値に対する支配権として制限物権（他人の所有権を制限するという意味）と位置づけられる。また，これらは，当事者の合意（設定契約）により成立する約定担保物権（抵当権・質権）と法律上の要件を充足すると当然に発生する法定担保物権（留置権・先取特権）とに分けられる。担保物権は，民法に定める担保手段という意味で典型担保とよばれる。

　(2) 非典型担保　　民法に規定されたものではなく，実務慣行から生み出された担保手段を非典型担保（後述Ⅲ）という。非典型担保には譲渡担保，所有権留保，仮登記担保（昭和53年に「仮登記担保契約に関する法律」が制定され，現在では特別法により法定された制度となっている）がある。これらは，当事者の合意により設定されるから約定担保物権である。

2　担保物権の性質

　担保物権は，特定の債権を担保するために設定されるものであるから，その債権が発生しなければ担保物権は成立しないし，債権が消滅すれば担保物権も消滅する。このような担保物権の性質を「**付従性**」という。そして，被担保債権（担保される債権）が譲渡され第三者に移転すると，担保物権もこれに伴って第三者に移転する。これを「**随伴性**」という。また，被担保債権の全部の弁済を受けるまでは，担保物権は目的物全部に権利を行使できる。この性質を「**不可分性**」いう。たとえば，抵当権者Aが5000万円の被担保債権について債務者Bから3000万円の弁済を受けたとしても，Aは依然としてBの抵当不動産の全部について抵当権を行使できる。民法は留置権について不可分性の規定をおき（296条），この規定を先取特権・質権・抵当権に準用した（305条・350条・372条）。

　なお，担保目的物の売却・賃貸・滅失・損傷によって，債務者（目的物所有者）が受ける金銭その他の物に対して，担保権者は優先弁済的効力を行使できる。この性質を「**物上代位性**」という。たとえば，抵当権者Aは，抵当目的物であるB所有の家屋がCの放火により滅失したときには，抵当権自体は消滅するが，BがCに対して取得する不法行為に基づく損害賠償請求権（709条）に対して，優先弁済的効力を及ぼすことができる。この性質は，優先弁済的効力を有する担保物権にしか認められないから留置権には認められない。民法は先取

特権についてこの性質を規定し（304条），質権と抵当権にこの規定を準用している（350条・372条）。

3　担保物権の効力

担保物権には，債権担保としての効果を上げるため，①**優先弁済的効力**，②**留置的効力**，③**収益的効力**がある。①は，債権の弁済が得られないとき，担保目的物を換価し他の債権者に優先して弁済を受けることができる効力である。担保物権の中心的効力であるが，担保の目的物を留置することにより間接的に債務の弁済を促す留置権には，この効力はない。②は，債務が完済されるまで担保権者が目的物を留置しうる効力をいい，これによって，間接的に債務の弁済を促そうとするものである。留置権（295条）と質権（347条）にこの効力が認められる。③は，担保権者が担保目的物を収益し，これを債務の弁済に充当しうる効力をいう。原則として不動産質権にのみ認められる（356条）。

II　抵　当　権

1　抵当権の意義

抵当権とは，債権者が，その債権の担保として債務者から占有を移さずして不動産（または地上権・永小作権）の提供を受け，被担保債権が弁済されない場合にはその不動産の交換価値から他の債権者に優先して弁済を受けることができる権利をいう（369条）。また，債務者以外の第三者が所有する不動産に抵当権を設定することもでき，これを物上保証といい，その第三者を物上保証人という。

2　抵当権の設定・公示

抵当権は，債権者と債務者（または物上保証人）との設定契約により成立する。抵当権設定契約は，諾成契約であり，当事者の意思表示のみで効力を生じる。したがって，抵当権設定契約があれば，当事者間では抵当権は有効に成立するが，登記によって公示されなければ，他の債権者に対して優先弁済権を主張することはできない。なぜなら，抵当権は，抵当不動産の占有を債権者に移さずその効力が生じる非占有担保であり，その目的物に抵当権が設定されているか

どうか外形からはわからないからである。つまり，登記は対抗要件であり（177条)，同一不動産に複数の抵当権が設定された場合，登記の具備の前後によってその優劣（順位）が決定され（373条)，また前順位の抵当権が弁済等で消滅したときは後順位の抵当権の順位が繰り上がる（**順位上昇の原則**)。

3　抵当権の効力

（1）　被担保債権の内容・範囲　　抵当権の被担保債権は，通常金銭債権であるが，それ以外の債権であってもよく，その場合は，金銭に換算して債権の価額を登記する。一個の債権の一部（たとえば，500万円の債権のうち300万円）を被担保債権にすることもできる。また，将来生ずべき債権でもよいとされる（付従性の緩和)。

　抵当権の効力の及ぶ被担保債権の範囲は，後順位抵当権者や一般債権者などの保護のため，かなり制限されており，元本は全額被担保債権に含まれるが，利息・損害金等については，満期となった最後の２年分に限定される（375条1項本文)。もっとも，これは抵当権者と第三者の利益を調整しようとするものであり，抵当債務が縮減するわけではない。

（2）　目的物の範囲　　抵当権は，抵当地の上に存する建物を除き，その目的である不動産に付加して一体となっている物（**付加一体物**）に及ぶ（370条)。土地と建物は別個の不動産であるから，土地抵当権の効力は建物に及ばないことは明らかであるが，付加一体物とは具体的に何かが問題となる。付合物（土地との関係で，石垣・敷石・立木・苗など不動産と付合しその一部分となっているもの)，従物（土地に付属された石どうろう・取り外しのできる庭石，建物に備え付けられた畳・建具など主物と従物の関係にあるもの）は付加一体物に含まれると解されている。従物については，議論のあるところだが，判例・通説はこれを肯定する。なお，抵当権は，従たる権利（借地上の建物に抵当権を設定した場合の借地権）にも及ぶ。抵当不動産の果実（農作物などを天然果実，賃料などを法定果実という）については，被担保債権の不履行があった後に生じた果実（天然果実・法定果実双方）に抵当権の効力が及ぶ（371条)。

（3）　物上代位　　抵当権は，物上代位性を有する（372条による304条の準用）の

で，たとえば，担保の目的物が滅失・損傷したような場合には，設定者の受けるべき金銭その他の物に対しても，担保権の効力を及ぼすことができるが，先取特権（304条）の規定の準用に際しては，抵当権の特性を考慮する必要がある。代位の目的物として，①売却代金債権，②賃料債権，③滅失・損傷による損害賠償債権があげられるが，①については，抵当権には追及効があり目的物に抵当権が存続するので代金債権への物上代位を認める必要はないとする説が有力であるが，多数説は，抵当権者は追及効か物上代位のいずれかを選択して行使すべきとする。②については従来から肯定されているが，近年，最高裁は抵当権を実行しうる場合も，抵当権を実行するとともに，賃料への物上代位もできるとした（最判平元・10・27民集43・9・1070）。なお，転貸料債権については，判例は，債務者の財産ではないため原則として物上代位を否定している。③については，不法行為に基づく損害賠償請求権などがこれにあたる。判例・通説とも肯定する。

　なお，抵当権者が物上代位によって優先弁済を受けるためには，設定者に代位物（金銭その他の物）が払い渡される前に，設定者の有する代位物に対する請求権を差し押えなければならない（372条・304条1項ただし書）。差押えを必要としたのは，第三債務者を保護するためであり（差押えは第三者に対する対抗要件ではない），物上代位の第三者対抗要件は抵当権設定登記である（最判平10・1・30民集52・1・1）。それゆえ，物上代位の対象となっている債権が第三者に譲渡されたり，第三者が差し押えた場合，抵当権者の物上代位との優劣は，債権譲渡の対抗要件具備時・差押え時と抵当権設定登記時のどちらが早いかによって決定されることになる。

　(4)　優先弁済権の実現　　弁済期が到来しても被担保債権の弁済がなされないときは，抵当権者は抵当不動産から被担保債権の優先弁済を受けることができる（369条1項）。その実現方法は，抵当不動産を「担保不動産競売」（民執180条1号）により換価して，その売却代金から優先弁済を受けるのが一般的であるが，物上代位の方法で優先弁済権を行使することもある。なお，抵当不動産につき他の債権者の申立てにより競売手続が行われた場合は，抵当権者は，抵当不動

産の売却代金から，原則として実体法上の優先順位に従い弁済を受けることになる（民執85条・87条・188条）。この他，抵当権設定者が賃料など果実を得ていた場合には，抵当権者は，収益執行開始のときから抵当権の効力が果実に及ぶ**「担保不動産収益執行」**（民執180条2号）により，賃料など目的物から生じる収益から優先弁済を受けることができる。なお，抵当権者は，債務の弁済がなされないとき，競売の方法を回避し，債務の弁済に代えて抵当不動産を抵当権者に帰属させる旨の特約（流抵当または抵当直流）をあらかじめ抵当権設定者と締結しておくことも認められている。

(5) 抵当権と利用権の関係　　抵当権設定登記前に設定された対抗力ある利用権（賃借権・地上権）は抵当権に対抗できるので，抵当不動産の競売による影響を受けず，買受人がこれらの負担を引き受けることになる（民執59条2項の反対解釈）。これに対して，抵当権設定登記後に設定された利用権は，抵当権に対抗できないから，競売により消滅する（民執59条2項）。そこで民法は，**「抵当建物賃借人の明渡猶予制度」**を設け，一定の場合に，以下のように抵当権設定後に抵当不動産に関して利用権を取得した者の保護を図っている。

抵当権の目的とされた建物を抵当権設定後に賃借した者は，建物賃借権をもって建物の買受人に対抗できないが，抵当建物賃借人の明渡猶予制度により，その賃借人が競売手続が開始される前からその建物を使用収益していたときは，買受人の買受けの時より6か月を経過するまでは，その建物を買受人に引渡す必要はない（395条1項）。このように建物賃借人は，6か月間，建物の明渡しを猶予される。ただし，この間，建物を使用した対価を買受人に対して支払わなければならず，1か月分以上買受人に支払わず，催告を受けてもその期間に履行がなかった場合は，明渡猶予期間は失効する（同条2項）。

なお，建物抵当権設定に後れて設定された建物賃借権（賃借権設定登記が必要）は，この建物賃借権に優先するすべての抵当権者が競売後の建物賃借権の存続に同意しかつその同意を登記したときは，競売後も建物賃借権は消滅せず，買受人に引き受けられるものとした（387条）。

(6) 法定地上権　　土地と建物が同一の所有者に属する場合において，その

土地または建物に抵当権が設定され，競売により土地所有者と建物所有者が異なることになった場合，土地所有者である抵当権設定者は競売の際に地上権を設定したものとみなす（388条）。これを法定地上権という。

　この制度は，抵当権設定者は競売以前に土地利用権を設定しておくことは混同の法理によりできず，また不特定の建物買受人のために条件付き借地権を設定しておくこともできないところから，抵当権設定者ないしは建物買受人の建物の保護という目的と当事者の合理的意思が根拠となっている。法定地上権の成立要件は，①抵当権設定当時に建物が存在すること，②抵当権設定当時に土地と建物とが同一の所有者に帰属していたこと，③土地と建物の一方または双方の上に抵当権が存在すること，④競売が行われて土地と建物が別異の者に帰属するにいたることである。

　とくに①，②については種々の問題があり，①については，法定地上権はあくまでも建物保護を目的とする制度であるから，抵当権実行段階で建物が滅失した場合にはもはやこれを認める必要はないが，抵当権設定当時存在していた建物が滅失して再築された場合には法定地上権は成立する。改築の場合も同様である。なお，更地に抵当権を設定する際に，土地抵当権者が抵当地上の建物の建築をあらかじめ承認していた場合，判例は，土地抵当権者が抵当地を更地と評価して抵当権の設定を受けていることから，その後に建築した建物所有のための法定地上権の成立は認められないとする（最判昭36・2・10民集15・2・219）。

　また，甲土地・乙建物共同抵当（後述5）の場合において，乙建物を取り壊し建物上の抵当権を消滅させ，簡易建物（バラック小屋）を再築して土地の競売の際に簡易建物所有のための法定地上権の成立は認められるかについては，議論の対立（全体価値考慮説・個別価値考慮説）があるが，裁判所は，全体価値考慮説をとり，このようなケースの場合，担保権者は土地および建物全体の担保価値を把握しているから，建物が取り壊されたときは更地としての担保価値を把握しようとするのが，抵当権設定当事者の合理的意思であるとして，新建物のために法定地上権は成立しないとした（最判平9・2・14民集51・2・375）。

②については，抵当権設定後に譲渡などにより所有者が異なった場合，通説・判例は，法定地上権の成立を認めている。また，借地人が借地上に所有する建物に抵当権を設定し，その後この建物は地主に譲渡され，土地と建物は同一人の所有に帰した場合，競売によりこの建物を買い受けた者は，地主からの建物収去・土地明渡の請求に対して，法定地上権の成立を主張できるかについて，判例はこれを否定し（最判昭44・2・14民集23・2・357），多くの学説も，建物の抵当権は借地権にも及ぶから借地権は混同の例外として存続し（179条1項ただし書参照），当該買受人は借地権付建物を取得するのであり，法定地上権は成立しないとする。借地権者の建物の存在する土地に抵当権が設定され，後に建物と土地が同一人の所有に帰した場合も，同様の理由から，土地の競売の際に法定地上権は成立しない。

なお，法定地上権の成立は，土地と建物とが同一の所有者に帰属していることが登記簿上明らかであることを要しない。したがって，土地抵当権設定時に，建物に土地所有者名義の登記がなされていなくとも，法定地上権は成立し，また，建物抵当権設定時に，土地に建物所有者名義の移転登記がなされていなくともよいとされる。

(7) 抵当不動産の第三取得者の保護　　抵当不動産が譲渡された場合，抵当権は追及効があるので，抵当不動産の譲受人（第三取得者）のもとで抵当権は存続し，債務者が弁済せず，抵当権が実行されると，第三取得者はこの不動産を失うおそれがある。民法は，このような第三取得者を保護するため，「代価弁済」と「抵当権消滅請求」の制度を設けている。「代価弁済」とは，抵当権者の請求により，抵当不動産の第三取得者が，売買代金を売主にではなく抵当権者に支払うことで，それによって抵当権を免れる（378条）。代価弁済がされると，被担保債権額の多寡にかかわらず，抵当権は消滅する。被担保債権額よりも売買代金額のほうが低額であった場合は，債権者は，残額の債権について一般債権者となる。なお，代価弁済は，抵当権者からの請求があったことが要件であるから，請求がないのに売買代金相当を抵当権者に提供しても，第三者弁済（474条）の意味をもつにすぎない。

「抵当権消滅請求」とは，抵当不動産の第三取得者が，自らの買受代価又は自らが抵当不動産を適宜評価して指定した金額を抵当権者に申し出て抵当権の消滅を請求することで（379条），各抵当権者がこれを承諾して，順位に従って弁済を受ける場合には，これにより抵当権が消滅する（386条）。抵当権者がこの申し出を拒否する場合は，抵当権消滅請求通知を受けてから二か月以内に担保不動産競売（民執180条1号）の申立てをするとともに，債務者および抵当不動産の譲渡人に競売申立を通知しなければならない（384条1号・385条）。

4　抵当権の侵害

抵当不動産を占有している者がいる場合，抵当権者は抵当権に基づいて妨害排除請求ができるか。抵当権は非占有担保であり，目的物の交換価値のみを支配する権利であるから，抵当権を根拠にその排除を求めることはできないとされてきたが，判例は，第三者が競売を妨害する目的で占有し（不法か否かは問わない），かつその占有によって抵当不動産の交換価値が現実に妨げられているときは，抵当権者は占有者に対して，抵当権に基づく妨害排除を求めることができるとした（最判平17・3・10民集59・2・356）。

なお，抵当権侵害に対する賠償請求は，侵害により目的物の価値が減少して被担保債権が十分には満足されなくなる場合にはじめて，不法行為に基づく損害賠償請求権が生じる。

5　共　同　抵　当

共同抵当とは，同一の債権を担保するために，二つ以上の不動産の上に設定された抵当権をいう（392条）。担保価値の集積や危険の分散のため，広く利用されている。共同抵当では，それぞれの目的物に対する抵当権が同時になされる必要はなく，またそれぞれの目的物の所有者が異なってもよい。共同抵当の実行については，共同抵当権者に自由選択が認められており，同時に全部の抵当権を実行してもよいし，いずれかの抵当権から実行してもよい。たとえば，債務者Aは，甲地（価額6000万円）と乙地（価額2000万円）を所有しているが，債権者Bから4000万円を借り，その担保としてAは甲地・乙地両地にBのために抵当権を設定した。甲地・乙地の抵当権が同時に実行される場合，つまり，

共同抵当権の目的物全部が実行され，同時に代価の配当がなされるときは，その各不動産の価額に応じて，その債権の負担を分割する（392条1項）。したがって，Bは各不動産の価額（甲地6000万円，乙地2000万円つまり3対1）に応じて被担保債権額4000万円が割り付けられ，Bは甲地から3000万円，乙地から1000万円の配当を受ける（同時配当）。また，Bは甲地についてのみ抵当権を実行しても被担保債権全額を回収できるが，先に乙地の抵当権を実行した場合には，乙地の競売代金から2000万円を，その不足分2000万円は甲地の抵当権を実行し，回収することになる（異時配当）。なお，甲地，乙地に後順位抵当権者がいる場合は，それらの者が一方的に不利益を被らないように同時配当がなされた場合と同じ結果になるように規定がおかれている（392条2項）。

6 根 抵 当 権

(1) 根抵当権の意義　　根抵当権とは，設定行為で定められた一定の範囲に属する不特定の債権を**極度額**の限度において担保する抵当権のことをいう（398条の2第1項）。たとえば，服飾メーカーAが卸売業者Bに継続的・定期的に供給する衣服の代金債権を担保するために，B所有の土地につき担保される上限（極度額）を定め，その範囲で抵当権を設定する場合などである。通常の抵当権は付従性があるので，個々の債権の発生と消滅が繰り返される取引にあっては，そのつど債権を担保するために抵当権の設定と抹消を繰り返さなければならず，煩雑で登記手続なども含め多額のコストがかかる。そこで，あらかじめ極度額を限度として抵当権を設定し，特定の継続的取引から発生する個々の債権を担保するものとして，古くから慣行で行われ，判例でも認められていたが，昭和46年に民法の一部が改正され，根抵当権の立法化が行われた。

(2) 根抵当権の設定と内容　　根抵当権は，設定者と債権者との設定契約により成立し，その対抗要件は登記である。設定契約には，①極度額と②被担保債権の範囲が定められなければならない。①極度額は根抵当権者が優先弁済を受けることのできる上限を意味する（398条の3第1項）。根抵当権は，元本，その他の定期金・利息・損害賠償の全部について極度額を限度として行使することができる（398条の3第1項）。②被担保債権（担保すべき不特定の債権）の範囲

は，特定の継続的取引契約や一定の種類の取引（たとえば銀行取引）から生じる
債権（398条の2第2項），特定の原因に基づいて債務者との間に継続して生じる
債権（同条3項前段），手形上の請求権，小切手上の請求権，電子記録債権（同条
3項後段）に限定されている。なお，根抵当権の内容は，設定者と根抵当権者の
合意によって変更できるが，極度額以外は確定前になされなければならない。

　(3)　根抵当権の確定　　根抵当権の確定とは，根抵当権によって担保される
元本債権が特定することをいう。確定を生じる場合は，①元本確定期日の到来
（398条の6），②確定期日の定めがない場合に設定者による元本確定請求（398条
の19第1項），根抵当権者による元本確定請求（398条の19第2項）があったとき，
③398条の20第1項に掲げる確定事由が発生したときなどである。そして，根
抵当権の確定により，担保される元本債権が特定し，それ以後に発生した元本
債権は担保されないことになる。ただし，確定後に生じた利息や損害賠償につ
いては極度額まで担保される。

　(4)　共同根抵当　　被担保債権の範囲・極度額などが共通する根抵当権が複
数の不動産に設定されている場合を，広い意味での共同根抵当という。これは
累積根抵当と狭義の共同根抵当に分けられる。たとえば，A所有の甲地・乙地
に債権者Bが被担保債権の範囲を共通にする根抵当権（極度額1000万円）の設
定を受けた場合，原則として，甲地・乙地につき各々極度額の1000万円まで
（あわせて2000万円）優先弁済権が生ずる。これを累積根抵当（389条の18）とい
う。各根抵当権の確定は別個・独立になされ，極度額を1000万円とする根抵当
権が2つ存在することになり，392条（共同抵当）は適用されない。民法は，累
積根抵当を原則としているが，当事者が392条の適用を受ける約定をすること
もでき，設定と同時に共同抵当である旨が登記された場合，これを狭義の共同
根抵当（純粋根抵当）という。この場合は，甲地・乙地から合わせて1000万円の
限度でしか優先弁済を受けられない。狭義の共同根抵当については，共同抵当
に関する392条・393条が適用される。

Ⅲ　非 典 型 担 保

1　仮 登 記 担 保

　仮登記担保とは，債務者の土地建物について，代物弁済予約（債務者が貸付金の返済をしない場合にその土地建物を債権者に移転させ，それによって本来の債務の履行に代える旨の約束）や停止条件付き代物弁済契約（債務者が貸付金の返済をしないことを停止条件として，土地建物を債務の代物弁済として譲渡する旨の合意）をあらかじめ結び，債務の弁済を怠ると，所有権を債権者に移転してしまう形態の担保であり，売買予約もこの種のものである。将来の所有権移転請求権を保全するために仮登記をしておくので，仮登記担保とよばれる。仮登記担保を設定する契約は，代物弁済予約をはじめ種々あるが，仮登記担保法では，これらを一括して「仮登記担保契約」と称して，基本的に共通の規制に服させることとしている（仮登1条）。仮登記担保の公示は，仮登記または仮登録である。

　仮登記担保権の効力は，弁済がなされない場合，目的不動産の所有権を取得するか（競売によらない私的実行），または優先弁済を受けること（競売による優先弁済）である。仮登記担保権者には自ら競売を申し立てる権利はないので，競売による場合とは，他の債権者の申し立てた競売に便乗する場合である。私的実行とは，仮登記担保権者が目的物の所有権を取得することで債権の満足を受けることをいう。

　私的実行を開始するためには，仮登記担保法で定められた要件（代物弁済予約の場合は予約完結の意思表示，停止条件付き代物弁済契約の場合は履行遅滞＝条件成就）を満たしていることが必要であり，さらに，債権者から設定者に対して，清算金の見積額を通知し，その通知が到達してから2か月間の期間（清算期間）を経過した日にはじめて所有権移転の効力が生じる（仮登2条1項）。清算期間の間は，債務者はまだ弁済によって目的物を取り戻すことができる（受戻権）し，後順位の債権者にとっては自己の権利を守るための法的手段をとりうる。なお，目的物の価額が被担保債権額より大きい場合には，債権者に清算金支払債務が発生し，債権者の清算金の支払いと，設定者が土地の登記を本登記にし

て目的物を引き渡す債務とは同時履行の関係にある（仮登3条2項）。このことから，現実に清算金が支払われるまでは受戻権を認めている（仮登11条）。

　仮登記担保権者が清算金を支払う前に（清算金がない場合は清算期間が経過する前に），競売手続が開始されると，仮登記担保権者は本登記請求をすることができない（仮登15条）。つまり私的実行はできなくなり，競売によって優先弁済を受けるに過ぎなくなる。なお，競売手続において，仮登記（仮登法では「担保仮登記」と称している）を抵当権と同様に扱い，仮登記担保権者が順位に応じた配当を受けることを認めた（仮登13条第1項）。

2　譲渡担保

　(1)　譲渡担保とは　　譲渡担保とは，たとえば，Aが，Bにお金を貸すにあたって，お金を返したら所有権を返還するという約束で，Bが所有する物の所有権をAが取得しておいて，Bは借金を返せばその物の所有権を取り戻すことができ，返済できなければその物の所有権はAに確定的に帰属し，これによって債務は弁済されたものとするという形式の担保であり，貸金債権を担保するために所有権を移転し，債務を弁済すれば所有権は戻るという約定になっているところに特色がある。譲渡担保は，譲渡性のある財産であれば目的にすることができ，動産・不動産・その他の権利（債権・老舗権など無形の財産権など）・集合物（一定の目的で集められた数個の物の集団で，個々の存在と価値を失うことなく，取引上一体として扱われるもの，たとえば企業の倉庫の在庫品など）など幅広く活用されている。譲渡担保は，目的となっている権利をあらかじめ債権者が取得する構成をとっているので，競売手続等によらないで簡易・迅速に担保目的を実現でき（私的実行），不動産の場合は最初から所有権移転登記をしてしまうので登記上の利害関係人が出てこないなど利点も多い。

　譲渡担保の法的構成については，**所有権的構成**（目的物の所有権は債権者に移転し，債権者は設定者に対して目的物を担保目的以外には利用しないという債務を負っているだけである）と**担保権的構成**（債権者は譲渡担保という担保権の設定を受けただけで，所有権は設定者にとどまっていると構成する）が対立しているが，判例は，基本的には前者を維持している。譲渡担保の法的構成をどのようにとら

えるかは，譲渡担保の対外的効力に影響し，その結論を異にする（後述(3)）。

（2）譲渡担保の設定・公示　　譲渡担保は，債権者と債務者または第三者（物上保証人）の間の諾成・無方式の契約によって設定される。公示方法は，次の①〜④のとおりである。①不動産の場合は所有権移転登記（177条）である。所有権移転登記に「譲渡担保」を原因とする旨付記できるが，多くは「売買」としている。債務者の債務不履行後，債権者に確定的に所有権が移転しても登記は変更されないことや被担保債権額の表記がないことによる。②動産の場合は引渡し（178条）であり，通常は占有改定（183条）の方法がとられるが，占有改定には公示機能はほとんど期待できず，実務界ではネーム・プレートの設置などの方策がとられてきたが，**動産譲渡登記制度**が設けられ，法人が動産を譲渡する場合，動産譲渡登記ファイルにその譲渡の登記がされたときは，その動産について，178条の引渡があったものとみなされる（動産債権譲渡特3条1項）。③債権の場合，裏書や証券の交付が債権譲渡の効力要件である場合を除いて，債権譲渡の対抗要件の規定（467条）に従う（最判平13・11・22民集55・6・1033）。したがって，通知・承諾が対抗要件となるが，これが困難な場合もしくは集合債権譲渡担保（複数の債権を一括して譲渡担保にとる場合）の場合は，債権譲渡登記制度により，法人が金銭の支払を目的とする債権を譲渡した場合には，債権譲渡登記ファイルに譲渡の登記をすることによって，債務者以外の第三者に対する関係では，467条2項の規定による確定日付のある証書による通知があったものとみなされる（動産債権譲渡特4条1項）。④集合物の場合，法人は，動産債権譲渡特例法によって，集合動産につき譲渡登記をすることができる（動産債権譲渡特7条）。

（3）譲渡担保の対外的効力　　譲渡担保の法的構成をどのようにとらえるかによって，その対外的効力が異なってくる。売買を例にその効力をみていく。

　（a）譲渡担保設定者と第三者との関係　　たとえば，Bは自己所有の甲機械を債権者Aへの譲渡担保に供した。その後，AはCに甲機械を売却した。設定者Bと第三者Cの関係は，この場合，①所有権的構成をとれば，対外的にはAは完全な所有権者であるから，Cは悪意でも有効に所有権を取得でき（ただ

し，被担保債権弁済後にAが甲機械をCに売り渡した場合は，二重譲渡類似の関係になる），Bは，Aに対して債務不履行を問いうるだけである。②担保権的構成をとれば，Aは譲渡担保権のみを有するから，Cはその譲渡担保権のみを取得する。したがって，BがAに債務を弁済するとCの譲渡担保権が消滅し，Bが弁済せず債務不履行となった場合にはCが確定的に所有権を取得し，C・B間で清算が行われる。ただし，CがAを完全な所有者と誤信していたときは，即時取得（192条）により完全な所有権を取得しうる（ちなみに目的物が不動産の場合には，94条2項が類推適用される）。

　　(b)　譲渡担保権者と第三者との関係　　たとえば，上記の例で，BがDにこの甲機械を売却した場合，譲渡担保権者Aと第三者Dの関係は，①所有権的構成をとれば，甲機械の所有権はAに移転するから，AとDとは二重譲渡の関係になり，第1譲受人Aが対抗要件（占有改定）を備えているので，Dは所有権を対抗できず，Dは即時取得（192条）によるのでなければ所有権を取得しえない。この場合，目的物が不動産であれば，単純な対抗問題として処理すれば足りる。②担保的構成をとれば，Bは対抗要件を備えた担保権付きの動産を第三者Dに譲渡したことになるから，Dが即時取得の要件を満たさない限り，Dは譲渡担保権付きの所有権を取得する。そして，Aの譲渡担保権は，甲機械がBのもとに置かれることを権利の内容としているから，Dがすでに甲機械を搬出していれば，AはそれをBのもとに戻すよう請求でき，Bが受領を拒むような場合には，自己へ引渡しの請求ができると解される。なお，Dが負担のない所有権であると信じるにつき過失のないときは，譲渡担保権の付かない所有権を即時取得する。

　(4)　譲渡担保権の実行　　弁済期が到来したにもかかわらず，弁済がない場合（被担保債権の不履行），譲渡担保権者は，裁判所による執行手続を経ずに，設定者に対して譲渡担保の実行を通知し，譲渡担保の目的物の処分権限を取得し，目的物から優先的に被担保債権の満足を受けることができる。これを私的実行という。これには二つの方式があり，①**帰属清算型**と②**処分清算型**である。前者は，譲渡担保権者が目的物の所有権を自己に帰属させることによって，代

物弁済的に債権の満足を受ける方法で，後者は，譲渡担保権者が目的物を売却し，その代金から弁済を受けるが方法である。いずれにおいても，譲渡担保権者には目的物価額と被担保債権額の差額の清算義務があり，帰属清算の場合には清算金の支払いと目的物の引渡請求とは引換給付の関係にある（最判昭46・3・25民集25・2・208）。

(5) 受戻権　　債務者は，債務の弁済期の到来後も，譲渡担保の実行手続きが完了するまでは債務を弁済して目的物を取り戻すことができる。これを**受戻権**という。判例によれば，債務者が受戻権を行使できるのは，清算金の提供時ないし清算がない場合は清算のない旨の通知時に受戻権が消滅するほか，帰属清算型・処分清算型を問わず，目的物の第三者への処分によって受戻権が消滅するとした（最判昭62・2・12民集41・1・67）。

3　所有権留保

　所有権留保とは，売買契約の際に，代金完済を停止条件とする所有権移転を約することで，未払いの代金債権を担保する方法である。所有権留保は動産についての割賦販売で用いられることが多い。たとえば，AがBにテレビを12回の分割払で販売する際に，Aは代金回収を確実なものにするため，代金債権全額の支払があるまで（停止条件）テレビの所有権を自己に留保する旨を，Bとの間で合意したような場合である。BがAに代金を完済しなかった場合は，Aは，Bに対して契約を解除し，所有権に基づくテレビの返還を求めることができる。その際，Aは，受領していた分の代金から損害賠償金等を差し引いた残額をBに返還する義務を負う。いわゆる清算金の支払である。Bは清算金の支払があるまでは，目的物の引渡しを拒むことができる。

　第三者との関係，たとえば，所有権留保売買における買主が代金完済前に目的物を第三者に譲渡した場合は，所有権留保の法的構成により結果が異なる（譲渡担保と同様に所有権的構成と担保的構成がある）。判例は，所有権的構成の立場から，留保買主から目的物を買い受けた者は，即時取得によらない限り所有権を取得できないとした（最判昭42・4・27判時492・55）。なお，担保的構成による場合は，譲受人は所有権留保の負担付きの所有権を取得したと解される。

[相談に対する回答]

(1)　Aは，Bが無資力にもかかわらず，そうした行為をした場合には，Bの行為を
詐害行為として取り消し，Bの責任財産から逸出した財産が不動産の場合は，B
のもとに取り戻したうえで，これに強制執行をかけることができる。なお，Bの
処分した財産が動産や金銭の場合には，Aは受益者から自己に直接引渡し又は支
払いの請求をすることができる。この場合，取消債権者は，金銭の支払いの場合，
被保全債権と債務者に対する返還債務（取消債権者に直接履行された金銭は本来
は債務者に戻すものであるから，その意味で取消債権者は債務者に返還債務を負
っている）とを相殺することができる。したがって，債権者が複数いる場合，取
消債権者は，債務者に相殺の意思表示をすれば，他の債権者に優先して弁済を受
けたのと同じ結果になる（事実上の優先弁済）。なお，取消権者が受け取ったの
が動産の場合は相殺できないので，強制執行の手続きをとらなければならない。

(2)　Dの財産に物的担保の設定を受ければ，貸金の回収はかなり確実である。ただ
し，その設定に手数と費用がかかり，債権の実行も複雑で時間と費用がかかる。
一方，人的担保は費用も安く，簡便な弁済が得られるが，保証人に資力がなけれ
ば意味がない。これらを考え合わせると，本件の場合，土地を購入する資金とし
て貸し付けるのであるから，その土地の売買契約に立ち会い，Dが土地を取得す
ると同時に，その土地に抵当権（又は譲渡担保）の設定を受けるとよい。さらに，
不動産価額が暴落する等のことがあれば十分な回収ができないおそれがあるため，
こうした危険を避けるため，保証人をたててもらい，その保証人と連帯保証契約
を結んでおくとよい。

第7章
物の貸借契約

相・談・内・容

(1)　BはAとの間でAの所有する家屋の賃貸借契約を締結した（家賃は月10万円，賃貸借期間は2年）。Bは家屋の引渡しを受けて居住していたが，大型台風の影響で2階のベランダが壊れてしまった。このベランダはこれまで洗濯物を干すなどして利用していたが，その利用ができなくなってしまった。BはAにその旨を通知し，Aが修理業者に依頼したところ，修理には相当の期間を要し，修理が終わる頃には2年の賃貸借期間が終了してしまい，Bも賃貸借期間終了とともに退去をしてしまうとのことであった。Bは賃貸借期間終了までAに対し，月10万円の家賃を支払わなければならないのであろうか。なお，賃貸借契約には，ベランダの利用も含まれている。

(2)　上記の例で，BはAの承諾を得てCと家屋の転貸借契約を締結した（転貸家賃は月15万円，転貸借期間は1年）。Bは退去し，代わりにCが入居した。転貸借を開始した当初の3か月間は，Bからの家賃の支払いがきちんとなされていたが，その後Bからの家賃の支払いは滞ってしまった。Aが家賃の支払いを受けるにはどのようにすればよいか。また，Bとの賃貸借契約を解除した場合，Cの転借権はどうなるか。

第1節　総　　説

　物の貸借契約にはさまざまなものがある。当事者の一方がある物を引き渡すことを約し，相手方がその受け取った物について**無償**で使用収益をして契約が終了したときに返還することを約することによって，その効力を生ずるものが

物の**使用貸借契約**である（593条）。これに対して，物の使用収益につき賃料の支払いを要するものを**賃貸借契約**という。すなわち，賃貸借契約は，当事者の一方がある物の使用収益を相手方にさせることを約し，相手方がこれに対して賃料を支払うことおよび引渡しを受けた物を契約が終了したときに返還することを約することによって，その効力を生ずる（601条）。いずれも諾成契約であり，貸借の目的物の所有権は貸主が有しており，契約終了時に目的物そのものが借主から貸主に返還される。これに対して，同じ物の貸借でも目的物の所有権が借主に移転してしまうのが**消費貸借契約**である。すなわち，当事者の一方が種類，品質および数量の同じ物をもって返還することを約して相手方から金銭その他の物を受け取ることによって，その効力が生ずる（587条）ものであり，要物契約である。借主に所有権が移転するから，借主は目的物を消費できるのである。しかし，消費貸借契約で近時重要な契約は金銭の貸し借りである**金銭消費貸借契約**である。これは書面ですると要式契約としての**諾成的消費貸借契約**となる。つまり，当事者の一方が金銭その他の物を引き渡すことを約し，相手方がその受け取った物と種類，品質および数量の同じ物をもって返還することを書面で行うことにより，効力が生ずるのである（587条の21項）。なお，利息については特約がなければ借主に対して請求できない（589条1項）。

[図表7-1]　**使用貸借・消費貸借・賃貸借の比較**

	使用貸借	消費貸借	賃貸借
目的物の所有者	使用貸人	借主	賃貸人
返還すべき物	借りた物そのものを返す（593条）	借りた物を消費し同種・同等・同量の別の物を返す（587条）	借りた物そのものを返す（601条）
有償契約・無償契約	無償（593条）	有償（589条）・無償いずれもある	有償（601条）
要物契約・諾成契約	諾成（593条）	要物（587条）・書面でする消費貸借等は諾成（587条の2）	諾成（601条）

第2節　賃貸借契約

I　基本的な法律関係

1　意　　義

　賃貸借契約は，当事者の一方（賃貸人）がある物の使用および収益を相手方（賃借人）にさせることを約し，相手方がこれに対してその賃料を支払うことおよび引渡しを受けた物を契約が終了したときに返還することを約することによって成立する（601条）。賃貸借契約は，このように契約当事者である賃貸人と賃借人の合意のみによって成立する諾成契約であり，賃貸人は賃借人に対し使用収益をさせる義務を負い，賃借人は賃貸人に対し，約定された賃料を支払うといった当事者双方に対価的な債務の生ずる双務契約であり，また，賃料は対価的意義を有していることから有償契約でもある。

　賃貸借の対象は物（動産・不動産）であるから，権利・企業・営業は対象にならないが，その利用契約等については，特別法の規定のないかぎり，賃貸借の規定の類推適用をすべきである。

2　権利金・敷金・更新料等

　(1)　敷金　　(a)　敷金返還請求権　　**敷金**とは，いかなる名目によるかを問わず，賃料債務その他の賃貸借に基づいて生ずる賃借人の賃貸人に対する金銭の給付を目的とする債務を担保する目的で，賃借人が賃貸人に交付する金銭をいう（622条の2第1項括弧書）。敷金を受け取っている場合において，次の場合は，賃借人に対し，その受け取った敷金の額から賃貸借に基づいて生じた賃借人の賃貸人に対する金銭の給付を目的とする債務の額を控除した残額を返還しなければならない（同条1項）。

　①　賃貸借が終了し，かつ，賃貸物の返還を受けたとき。

　②　賃借人が適法に賃借権を譲り渡したとき。

　①については，賃貸借契約が終了し，賃貸物の返還がなされると，未払賃料

債権は敷金の充当によりその限度で当然に消滅する（最判平14・3・28民集56・3・689）。そして，賃借人の**敷金返還請求権**は賃貸物の返還を受けたときに発生する（**明渡時説**）。すなわち，目的物の返還（明渡）義務と敷金返還義務とは同時履行の関係にはなく，明渡義務が先履行である。②の適法な賃借権の譲渡とは，その譲渡につき賃貸人の承諾を得ていることをいい，その場合，敷金交付者と賃貸人との間で敷金をもって新賃借人の債務の担保とすることを約し，または新賃借人に敷金返還請求権を譲渡するなどの特段の事情のないかぎり，敷金に関する権利義務関係は，新賃借人に承継されない（最判昭53・12・22民集32・9・1768）。なお，敷金により担保される債務は，賃貸借契約存続中に生じた債務だけではなく，契約終了後に生じた債務も含まれる（目的物の明け渡しまでに生じた不法占拠を根拠とする賃料相当額の損害賠償債務など）。

　(b)　賃借人の債務不履行と敷金による充当　　賃貸人は，賃借人が賃貸借に基づいて生じた金銭の給付を目的とする債務を履行しないときは，敷金をその債務の弁済に充てることができる（622条の2第2項1文）。つまり，敷金の債務への充当は賃貸借の存続中でも行うことができる（大判昭5・3・10民集9・253）。この場合において，賃借人は，賃貸人に対し，敷金をその債務の弁済に充てることを請求することができない（同条2項2文）。

　(c)　不動産賃貸人の地位の移転と敷金の承継　　対抗要件を具備した不動産賃貸借において，その不動産が譲渡されたときは，不動産の賃貸人たる地位は，譲受人に移転する（605条の2第1項）。このとき，賃貸借契約の従たる契約である敷金設定契約も新賃貸人に移転する。この場合に，旧賃貸人と賃借人との賃貸借関係は終了し，債務の清算がなされたうえで，敷金の残額が新賃貸人に承継される。

　(2)　権利金　　権利金の性格としては，営業ないし営業上の利益（のれん等）の対価，賃料の一部の一括前払いとして支払われるもの，賃借権に譲渡性を与えた対価として支払われるもの，場所的利益の対価（最判昭43・6・27民集22・6・1427），賃貸借契約を締結してもらったことへの謝礼（建物賃貸借契約において授受される礼金）などがあり，不動産賃貸借に伴って，敷金とは別個に授受さ

れる金銭であり，契約終了時に返還されないことが合意されているものをいう。

(3) 保証金　保証金もその性質は約定によりさまざまである。敷金としての性質を有するもの，ビルの建設資金に利用される建設協力金，賃借人が約定期間満了前に解約する場合の制裁金（違約罰）として課される空室損料などがある。契約終了時における返還については，契約の趣旨を考慮して決められる。

なお，賃貸物たる建物の譲渡人（旧賃貸人）における建設協力金の返還債務は譲受人（新賃貸人）に承継されない（最判昭51・3・4民集30・2・25）。

(4) 更新料　更新料は，不動産賃貸借契約の存続期間の満了に際し，賃借人が賃貸人に支払うものであるが，その性質は，一般に，賃料の補充・賃料の前払・賃貸借契約を継続するための対価等の趣旨を含む複合的な性質を有する（最判平23・7・15民集65・5・2269）。賃借人が賃貸人に更新料の支払を約しながら，これを履行しなかった場合，更新料の支払が賃料の支払と同様に，更新後の賃貸借契約の重要な要素として組み込まれ，契約当事者の信頼関係を維持する基盤となっていた場合には，その不払いは信頼関係の基盤を失わせる著しい背信行為として賃貸借契約解除の原因となる（最判昭59・4・20民集38・6・610）。

3　賃貸借契約の存続期間

民法上の賃貸借の存続期間は，50年を超えることができない。契約でこれより長い期間を定めたときであっても，その期間は50年となる（604条1項）。賃貸借の存続期間は，更新することができる。ただし，その期間は，更新のときから50年を超えることができない（同条2項）。なお，借地（建物所有目的の地上権・土地の賃借権［借地借家2条1号］）における存続期間は借地人保護のために借地借家法によって修正されており，借家（建物賃貸借）については，上記の民法上の賃貸借の存続期間やその更新に関する規定（604条）は適用されない（借地借家29条2項）。

なお，処分権限を有しない者が賃貸借をする場合には，特別の存続期間の定めがある（602条・603条）。

Ⅱ　賃貸借の効力

1　賃貸人の権利義務

⑴　**賃料を収受する権利**　　賃貸人は，賃借人に賃貸物を使用収益させた対価として賃借人より賃料を収受する権利がある（601条）。

⑵　**賃貸物を使用収益させる義務**　　賃貸人は賃貸借契約に基づき，賃借人に対し，賃貸物を使用収益させる義務を負う（601条）。その義務は，賃貸物を契約の目的に従って使用収益できるのに適した状態に置くという積極的な内容を持つ。具体的には，賃貸物を賃借人に引き渡し（最判昭32・1・22民集11・1・34），引渡し後に第三者が賃借人の使用収益を妨害するときは，妨害排除をしなければならない（大判昭5・7・26民集9・704）。また，賃貸人がこの使用収益させる義務に反する場合，債務不履行となり，損害賠償責任を負うことになる（前掲最判昭32・1・22，同昭38・1・25民集17・1・77）。

⑶　**修繕義務**　　賃貸人は，賃貸物の使用収益に必要な修繕を行わなければならない（606条1項本文）。ただし，賃借人の責めに帰すべき事由によってその修繕が必要となったときは，修繕義務を負わない（同条同項ただし書）。なお，一定の範囲で修繕を賃借人の負担とする特約は有効である（最判昭29・6・25民集8・6・1224）。

賃借人は，賃貸人が賃貸物の保存に必要な行為をしようとするときは，拒むことはできない（同条2項）。また，賃借人は急迫の事情があるときなど，自ら修繕でき（607条の2），その費用（**必要費**）をただちに賃貸人に請求できる（608条1項）。

2　賃借人の権利義務

⑴　**賃借物の使用収益権**　　賃借人は賃貸借契約に定めた方法に従って賃借物を使用収益する権利を有する（601条）。使用収益の方法について賃貸借契約に定めのないときは，その賃借物の性質によって定まった用法に従って使用収益を行う（616条・594条1項）。

⑵　**賃料支払義務**　　(a)　**賃料支払義務**　　賃借人は，賃借物の使用収益の

対価として賃貸人に対し，賃料を支払わなければならない（601条）。賃料は，動産，建物および宅地については毎月末に，その他の土地については毎年末に支払わなければならない（614条本文）が，この規定は任意規定ゆえに，建物の賃貸借にあっては，翌月の家賃は前月末に支払うように修正されている場合が多い。

　なお，収穫の季節があるものについては，その季節の後に遅滞なく支払わなければならないとされている（614条ただし書）。

　　（b）　賃料の減額請求・解除　　耕作または牧畜を目的とする土地の賃借人は，不可抗力によって賃料より少ない収益を得たときは，その収益の額に至るまで，賃料の減額請求ができる（609条）。この場合，賃借人は，不可抗力によって引き続き2年以上賃料より少ない収益を得たときは，賃貸借契約を解除できる（610条）。

　賃借目的物の一部が滅失その他の事由により使用収益ができなくなった場合，それが賃借人の責めに帰することができない事由によるものであるときは，賃料は，その使用収益をすることができなくなった部分の割合に応じて，当然に減額される（611条1項）。この場合において，残存する部分のみでは賃借人が賃借した目的を達成できないときは，賃借人は，賃貸借契約の解除ができる（611条2項）。

　（3）　賃借物の保管義務　　賃借人は，賃貸借契約期間の満了等により賃貸人に賃借物を返還するまで，賃貸借契約および取引上の社会通念に照らして定まる善良な管理者の注意をもって，賃借物を保存しなければならない（400条）。賃借物が修繕を要し，または賃借物について権利を主張する者があるときは，賃借人は，遅滞なくその旨を賃貸人に通知しなければならない。ただし，賃貸人がすでにこれを知っているときは，このかぎりではない（615条）。

　（4）　賃借物の返還義務　　（a）　賃借物の返還義務　　賃借人は，賃貸借契約が終了したときは，賃借物を賃貸人に返還しなければならない。返還義務は賃貸借契約に基づいて当然に発生する（601条）。賃借物を返還できない場合は，価額での返還となる。なお，賃貸人が賃貸借契約終了後に，賃借物を第三者に

譲渡し，所有者でなくなった場合でも，自ら賃貸物の返還を請求できる（大判大10・5・3民録27・844）。

(b) 原状回復　賃借人は，賃借物を受け取った後にこれに生じた損傷（通常の使用および収益によって生じた賃借物の損耗（これを**通常損耗**という）ならびに賃借物の経年変化を除く。）がある場合において，賃貸借が終了したときは，その損傷を原状に復する義務を負う。ただし，その損傷が賃借人の責めに帰することができない事由によるものであるときはこのかぎりではない（621条）。

(c) 賃借人の収去の権利・義務　賃借人は，賃借物を受け取った後にこれに付属させた物があるとき，賃貸借契約が終了したときは，その付属させた物を収去する義務を負う。ただし，賃借物から分離できない物または分離に過分の費用を要する物については，このかぎりではない（622条による599条1項）。たとえば，賃貸人の了解を得て壁に接着して設置した下駄箱などは分離できないか分離に過分の費用を要することになることから収去する義務を負わない。この場合，賃借人が負担した設置費用については，608条2項に基づき，賃貸人に対し，償還請求をすることにより利益の調整を図ることができる。

また，反対に賃借人は賃借物を受け取った後にこれに付属させた物を収去することができる（622条による599条2項）。たとえば，賃貸人の了解を得て設置したエアコンなどは賃借人が収去することができる。ただし，エアコン設置のために壁にあけた穴は，賃貸借契約が終了したときは原状回復（621条）として賃借人がふさがなければならない。

III　第三者との関係

1　不動産の二重賃貸借

不動産の賃借人が対抗要件を具備した場合（605条による賃借権の登記，借地については借地借家法10条1項による借地上に登記されている建物の所有，借家については同法31条1項による引渡し，農地については農地法16条1項による引渡し），対抗要件を具備していない二重賃借人，あるいはその対抗要件の具備に遅れる二重賃借人（2個以上の賃借権の登記は可能とされている）に優先する。したがって，

[図表 7-2] 不動産（建物）の二重賃貸借

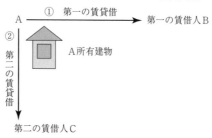

図表7-2では，Aと，A所有の建物の賃貸借契約を締結した第二の賃借人Cが，第一の賃借人Bよりも先に対抗要件（この場合，賃借権の登記か引渡しが対抗要件になる）を具備した場合は，Cの賃借権がBに優先する（最判昭28・12・18民集7・12・1515）。

2 賃貸不動産について物権を取得した者との関係

[図表 7-3] 賃貸不動産（建物）が譲渡された場合

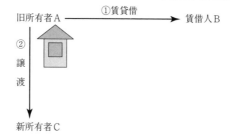

図表7-3で，Aが所有する建物をBに賃貸した後に，その所有権をCに譲渡した場合，原則として賃借人Bは新所有者であるCに対して自己の賃借権を主張できないのが原則（**売買は，賃貸借を破る**）であるが，民法605条はその例外を規定する。すなわち，不動産の賃貸借は，これを登記したとき（特別法に基づく対抗要件の具備も含む）は，その不動産について物権を取得した者その他の第三者に対抗できる（**売買は，賃貸借を破らない**）。図表7-3でいえば，新所有者Cが対抗要件を具備するよりも先にBが賃借権の対抗要件を具備していれば，建物の賃借権をCに主張できるのである（前掲最判昭28・12・18）。

なお，不動産賃借権の登記は，賃貸人と賃借人との**共同申請**によるが，賃貸人に賃借人への登記申請協力義務はなく，賃借人も賃貸人に対して賃借権の登記を請求する権利（**登記請求権**）はない。もちろん，賃借権の登記をする旨の特約があれば別である（大判大10・7・11民録27・1378）。

3　不法占拠者との関係

不動産の賃借人が対抗要件を具備している場合で，賃借人による占有を第三者が妨害しているときは，その第三者に対し妨害停止の請求を，第三者が不動産を不法占有しているときは，その第三者に対し返還請求をすることができる（605条の4）。

Ⅳ　当事者の変更

1　不動産の賃貸人たる地位の移転

民法605条，借地借家法10条1項または同法31条1項その他の法令の規定による賃貸借の対抗要件を具備した場合において，その不動産が譲渡されたときは，不動産の賃貸人たる地位は，譲受人に移転する（605条の2第1項）。賃貸人たる地位の移転は，賃貸物である不動産について所有権移転の登記をしなければ，賃借人に対抗できない（同条第3項）。このとき，賃借人が支出した必要費・有益費の償還債務（608条）および敷金返還債務（622条の2第1項）は譲受人またはその承継人が承継する（同条第4項）。

2　不動産の賃貸人たる地位を留保する旨の合意

不動産の譲渡人および譲受人が，賃貸人たる地位を譲渡人に留保する旨およびその不動産を譲受人が譲渡人に賃貸する旨の合意をしたときは，賃貸人たる地位は，譲受人に移転しない。この場合において，譲渡人と譲受人またはその承継人との賃貸借が終了したときは，譲渡人に留保されていた賃貸人たる地位は，譲受人またはその承継人に移転する（605条の2第2項）。このときも，その地位の移転の賃借人への主張，賃借人が支出した必要費・有益費の償還債務および敷金返還債務については「1不動産の賃貸人たる地位の移転」の場合と同様となる（同条第3項・4項）。

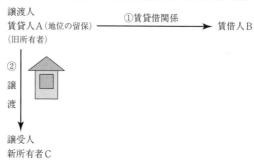

[図表7-4] 賃貸人の地位が譲渡人に留保された場合

図表7-4において，不動産（建物）の譲渡人Aと譲受人Cが，賃貸人たる地位をAに留保する旨およびその不動産をCがAに賃貸する旨の合意をすると，賃貸人たる地位はAに留保され，賃貸人Aと賃借人Bとの間で賃貸借契約が継続することになる。このとき，AB間の賃貸借契約はAC間の賃貸借契約を基礎とする転貸借契約となる。また，AC間の賃貸借契約が終了したときは，賃貸人たる地位はCに移転する。

3　合意による賃貸人の地位の移転

　不動産の譲渡人が賃貸人であるときは，その賃貸人たる地位は，賃借人の承諾を要しないで，譲渡人と譲受人との合意により，譲受人に移転させることができる（605条の3前段）。合意による賃貸人たる地位の移転は，不動産賃貸借が対抗要件を具備していなくても，認められることになる。なお，賃貸人の地位の移転を賃借人に主張するには所有権移転登記が必要である点，賃借人が支出した必要費・有益費の償還債務および敷金返還債務を譲受人またはその承継人が承継する点は，上記1・2の場合と同じである。

V　賃借権の譲渡・転貸

[図表 7-5]　賃借権の譲渡

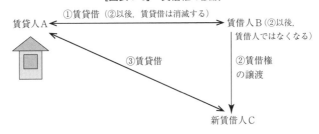

[図表 7-6]　転貸借

1　賃借権の譲渡・転貸の制限

(1)　賃貸人の承諾　　賃借権の譲渡とは，たとえば図表 7-5において，賃借人Bが自身の有する賃借権をCに譲渡することをいい，これにより賃貸人をAとする賃貸借関係からBが離脱し，新たにCが賃借人になる。転貸とは，図表 7-6において，賃借人BがCと賃貸借契約を締結することをいう。いわゆるまた貸しである。賃借権の譲渡とは異なり，Bは賃貸人Aとの賃貸借関係から離脱することなく，Aの賃借人であり続けることになる。Cからすれば賃貸人はBということになり，CとAとの間に契約関係はない。転貸借関係におけるCのことを**転借人**といい，BはAの賃借人であると同時にCに対する**転貸人**ということになる。

　賃借人は，賃貸人の承諾を得なければ，その賃借権を譲渡し（図表 7-5），または賃借物を転貸する（図表 7-6）ことができない（612条 1 項）。ここにいう「譲渡」「転貸」は，単に契約を締結するだけではなく，譲受人・転借人が現実に使

用収益をすることまで必要と解されている。なお，借地の場合で，賃貸人が不利にならないにもかかわらず，承諾をしない場合は，承諾に代わる裁判所の許可を求めることができる（借地借家19条1項）。

(2)　**賃貸人による契約解除**　賃借人が賃貸人の承諾を得ずに第三者に賃借物の使用または収益をさせたときは，賃貸人は，契約の解除をすることができる（612条2項）。この場合の契約の解除に催告は不要と解されている。なお，承諾がなくとも転貸借契約は有効であり（大判明43・12・9民録16・918。賃借権の無断譲渡も譲渡契約自体は譲渡当事者間では有効である［大判昭2・4・25民集6・182]），転貸借関係は，解除がなされるまで有効に存続する。また，賃借権の譲渡・転貸を承諾しない賃貸人は，賃貸借契約の解除をしなくても，譲受人・転借人に対して賃貸物の明渡を請求できると解されている（最判昭26・5・31民集5・6・359）。

(3)　**信頼関係破壊の法理**　賃借人が，賃貸人の承諾なく第三者をして賃借物を使用収益させた場合でも，その行為が賃貸人に対する背信的行為と認めるに足りない特段の事情があるときは，解除権は発生しない（最判昭28・9・25民集7・9・979）。これを**信頼関係破壊の法理**といい，賃借権の無断譲渡・転貸による賃貸人の解除権を制限する法理として判例・学説によって承認されている。背信的行為と認めるに足りない特段の事情の存在は，賃借人側において主張・立証しなければならない（最判昭41・1・27民集20・1・136，最判昭44・2・18民集23・2・379）。

背信的行為と認めるに足りない特段の事情があるときは，賃貸人は賃貸借契約を解除できず，譲受人・転借人は，賃貸人の承諾を得なくとも，譲受け・転借を賃貸人に対抗できる（前掲最判昭44・2・18）。

背信的行為と認めるに足りない特段の事情がなく，解除がなされたときは，譲受人・転借人に目的物の使用収益権原はないから，賃貸人からの目的物の引渡しに応じなければならない。

2　転貸借の効果

(1)　賃貸人から転借人に対する直接の転貸料支払請求　賃借人が適法に賃

借物を転貸したとき（賃貸人の承諾を得たか，得ていなくても信頼関係の破壊がない場合）は，転借人は，賃貸人と賃借人との間の賃貸借に基づく賃借人の債務の範囲を限度として，賃貸人に対して転貸借に基づく債務を直接履行する義務を負う（613条1項1文）。この場合であっても，賃貸人から賃借人に対して賃料の支払請求をすることができる（同条2項）。賃貸人が転借人に対し直接転貸料の支払請求をするか，従前どおりに賃借人に対して賃料支払請求をするかは，賃貸人の自由である。「賃借人の債務を限度として」とは，図表7-6にあるように賃貸借契約における賃料が10万円／月で，転貸借契約における転貸料が15万円／月である場合，賃貸人Aが転借人Cに対して直接請求できるのは賃料10万円が上限であり，賃借人からの支払のなされていない額ということになる。これに対し，賃料が15万円／月で転貸料が10万円／月である場合は，転貸料10万円／月が上限となる。なぜならば，賃貸人が行使するのは転貸料請求権だからである。したがって，差額の5万円／月は賃借人Bに請求することになる。

　(2)　転貸料の前払い　　賃貸人より直接転貸料の支払請求がなされた場合，転借人は賃料の前払いをもって賃貸人に対抗できない（613条1項2文）。この規定は，転借人による期限の利益の放棄を賃貸人に対抗できないようにするとともに，二重払いの危険を転借人が負担するとしたものである。前払いとは，転貸料請求権の支払期日の前に転借人が転貸人に対して転貸料を支払ったことをいう。

　(3)　転貸料以外の直接請求　　転借人が賃貸人から直接請求を受けるものとして，転貸料支払請求以外にも，転貸借契約に基づき転借人が修繕義務を負担することになっている場合における修繕請求などが考えられる。

　(4)　合意解約の制限　　賃借人が適法に賃借物を転貸したときは，賃貸人は，賃借人との間の賃貸借の合意解除をもって転借人に対抗できない（613条3項本文）。ただし，解除の当時，賃貸人が賃借人の債務不履行による解除権を有していたときは，このかぎりではない（同条3項ただし書）。つまり，賃借人の債務不履行による解除の場合は，その解除を転借人に主張できるのである。

Ⅵ 賃貸借契約の終了

　以下は，借地・借家契約以外の賃貸借契約について適用される。なお，借地・借家契約の終了については，借地借家法による特別の規定が適用される（第3節参照）。

1　存続期間満了による終了

　当事者が賃貸借の存続期間を定めたときは，賃貸借はその期間の満了によって終了する（存続期間については，「Ⅰ基本的な法律関係　3賃貸借契約の存続期間」を参照。）。

　なお，賃貸借の期間が満了した後賃借人が賃借物の使用・収益を継続する場合において，賃貸人がこれを知りながら異議を述べないときは，従前の賃貸借と同一の条件でさらに賃貸借をしたものと推定される（619条1項1文）。この推定のなされた場合，賃貸借を終了するためには後記「3期間の定めのない賃貸借の解約申入れ」による解約が必要となる（同条同項2文）。また，従前の賃貸借について当事者が担保を供していたときは，その担保は，期間の満了によって消滅する（同条2項本文）。ただし，敷金についてはこのかぎりではない（同条同項ただし書）。

2　賃借物の全部滅失による終了

　賃借物の全部が滅失その他の事由によって使用・収益することができなくなった場合には，賃貸借はこれによって終了する（616条の2）。

3　期間の定めのない賃貸借の解約申入れ

　当事者が賃貸借の期間を定めなかったときは，各当事者は，いつでも解約の申入れをすることができる。この場合においては，土地の賃貸借については解約の申入れの日から1年，建物の賃貸借については3か月，動産および貸席の賃貸借については1日を経過することによって終了する（617条1項）。

　収穫の季節がある土地の賃貸借については，その季節の後次の耕作に着手する前に，解約の申入れをしなければならない（同条2項）。

　当事者が賃貸借の期間を定めた場合であっても，その一方または双方がその

期間内に解約する権利を留保したときは，上記と同様となる（618条）。

4　契約解除による終了

　賃貸借契約が解除された場合にも賃貸借は終了する。なお，賃貸借の解除は，将来に向かってのみその効力を生ずる（620条 1 文）。当事者の一方の債務不履行によって解除された場合，損害がある場合は，損害賠償をなしうる（同条 2 文）。ただし，その債務の不履行が契約その他の債務の発生原因および取引上の社会通念に照らして債務者の責めに帰することができない事由によるものであるときは，このかぎりではない（415条 1 項ただし書）。

　(1)　賃借人からの解除　　賃借人からの解除としては，以下のものがある。

　①　賃貸人が賃借人の意思に反して保存行為をしようとする場合において，
　　そのために賃借人が賃借した目的を達することができなくなるときは，賃
　　借人は契約の解除ができる（607条）。

　②　減収による解除（610条，「Ⅱ賃貸借の効力　 2 賃借人の権利義務(2)賃料支払
　　義務(b)賃料の減額請求・解除」参照）

　③　賃借物の一部滅失等により賃借目的を達成できなくなったことによる解
　　除（611条 2 項，「Ⅱ賃貸借の効力　 2 賃借人の権利義務(2)賃料支払義務(b)賃料
　　の減額請求・解除」参照）

　④　賃貸人の債務不履行解除（601条・541条）

　(2)　賃貸人からの解除　　賃貸人からの解除としては，以下のものがある。

　①　賃借権の無断譲渡・転貸による解除（612条 2 項，「Ⅴ賃借権の譲渡・転貸
　　 1 賃借権の譲渡・転貸の制限(2)賃貸人による契約解除」参照）

　②　賃借人の賃料不払い・用法順守義務違反等の債務不履行解除

　なお，以上のいずれも信頼関係破壊の法理が適用される（賃借権の無断譲渡・転貸による解除については，最判昭28・ 9 ・25民集 7 ・ 9 ・979ほか，「Ⅴ賃借権の譲渡・転貸　 1 賃借権の譲渡・転貸の制限(3)信頼関係破壊の法理」参照，賃借人の賃料不払いについては，最判昭51・12・ 7 民集30・11・1036，用法順守義務違反については，最判昭41・ 4 ・21民集20・ 4 ・720）。

　また，信頼関係が破壊された場合には，催告を要せずに解除（**無催告解除**）が

できる（最判昭27・4・25民集6・4・451，最判昭50・2・20民集29・2・99ほか）。

　ところで，1月分の賃料の延滞等を理由に無催告で解除できるとする旨の特約をした場合はどうであろうか。これについては，催告をしなくても不合理とは認められない事情がある場合には，無催告で解除権を行使できる旨を定めた約定として有効とされている（最判昭43・11・21民集22・12・2741。借家契約において3か月分の家賃滞納の場合（最判昭37・4・5民集16・4・679），借地契約において賃料の不払いがあった場合（最判昭40・7・2民集19・5・1153）の無催告解除特約は有効と判断されている）。

第3節　借地借家法

　賃貸借のうち，借地・借家については借地人・借家人保護の見地から，民法の賃貸借に関する規定が修正されている。

I　借地関係

1　借地権とは

　借地権とは，建物の所有を目的とする地上権および土地の賃借権をいう（借地借家2条1号）。建物の所有を主たる目的とするものでなければならず，建物の築造が，賃借土地をゴルフ場として利用する上で，従たる目的にすぎないときは建物の所有を目的とするものとはいえない（最判昭42・12・5民集21・10・2545）。これに対し，賃借地である自動車教習場の一部に建物が存在する場合でも，教習コースとしての土地と建物が一体となって自動車学校経営の目的を達し得るものであるときは，土地全体について建物の所有目的であるとして借地借家法が適用される（最判昭58・9・9判時1092・59）。

2　存続期間

　借地権の存続期間は，30年とされ，契約でこれより長い期間を定めたときは，それが借地期間となる。

[図表7-7] 民法と借地借家法における存続期間の比較

	最長期間	最短期間	期間の定めなき場合
民法	原則：50年（604条1項） 例外：短期賃貸借（602条）	制限なし	土地の賃貸借にあっては，解約申入後1年経過により，建物の賃貸借にあっては，3か月経過により終了（617条）
借地	原則：制限なし（借地借家3条ただし書） 例外：事業用定期借地権50年未満（借地借家23条1項）	原則：30年（借地借家3条本文・9条） 例外： 定期借地権50年（借地借家22条1文） 事業用定期借地権等 30年（借地借家23条1項），10年（同条2項） 建物譲渡特約付借地権30年（借地借家24条1項）	30年
借家	原則：制限なし 例外：定期建物賃貸借（借地借家38条） 取壊し予定の建物の賃貸借（借地借家39条） 一時使用目的の建物の賃貸借（借地借家40条）	原則：1年未満のものは期間の定めのないものとみなされる（借地借家29条1項） 例外：定期建物賃貸借（借地借家38条） 取壊し予定の建物の賃貸借（借地借家39条） 一時使用目的の建物の賃貸借（借地借家40条）	契約申入後6か月を経過することによって終了（借地借家27条1項）。なお，解約にあっては正当事由が必要（借地借家28条）

3 借地契約の更新

(1) **合意による更新** 当事者が借地契約を更新する場合においては，その期間は，更新の日から10年（借地権の設定後の最初の更新にあっては20年）となる（借地借家4条本文）。ただし，当事者がこれより長い期間を定めたときは，その期間となる（借地借家4条ただし書）。

(2) **借地権者による更新請求等** 借地権の存続期間が満了する場合において，借地権者が契約の更新を請求したときは，建物がある場合にかぎり，当事者が合意更新する場合の規定（借地借家4条）によるか，従前の契約と同一の条件で契約を更新したものとみなされる（借地借家5条1項本文）。後者の場合を**法**

定更新という。ただし，借地権設定者が遅滞なく異議を述べたときは，このかぎりではない（同条同項ただし書）。設定者が異議を述べるには，設定者および借地権者（転借地権者を含む）が土地の使用を必要とする事情のほか，借地に関する従前の経過および土地の利用状況ならびに設定者が土地の明渡しの条件としてまたは土地の明渡しと引換えに借地権者に対して財産上の給付をする旨の申出をした場合におけるその申出を考慮して，**正当事由**があると認められる場合でなければならない（借地借家6条）。立退料等の支払は正当事由を補完することになるが，立退料等が不足していると判断されるため，訴訟の途中において行った増額する旨の申出は，事実審の口頭弁論終結時までになされる必要があり，土地所有者が意図的にその申出を遅らせるなど信義に反するような事情がないかぎり，原則として考慮される（最判平6・10・25民集48・7・1303）。

(3) 借地権者が存続期間満了後に土地の使用を継続する場合　借地権の存続期間が満了した後，借地権者が土地の使用を継続するときも，建物がある場合にかぎり，更新される（法定更新）（借地借家5条2項）。ただし，借地権設定者が遅滞なく異議を述べたときは，このかぎりではない（同条同項・1項）。この異議においても正当事由が必要となる（借地借家6条）。なお，転借地権が設定されている場合は，転借地権者の土地の使用の継続は借地権者がする土地の使用の継続とみなされる（借地借家5条3項）。

(4) 建物の再築による借地権の期間の延長　借地権の存続期間が満了する前に建物の滅失（借地権者または転借地権者による取壊しを含む）があった場合，借地権者が残存期間を超えて存続すべき建物を築造したときは，その建物を築造するにつき借地権設定者の承諾がある場合にかぎり，借地権は，承諾があった日または建物が築造された日のいずれか早い日から20年間存続する。ただし，残存期間がこれより長いとき，または当事者がこれより長い期間を定めたときは，その期間になる（借地借家7条1項）。なお，借地権者が設定者に対し残存期間を超えて存続すべき建物を新たに築造する旨を通知した場合において，設定者がその通知を受けた後2か月以内に異議を述べなかったときは，その建物を築造するにつき，設定者の承諾があったものとみなされる（同条2項本文）。

(5)　借地契約の更新後の建物の滅失による解約等　　契約の更新後に建物の滅失があった場合，借地権者は，一方的に，地上権の放棄または土地の賃貸借の解約の申入れができ（借地借家 8 条 1 項），放棄または解約申入れの日から 3 か月経過によって借地権は消滅する（同条 3 項）。

　また，契約の更新後に建物の滅失があった場合で，借地権者が借地権設定者の承諾を得ないで残存期間を超えて存続すべき建物を築造したときは，設定者は，正当事由なくとも，地上権の消滅または土地の賃貸借の解約申入れができ（同条 2 項），3 か月の経過で借地権は消滅する（同条 3 項）。

4　建物買取請求権

　借地に関しては借地権設定者に対する 2 つの建物買取請求権が規定されている。

(1)　借地権者による建物買取請求権　　借地権の存続期間が満了した場合において，契約の更新がないときは，借地権者は設定者に対し，建物その他借地権者が権原により土地に附属させた物を時価で買い取るべきことを請求できる（借地借家13条 1 項）。この請求権を**建物買取請求権**という。この規定が定められた趣旨は，借地権者に投下した資本を回収させるという点，借地権終了により借地権者が建物等を取り壊して土地を設定者に返還することになるが，そのような取壊しは国民経済的損失になるから，それを防ぐという点，設定者に借地契約の更新を間接的に強制するという点がある。

　建物買取請求権は形成権であるから，借地権者の設定者に対する請求により当然に売買契約が成立することになる。建物買取請求権を特約により排除することはできない（借地借家16条）。

　なお，買取請求権行使後，買取代金支払いまで建物の引渡を拒むことができ，その反射作用として土地についても同時履行の抗弁権ないし留置権を主張して，明渡しを拒むことができる。また，建物の占有によりその敷地をも占有するかぎり，敷地占有に基く不当利得として敷地の賃料相当額を返還すべき義務が生ずる（最判昭35・9・20民集14・11・2227）。また，建物買取請求権は，誠実な借地人保護の規定であるから，借地人の債務不履行による土地賃貸借契約解除の場

合には借地人は建物買取請求権を有しないものと解されている（最判昭35・2・9民集14・1・108）。

(2) 第三者の建物買取請求権　第三者が賃借権の目的である土地の上の建物その他借地権者が権原によって土地に附属させた物を取得した場合において，借地権設定者が賃借権の譲渡または転貸を承諾しないときは，その第三者は，設定者に対し，建物その他借地権者が権原によって土地に附属させた物を時価で買い取るべきことを請求できる（借地借家14条）。

5　借地権の対抗力

借地権は，その登記がなくても，土地の上に借地権者が登記されている建物を所有するときは，これをもって第三者に対抗することができる（借地借家10条1項）。民法605条の不動産賃借権の登記は，登記共同申請の原則ゆえに賃貸人の協力が必要である。賃貸人は借地権に対抗力を与えたくないために登記に協力しないのが実情である。そこで借地人単独で対抗力を得ることのできる規定を借地借家法に設けたのである。

このとき，建物登記は表示の登記でもよい（最判昭50・2・13民集29・2・83）が，建物登記は借地人名義でなければならず，借地人の長男名義（最大判昭和41・4・27民集20・4・870），妻名義（最判昭47・6・22民集26・5・1051，最判昭47・7・13判時682・23），子名義（最判昭50・11・28判時803・63）といった家族名義での登記の場合，対抗力は否定される。他人名義の登記では，自己の建物の所有権でさえ第三者に対抗できないのであり，自己の建物の所有権を対抗しうる登記があることを前提として，不動産賃借権の登記に代えようとするのが借地借家法10条1項の法意であるから，借地人本人名義での登記でなければならないのである。また，借地人（転貸人たる賃借人）が借地借家法10条1項により対抗力ある登記ある建物を所有している場合は，適法な転借人は自らは対抗力を具備していなくても，借地人の賃借権を援用して，転借権を第三者に対抗できる（最判昭39・11・20民集18・9・1914）。

なお，建物の滅失があっても，建物を特定するために必要な事項，その滅失があった日および建物を新たに築造する旨を土地の上の見やすい場所に掲示し

たときは，滅失の日から2年間であれば，対抗力を保持できる（同条2項）。

6　自己借地権

わが国では借地権設定者が自ら借地権を有する**自己借地権**を認めていなかったが，借地借家法15条1項に，他の者とともに有することになるときにかぎり，自己借地権を設定できることが例外的に規定された。土地所有者自らが借地権者となることは，**混同**により借地権が消滅（地上権は179条1項本文，賃借権は520条本文）してしまうことから，わが国では不可能であった。したがって，土地所有者が，借地権付きで区分所有建物を分譲しようとする場合，混同によって土地所有者の借地権が消滅しないように別人を立てて，その者が形式的な借地権者となることが行われていたが，借地借家法15条で自己借地権が認められたことにより，別人を立てる必要はなくなった。

また，借地権が設定者に帰した場合でも，他の者とともにその借地権を有するときは，自己借地権は消滅しない（同条2項）。たとえば，Aが所有する土地にBが借地権の設定を受け，建物を所有していたが，のちにBが死亡し，AとCがその借地権付き建物を共同相続した場合などが該当する。

7　定期借地権

3(2)および(3)でみたように，正当事由を有する借地権設定者が異議を述べれば，法定更新は阻止される。しかし，正当事由の存在は容易に認められないため，借地権のほとんどは法定更新されてしまうのが実情である。地主である設定者が自分のために土地を利用しようとしても容易に土地は返還されない。土地は一度貸したら二度と戻ってこないということになる。そうなると，土地を貸そうとする土地所有者はいなくなり，借地人を介した土地利用を阻害することになる。そこで，正当事由を有せずとも一定期間経過すれば土地が返還される定期借地権制度が設けられた。定期借地権は図表7-8にあるように3種類ある。定期借地権ではない通常の借地権を**普通借地権**というが，同図表は定期借地権と普通借地権の対比表である。

[図表7-8] 定期借地権と普通借地権の対比

	普通借地権	定期借地権		
		一般定期借地権 （借地借家22条）	事業用定期借地権 （借地借家23条）	建物譲渡特約付借地権（借地借家24条）
利用目的	限定なし	限定なし	事業用（居住用の賃貸を除く）	限定なし
存続期間	30年以上	50年以上	10年以上50年未満	30年以上
更新	最初の更新は20年以上 2回目の更新は10年以上 更新拒絶には正当事由必要	なし	なし	なし
契約方法	制限なし	書面による	公正証書に限る	制限なし
契約期間終了時	原則として更地で返還	建物買取請求権排除特約が可能。排除特約ある場合，借地人は更地化して土地を返還。借家人も退去し建物を明け渡す。ただし，借地権の存続期間が満了することをその1年前までに知らなかった場合にかぎり，借家人の請求により，裁判所は期限の許与ができる（借地借家35条）。	建物買取請求権排除特約が可能（存続期間が10年以上30年未満は当然に排除される）。排除特約ある場合（当然に排除される場合も含む），借地人は更地化して土地を返還。借家人も退去し建物を明け渡す。ただし，借地権の存続期間が満了することをその1年前までに知らなかった場合にかぎり，借家人の請求により，裁判所は期限の許与ができる（借地借家35条）。	建物所有権は借地権設定者に移転。借地権者または借家人で借地権消滅後建物の使用を継続している者の請求により期限の定めのない借家契約に移行。

8　一時使用目的の借地権

　臨時設備の設置その他一時使用のために借地権を設定したことが明らかな場合は，借地権の存続期間や法定更新（借地借家3条から8条），建物買取請求権（借地借家13条）などの規定は適用されない（借地借家25条）。

9　地代等増減請求権

　土地に関する租税その他の公課の増減により，土地の価格の上昇もしくは低下その他の経済事情の変動により，または近傍類似の土地の地代等に比較して不相当となったときは，契約の条件にかかわらず，当事者は，将来に向かって地代等の額の増減を請求できる（**地代等増減請求権**：借地借家11条 1 項本文）。当事者間に協議が調わないときは，増額あるいは減額を正当とする裁判が確定するまでは，相当と認める額の地代等を支払えば債務不履行責任を免れる（同条 2 項・ 3 項）。なお，賃借人が主観的に相当と認めていない額の賃料，または賃借人が主観的に相当と認めている，公租公課の額を下回ると知りながら支払う賃料は相当賃料とはいえない（最判平 8 ・ 7 ・12民集50・ 7 ・1876）。

　地代等増減請求権は強行法規としての実質を持っている。したがって，地代等自動増額改訂特約も有効であるが，改訂基準の基礎とされていた事情が失われ，特約によって地代等の額を定めることが借地借家法11条 1 項の趣旨に照らして不相当となった場合は，この特約の存在にもかかわらず，地代等増減請求権を行使できる（最判平15・ 6 ・12民集57・ 6 ・595）。

Ⅱ　借　家　関　係

1　借 家 と は

　借家とは，建物の賃貸借をいう。建物の賃貸借というためには，特定の場所を独占的・排他的に支配し，使用収益を請求できる権利がなければならない。したがって，デパートの一部を使用して，商品・什器を置いて営業をしているケース貸しについては，特定の場所の使用収益を請求できる権利はなく，デパート側の指示により売場を変更させられることがある等の事情がある場合には，建物の賃貸借とはいえず，借地借家法の適用はない（最判昭30・ 2 ・18民集 9 ・ 2 ・179）。これに対し，建物の一部であっても，障壁その他によって他の部分と区画され，独占的・排他的な支配が可能な構造・規模を有するものは，建物に該当し，建物の賃貸借となる（最判昭42・ 6 ・ 2 民集21・ 6 ・1433）。

2　借家の存続期間

　最長期間の制限はなく，存続期間の設定は何年でも可能である。ただし，1年未満の期間のものは期間の定めのないものとみなされる（借地借家29条1項）。借家には，民法の存続期間に関する規定（604条）は適用されない（同条2項）。

3　建物賃貸借契約の更新等

　(1)　期間の定めのある場合　　期間の定めがある場合，当事者が期間満了の1年前から6月前までの間に借家人に対し更新しない旨の通知または条件を変更しなければ更新しない旨の通知をしなかったときは，従前の契約と同一の条件で契約を更新したものとみなされる（法定更新）。その場合，期間は定めのないものとなる（借地借家26条1項）。なお，賃貸人が更新拒絶の通知等をする場合には，正当事由が必要となる（借地借家28条。賃借人からの更新拒絶の通知には正当事由は不要である）。

　(2)　借家人が使用を継続する場合　　賃貸人が正当事由を有し，更新拒絶の通知等をした場合であっても，建物の賃貸借の期間が満了した後建物の賃借人が使用を継続する場合で，賃貸人が遅滞なく異議を述べなかった場合には，期間の定めのないものとして更新したものとみなされる（借地借家26条2項）。

4　存続期間の定めのない建物賃貸借契約の解約

　賃貸人が賃貸借の解約の申入れをした場合に，建物の賃貸借は，解約の申入れの日から6月経過によって終了する（借地借家27条1項）。この解約申入れには正当事由が必要になる（借地借家28条）。正当事由は解約の申入時に存在すればよいとされている（最判昭32・7・25民集11・7・1359）。解約申入をした当時には正当事由が存在しなくても，賃貸人において訴訟を継続維持している間に事情が変更して正当事由が具備した場合には，解約申入の意思表示が黙示的・継続的になされているものと解することができるから，訴訟係属中に正当事由が具備するに至った時から6月の期間の経過により，賃貸借契約は終了する（最判昭41・11・10民集20・9・1712）。解約申入れに正当事由があったとしても，解約申入れ後6か月を経過しても，賃借人が建物の使用を継続し賃貸人がこれに異議を述べなかったときは，終了しなかったものとみなされる（借地借家27条2項

による同法26条2項の準用)。

　なお，賃借人から解約申入れをした場合は，申入れの日から3か月を経過することによって終了する（617条1項2号）。

5　正　当　事　由

　借家の更新拒絶や解約にあたって必要な正当事由は，建物の賃貸人および賃借人が建物の使用を必要とする事情のほか，建物の賃貸借に関する従前の経過，建物の利用状況および建物の現況ならびに建物の賃貸人が建物の明渡しの条件としてまたは建物の明渡しと引換えに建物の賃借人に対して財産上の給付をする旨の申出をした場合におけるその申出を考慮して判断される（借地借家28条）。基礎となる事情としては，建物の使用を必要とする事情である（借地の正当事由の判断にあっては，土地の使用を必要とする事情が基礎となる［借地借家6条]）。

6　借家の対抗力

　建物の賃貸借は，その登記がなくても，建物の引渡しがあったときは，対抗力を取得する（借地借家31条）。建物の賃貸人の登記申請への協力が得られなくとも，賃借人が対抗力を取得できるように規定されている。

7　期限付建物賃貸借

　(1)　定期建物賃貸借　　更新のない建物賃貸借契約を**定期建物賃貸借**という（借地借家38条）。公正証書等の書面で契約を締結する必要がある（同条1項）。締結にあたっては，建物賃貸借契約について一定の期間を定めることと，契約の更新がないとの特約をすることが必要となる。賃貸借の存続期間については，上限・下限はなく，契約前に賃貸人が賃借人に対し，契約の更新がなく，期間の満了により建物賃貸借は終了することについて，その旨を記載した書面を交付して説明しなければならない（同条2項）。

　(2)　取壊し予定の建物の賃貸借　　法令または契約により一定の期間を経過した後に建物を取り壊すべきことが明らかな場合に，建物の賃貸借をするときは，建物を取り壊すこととなるときに賃貸借が終了する旨を定めることができる（借地借家39条1項）。この特約は，建物を取り壊すべき事由を記載した書面によってしなければならない（同条2項）。

8 造作買取請求権

造作（ぞうさく）とは，畳，建具，クーラー等，建物に付加された物で，賃借人の所有に属し，かつ，建物の使用に客観的便益を与えるものをいい，賃借人がその建物を特殊の目的に使用するため特に付加した設備は含まれない（最判昭29・3・11民集8・3・672）。建物の賃借人は，建物の賃貸借が期間の満了または解約の申入れによって終了するときに，建物の賃貸人に対し，造作を時価で買い取るべきことを請求できる。建物の賃貸人から買い受けた造作についても，同様とされている（借地借家33条1項）。造作買取請求権は，形成権であり，権利行使によって当然に売買契約が成立する。ただし，賃借人の債務不履行により契約が解除された場合には，造作買取請求権は生じない（最判昭31・4・6民集10・4・356）。この規定は任意規定であり（借地借家37条），契約によって排除が可能である。

なお，造作代金債権は建物に関して生じた債権ではないから，賃貸人による造作代金債務の履行のないことに対し，建物につき留置権を主張できない（大判昭6・1・17民集10・6）し，造作代金債務と賃借人の建物引渡債務との間に牽連関係はないことから，同時履行の抗弁権も否定されている（大判昭7・9・30民集11・1859）。

9 賃貸借の終了と転借人の保護

建物の転貸借がされている場合において，建物の賃貸借が期間の満了または解約の申入れによって終了するときは，建物の賃貸人は，建物の転借人にその旨の通知をしなければ，その終了を建物の転借人に対抗できない（借地借家34条1項）。建物の賃貸人がこの通知をしたときは，建物の転貸借は，その通知がされた日から6か月を経過することによって終了する（同条2項）。

［図表7-9］ 賃貸人から転借人への終了通知

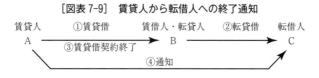

なお，借地借家法34条1項の規定は，賃借人の債務不履行解除の場合には適

用されない（613条 3 項ただし書，借地借家34条 1 項）。賃貸借契約の合意解除の場合
は，その解除を転借人に対抗できない（同条同項本文）から，賃貸人からの通知
そのものが問題とならない。

10　居住用建物の賃貸借の承継

(1)　建物の賃借人に相続人がいない場合　　居住の用に供する建物の賃借人
が相続人なしに死亡した場合，その当時婚姻または縁組の届出をしていないが，
建物の賃借人と事実上夫婦または養親子と同様の関係にあった同居者があると
きは，その同居者は，建物の賃借人の賃借権を承継する（借地借家36条 1 項本文）。
ただし，相続人なしに死亡したことを知った後 1 か月以内に建物の賃貸人に反
対の意思を表示したときは，このかぎりではない（同条同項ただし書）。

(2)　建物の賃借人に相続人がいる場合　　死亡した賃借人の同居人が相続人
でない場合，賃借権を相続した相続人から同居人に対する明渡請求は権利濫用
とされる（最判昭39・10・13民集18・ 8 ・1578）。また，相続人でない同居人は，相
続人の承継した賃借権を援用して，賃貸人からの明渡請求を拒むことができる
（最判昭37・12・25民集16・12・2455）。

11　借賃増減請求権

地代等における増減請求権（借地借家11条 1 項）と同様の規定が借家について
も用意されている。すなわち，建物の借賃が，土地もしくは建物に対する租税
その他の負担の増減により，土地もしくは建物の価格の上昇もしくは低下その
他の経済事情の変動により，または近傍同種の建物の借賃に比較して不相当と
なったときは，契約の条件にかかわらず，当事者は，将来に向かって建物の借
賃の額の増減を請求できる（**借賃増減請求権**：借地借家32条 1 項本文）。

バブル経済期（昭和61［1986］年12月から平成 3 ［1991］年 2 月までの51か月間と
いわれている）からさかんに行われていたサブリース契約（不動産事業者が第三
者に転貸することを目的としてオフィス等の建物を所有者から一括して長期間賃借
する賃貸借契約）では，賃料自動増額特約がなされるのが一般的であった。サ
ブリース契約に基づく賃貸借は不動産業者による事業であって，借地借家法の
適用される借家ではないとの認識もあったが，最高裁（最判平15・10・21民集57・

9・1213）でその認識が否定された。サブリース契約にも借地借家法が適用され，同法32条1項も当然に適用される。同条項における借賃増減請求権は強行規定であり，賃料自動増額特約によってその適用を排除できないとされた。また，賃料減額請求の当否および相当賃料額を判断する際には，当事者が現実に合意した直近の賃料を基にして，諸般の事情を総合的に考慮すべきことになる（したがって，賃料自動増額特約があってもこれに拘束されず，この特約により増額された日から減額請求の日までの間に限定して経済事情の変動等を考慮して判断することはできない：最判平20・2・29判時2003・51）。

[相談に対する回答]

(1)　家賃はベランダを使用できなくなったその割合に応じて当然に減額されるので，BはAに対し10万円から相当の金額を減額した家賃を支払えばよいことになる（611条1項）。Aが家賃の減額を認めない場合は，訴訟を提起するしかない。なお，このようなベランダの修理義務は賃貸人が負い（606条1項本文），賃借人は，賃貸人が修理（保存行為）をすることにつき，拒むことはできない（606条2項）。ただし，賃借人の責めに帰すべき事由によって修理が必要となった場合は賃貸人に修繕義務はない（606条1項ただし書）。賃貸人が賃借人の意思に反して修理（保存行為）をしようとする場合で，そのために賃借人が賃借した目的を達することができなくなるときは，賃借人は賃貸借契約の解除ができる（607条）。また，賃借目的物の修理が必要な場合で，賃借人が賃貸人に修理が必要である旨を通知し，または賃貸人がその旨を知ったにもかかわらず，賃貸人が相当の期間内に修理をしないとき，あるいは急迫の危険があるときは，賃借人は自ら修理をすることができる（607条の2）。賃借人が負担したその修理費用は，必要費であるから，賃貸人に対し，直ちにその償還を請求できる（608条1項）。

(2)　Aは，家賃10万円を限度として直接Cに請求することができる（613条1項1文）。このとき，Cは賃料の前払いをもってAに対抗することはできない（もちろん前払いがなされていた場合である）。また，AがBの債務不履行により賃貸借契約を解除した場合は，Aがこの解除をもって転借人であるCに対抗できる（613条3項

ただし書）。この結果，Ｃの転借権は消滅することになる。なお，このような賃借人たるＢの債務不履行による解除ではなく，Ｂにこのような不履行がないにもかかわらず，AB 間で合意解除をした場合，Ａはその解除をもってＣに対抗することはできない（613条 3 項本文）。この場合は，Ｃの転借権は存続することになる。

第8章
他人の労務を目的とする契約

·相·談·内·容·

　Aは自分が所有する土地上に住宅用の建物を建てることをB建設会社に依頼した。建物が完成し引渡しを受け住み始めたが，トラックが前の道路を通るたびに建物が大きく揺れた。そこでBとは関係のない建築士に建物を見てもらったところ，「基礎の部分が手抜き工事されており，耐震性に大きな問題がある。ちょっとした地震でも倒壊するだろう。基礎の部分に問題があるので補修をしようと思ったら新築と同程度の費用がかかる」と言われた。Aは契約を解除してBには建物を撤去してもらい，支払った報酬は全額返還してもらいたいと考えているが，それは可能か。

第1節　総　　説

　他人の労働力を利用するための契約（労務提供型契約）について，民法は，雇用契約，請負契約，委任契約，寄託契約の四種類の契約を規定している。

　まず，雇用契約は，労働者が使用者に労務を提供し，それに対して使用者が報酬を支払うことを内容とする契約である。会社と従業員の契約が雇用契約にあたる。雇用契約においては，労務の提供自体が目的となっており，次に述べる請負とは異なり，**仕事の完成**（結果）を出す必要はなく，結果の実現に向けて最善を尽くすことが労働者の債務の内容となる（このような債務を「**手段債務**」という）。たとえば，ある企業の従業員は，その企業と他の企業との新たな契約（結果）を締結できなくても，契約できるように最善を尽くせば，その従業員は債務不履行にはならない。

　請負契約は，労務の成果たる仕事の完成を目的とする契約である。建物の建築，土木工事などがこの契約に該当する。建物を建築する請負契約は，建設会社が労務を提供し，建物が完成し，引渡しをすること（**仕事の完成**）を目的としている（このような債務を「**結果債務**」という）。たとえば，建設会社は建物を完成に向けて最善を尽くしても，建物が完成しなければ，債務不履行責任を負わなければならない。

　委任契約は，労務の提供が契約の目的となり，仕事の完成が目的となっていない点では，雇用契約と共通する。しかし，雇用契約が使用者の指揮・命令に従って労務を提供するのに対し，委任契約は受任者（労務を提供する者）の自由な判断に委ねられていること，つまり，受任者の独立性・専門性が強いという点で，雇用契約と異なっている。委任契約は，弁護士と依頼者との契約，医師と患者との契約などが該当する。

　寄託契約は，当事者の一方（寄託者）がある物を保管することを相手方（受寄者）に委託し，相手方がこれを承諾することによって成立する契約である（657条）。このように寄託契約は労務の提供が物を保管することに特化している点で，他の労務提供型契約とは異なっている。荷物の一時預かり所に荷物を預ける契約がこれに該当する。ただ，コインロッカー，貸金庫などは場所の賃貸借契約であり，寄託契約とは異なっている。

　本章では，以下，雇用契約，請負契約，委任契約について概説する。

第2節　雇　用　契　約

I　雇用契約と労働契約

　雇用契約は，当事者の一方（労働者）が相手方（使用者）に対して労働に従事することを約し，相手方がこれに対して報酬を与えることを約することによって成立する契約である（623条）。雇用契約は**諾成・有償・双務契約**である。

　契約自由の原則を採用する民法は，雇用契約においても，使用者と労働者は

対等な関係にあるという前提で，規定を設けている。つまり，雇用契約の内容は対等な当事者の自由に委ねる立場に立っている。しかし，労働者は生活のために使用者と雇用契約を締結しなければならない状況にあり，特に不況期になると使用者の立場が圧倒的に有利になり，使用者は自己に有利な契約内容を労働者に押し付けるということが発生した。

そこで，戦後，労働者の保護を図る目的で**労働基準法，労働組合法，労働関係調整法**などが制定されたのである。特に労働基準法は，家事使用人と同居の親族のみを使用する事業以外のすべての雇用関係の契約条件を規制している（労基116条 2 項）。労働基準法の適用を受ける契約を労働契約という。労働契約には，雇用契約のみが該当するわけではなく，当事者間に使用従属関係があれば，請負契約や委任契約も含まれることがある。

労働基準法が広く適用される結果，民法の雇用契約に関する規定は，特別法としての労働基準法の適用がない**家事使用人**と**同居の親族のみを使用する事業**に適用される場合と，一般法として労働基準法に規定のない部分について補充的に適用されるにとどまることとなった。

また，平成19（2007）年には**労働契約法**が制定された。労働契約法は，個別労使間の労働契約に関する基本的な民事ルールを定めた法律であり，労働契約と就業規則との関係，出向，懲戒，解雇などの問題について，これまでの裁判実務で確立した判例法理を明文化したものである。

労働基準法，労働組合法，労働関係調整法，労働契約法などについての詳しい概説は労働法に委ね，以下，民法の雇用契約の制度を中心に概説する。

Ⅱ　雇用契約の成立

雇用契約は諾成契約であるので，当事者間の合意のみで成立する（623条）。労働基準法においては，使用者は，賃金，労働時間その他の労働条件を明示しなければならない（労基15条）。また，労働契約法においては，使用者が合理的な労働条件が定められている就業規則を労働者に周知させていた場合には，労働契約の内容は，その就業規則に定める労働条件によるとされている（労契 7

条）。

Ⅲ　雇用契約の効力

1　労働者の義務（労務提供義務）

労働者は，使用者の指揮命令に従い，労務を提供しなければならない（623条）。

労務の質は人によって異なるので，労働者は，使用者の承諾がなければ，自己に代わって第三者を労働に従事させることはできない（625条2項）。労働者がこれに反した場合には，使用者は契約を解除することができる（625条3項）。

また，使用者の指揮命令に従い，労務を提供するので，使用者が誰であるかは労働者にとって重大な問題である。したがって，使用者は労務の提供を受ける権利を労働者の承諾なしに譲渡することはできない（625条1項）。このような承諾のない譲渡は無効と解されている。

2　使用者の義務

(1)　報酬支払義務　　使用者は労働者に対して報酬を支払わなければならない（623条）。報酬支払時期は，労務提供後となる（624条1項）。日給，月給などの期間によって定めた報酬については，その期間経過後に報酬請求権が発生する（624条2項）。労働基準法によると，報酬額については，最低賃金法の定める最低基準以上でなければならない（労基28条）。

労務の提供が途中で終了した場合であっても，すでに履行された部分については，その割合に応じて報酬は支払われなければならない。そこで，たとえば，地震・洪水などの天災によって工場が操業できなくなった場合のように，使用者の責めに帰すことができない事由（使用者の責めに帰すことができない事由には，使用者・労働者双方の責めに帰すことができない事由と労働者の責めに帰すべき事由とが該当する。）によって労働に従事することができなくなったときは，使用者はすでになされた労務の割合に応じて報酬を支払わなければならない（624条の2第1号）。また，雇用契約が解除された場合や労働者の死亡の場合のように雇用契約が中途で終了した場合にも，使用者は労務の割合に応じて報酬を支払

わなければならない（624条の2第2号）。

　なお，使用者が労働者を不当に解雇したり，使用者が安全管理を怠ったために労働者が大怪我をしたりした場合のように，使用者の責めに帰すべき事由により労働に従事することができなくなった場合には，536条2項により，使用者は労働者が労務を提供できなかった期間の報酬を支払わなければならない。

　(2)　安全配慮義務　　使用者は，労働者が労務提供のため設置する場所，設備もしくは器具等を使用しまたは使用者の指示のもとに労務を提供する過程において，労働者の生命及び身体等を危険から保護するよう配慮すべき義務（以下「**安全配慮義務**」）を負っているものと解されている（最判昭59・4・10民集38・6・557）。最高裁は，自衛隊員と国との間の公務員関係に関する判決（最判昭50・2・25民集29・2・143）で，この安全配慮義務はある法律関係に基づいて社会的接触関係にある当事者において付随義務として信義則に基づいて生ずるとしている。この安全配慮義務は，その後，労働契約法において，「使用者は，労働契約に伴い，労働者がその生命，身体等の安全を確保しつつ労働することができるよう，必要な配慮をするものとする。」（労契5条）と明文化された。

Ⅳ　雇用契約の終了

　雇用契約は，次に述べるように，雇用期間の定めのある場合の期間満了，解除，期間の定めがない場合の解約申入れによって終了する。また，他の契約と同様に，一方当事者に債務不履行があれば，他方当事者は催告をした上で，解除することができる（541条）。なお，雇用契約が解除された場合，解除の効力は，賃貸借と同様に，将来に向かってのみその効力を生ずる（630条・620条）。

1　雇用期間の定めのある雇用契約

　雇用期間の定めのある雇用契約は，期間が満了することによって終了する。ただ，やむを得ない事由があるときは，各当事者は期間が満了する前であっても直ちに雇用契約を解除することができる（628条前段）。この場合，その事由が当事者の一方の過失によって生じたものであるときは，相手方に対して損害賠償を請求しなければならない（628条後段）。

期間について，民法は，その最長期・最短期について何も規定していないが，あまりに長期間労働者を拘束することは妥当ではないため，5 年以上の雇用期間を定めた場合，5 年を経過した後には，各当事者は契約を解除することができるとしている（626条1項）。ただし，労働基準法では，原則 3 年を超える期間を締結できないこととなっている（労基14条1項）。626条1項による解除の場合，使用者は 3 か月前，労働者は 2 週間前に予告をしなければならない（626条2項）。

期間が満了した後に労働者が引き続き労働に従事している場合に，使用者がこれを知りながら異議を述べない場合には，同一の条件でさらに雇用されたものと推定される（629条1項前段）。この場合，期間については定めのないものとなる（629条1項後段）。

2　雇用期間の定めのない雇用契約

期間の定めのない雇用契約の場合，使用者も労働者もいつでも**解約申入れ**をして契約を終了させることができる（627条1項前段）。契約は解約申入れから 2 週間後に終了する（627条1項後段）。

期間によって報酬を定めた場合（週給，月給などの場合），使用者からの解約申入れは，次期の分を当期の前半に行わなければならない（627条2項）。6 か月以上の期間によって報酬を定めた場合には，使用者からの解約申入れは 3 か月前に行わなければならない（627条3項）。期間によって報酬を定めた場合でも，労働者からの解約申入れはこのような制限なしに自由に行うことができる。

3　解雇権の濫用

これまで述べてきた，使用者による，労働者の債務不履行による解除（541条），期間の定めのない雇用契約の解約申入れ（627条），期間の定めがある場合のやむを得ない事由による解除（628条）がなされた場合，労働者が職を失い生活に大きな影響があるので，これらの解約申入れ・解除は判例によって制限されてきた（**解雇権濫用法理**）（解雇とは，使用者が一方的に雇用契約を終了させることである）。最高裁は，「使用者の解雇権の行使も，それが客観的に合理的な理由を欠き社会通念上相当として是認することができない場合には，権利の濫用として無効になると解するのが相当である」（最判昭50・4・25民集29・4・456）として，

解雇権の行使を制限した。現在，労働契約法において，「解雇は，客観的に合理的な理由を欠き，社会通念上相当であると認められない場合は，その権利を濫用したものとして，無効とする」(労契16条) と明文化されている。

第3節　請　負　契　約

I　請負契約の意義・成立

1　意　　義

請負契約は，当事者の一方（**請負人**）が仕事を完成することを約し，相手方（**注文者**）その仕事の結果に対して報酬を支払うことを約する契約である (632条)。請負契約は**諾成・有償・双務契約**である。

請負契約には，建物の建築を請け負う建築請負契約，クリーニングなどを請け負う契約，コンピューターソフトの開発を請け負う契約，音楽の演奏・講演を請け負う契約などさまざまなものがある。このように仕事の内容は有形のものと無形のものがある。建物の建築などのように有形の仕事の場合には，仕事の結果である建物を引き渡すことが問題になるが，演奏などの無形の仕事の場合には，引渡しは問題にならない。

2　製作物供給契約

洋服店において，顧客が，洋服店にある生地を選び，オーダーメイドのスーツの作成を依頼するような契約を製作物供給契約という。顧客の注文に応じて仕事を完成させるという点では請負の性質を有し，洋服店が自分の所有する生地で完成させたスーツの所有権を移し，それに対して顧客が報酬を支払うという点では売買の性質を有している。このような契約は請負と売買の**混合契約**と解されており，特約がなければ製作については請負の規定が適用され（注文者の解除権に関する641条や契約不適合責任に関する636条などである），供給については売買に関する規定（代金の支払時期に関する573条や，支払場所に関する574条などである）が適用されると解されている。

3　請負契約の成立

　請負契約は諾成契約であるから，**書面**を作成しなくても契約は成立する（632条）。建設業法では，請負当事者は書面を作成しなければならないが（建設19条），契約の成立要件になっているわけではない。

Ⅱ　請負契約の効力

1　請負人の義務

⑴　仕事完成義務　　請負人は注文者に対して仕事を完成する義務を負っている（632条）。建築請負契約のように完成した建物を引き渡す必要がある場合には，完成した建物を引き渡すことも仕事の完成に含まれる。

　(a)　下請負　　請負人は仕事を完成すれば義務を果たしたことになるので，注文主の同意を得ることなく，請負人（**元請人**）は請け負った仕事の全部または一部を第三者（**下請人**）に行なわせることができる。これを**下請負**という。ただし，演奏や講演のように，請負人本人が行うことが前提となっている請負の場合には下請負はできない。

　下請人は請負人の履行補助者または履行代行者であるから，下請人が仕事を完成させることができなかった場合には，請負人が債務不履行責任を負わなければならない。また，建設業法では，建設業者（請負人）は注文者の承諾書なしに仕事の全部を下請に出すこと（**一括下請負**）はできない（建設22条）。

　(b)　請負人の債務不履行責任　　請負人の責めに帰すべき事由により仕事の目的物が滅失・損傷した（たとえば，請負人のタバコの火の不始末で建築中の建物が焼失したような場合）としても，契約の趣旨からして引渡期日までに仕事の完成が可能である場合（若干引渡期日に遅れてもかまわない，その場合は履行遅滞の問題として処理される），仕事完成義務はそのまま存続する。この場合，請負人の報酬は増額されることなく，そのままであるので，目的物の滅失・損傷についての損失は請負人の負担となる。

　これに対して，請負人の責めに帰すべき事由により，①建物完成間近に焼失した場合のように，物理的には再建築は可能であるが，引渡期日が大幅に遅れ

てしまうような場合，あるいは，②請負人が仕事に着手せず，すぐに着手して
も引渡期日が大幅に遅れてしまうような場合には，仕事完成義務は，請負人の
責めに帰すべき事由により，履行不能になる。この場合，注文者は，契約を解
除せずに，履行に代わる損害賠償を請求することができる（415条1項・2項1
号）し，契約を解除した上で，履行に代わる損害賠償を請求することができる
（542条1項1号・415条1項・2項1号）。

　請負人が建築途中で工事の続行を拒否したときに，③その後再開しても引渡
期日が大幅に遅れてしまう場合，あるいは，④注文主が他の建築業者に工事の
続きを依頼して建物を完成させてしまった場合は，①②と同様に，仕事完成義
務は，請負人の責めに帰すべき事由により，履行不能になる。ただ，この場合，
請負人がすでにした仕事の結果のうち可分の給付によって利益を得た場合には，
請負人は，注文者が受ける割合に応じて報酬を請求することができる（634条1
号）。したがって，たとえば，④の例で，請負人が全体の20％の工事を行った後
に，他の建設業者が完成させた場合には，請負人は20％の報酬を請求すること
ができる。

　(2)　請負人の契約不適合責任　　たとえば，建築請負契約において，建物が
完成したとして注文者に建物が引き渡されたが，雨漏りが発生したような場合
（請負の目的物が種類，品質，数量に関して契約の内容に適合しない場合），売買に
関する**契約不適合責任の規定**（562条以下）が有償契約である請負契約にも準用
される（559条）。その結果，追完請求（562条），代金（報酬）減額請求（563条）を
行うことができる。この請求は，契約不適合に関して請負人に帰責事由がなく
ても行うことができる。また，このような契約不適合は債務不履行であるので，
債務不履行に基づく損害賠償を請求し（415条），債務不履行に基づいて契約を
解除することができる（541条）。債務不履行に基づく損害賠償請求は請負人に
帰責事由がなければ行うことはできない（415条1項ただし書）。

　なお，注文者の供した材料の性質，注文者の指図によって，契約不適合が発
生した場合，これらの追完請求，報酬減額請求などの注文者の権利は発生しな
い（636条本文）。ただし，請負人がその材料，指図が不適当であることを知りな

がら，そのことを注文者に告げなかった場合は，前述の注文者の権利は発生する（636条ただし書）。

　(a)　追完請求　　完成したとして引き渡された建物に雨漏りが発生したような場合には，注文者は請負人に対して追完として修補を請求することができる（559条・562条）。この場合，追完が可能かどうかは，契約および取引上の社会通念に照らして，判断される（412条の2第1項）。その結果，契約不適合が重要ではなく，修補に過分な費用を要するときは，取引上の社会通念に照らして，修補は不能であると解される。

　(b)　報酬減額請求　　注文者が相当の期間を定めて履行の追完として修補をするよう請負人に催告したが，その期間内に修補されなかった場合には，買主はその不適合の程度に応じて代金の減額を請求することができる（559条・563条1項）。

　修補が不能である場合や，請負人が修補について拒絶する意思を明確に表示していたなどの場合，注文主は催告をすることなく，直ちに代金の減額を請求することができる（559条・563条2項）。

　(c)　損害賠償請求　　請負人が修補を行ったが，修補が完了したのが約定の期日より遅れたような場合，これによって生じた損害の賠償を請求することができる（415条）。

　修補が不能であるか，請負人が修補を拒絶する意思を明確にしたような場合には，修補に代わる損害賠償を請求することができる（559条・564条・415条2項）。

　(d)　解除　　引き渡された目的物に契約不適合があり，注文者が相当の期間を定めて履行の追完として修補をするよう請負人に催告したが，その期間内に修補されなかった場合，前述したように報酬減額請求権が発生するが，注文者は契約を解除することもできる（559条・564条・541条本文）。ただし，契約不適合の程度が**軽微**である場合には，解除することはできない（559条・564条・541条本文）。

　修補が不能であり，契約不適合のために，契約の目的を達成できない場合，注文者は催告することなく契約を解除することができる（559条・564条・542条1

項3号）。たとえば，建築された住宅の基礎の部分に欠陥があり，それを修補するためには建物を新築するほどの費用がかかる場合，修補は不能と解されるが，基礎の部分の欠陥のために危険で，そのままでは住めないような場合が考えられる。

 (e) 期間制限 これまで述べてきた契約不適合責任としての，追完請求，報酬減額請求，損害賠償請求，契約の解除については，注文者が不適合を知った時から1年以内にその旨を請負人に通知しないときは，行使できない（637条1項）。ただ，請負人が引き渡しの時（引渡しを要しない場合には，仕事が終了した時）に契約不適合を知っていた場合，または重大な過失によって知らなかった場合には，このような期間制限はない（637条2項）。

2 両当事者の責めに帰すことができない事由による目的物の滅失・損傷

 両当事者の責めに帰すことができない事由により目的物が滅失・損傷したが（たとえば，建築中の建物が台風により壊れた場合），契約の趣旨からして引渡期日までに仕事の完成が可能である場合，請負契約の債務の内容は仕事の完成であり，完成して初めて請負人は報酬を請求できるということから，請負人は報酬の増額を請求することはできない。つまり，目的物の滅失・損傷についての損失は請負人の負担となる。

 両当事者の責めに帰すことができない事由により目的物が滅失・損傷したが，契約の趣旨からして引渡期日までに仕事の完成が不可能である場合，仕事完成義務は不能により消滅し，仕事が完成していないため報酬請求権も発生しない。この場合，請負人がすでにした仕事の結果のうち可分の給付によって利益を得た場合には，請負人は，注文者が受ける割合に応じて報酬を請求することができる（634条1号）。

3 注文者の責めに帰すべき事由による目的物の滅失・損傷

 注文者の責めに帰すべき事由により目的物が滅失・損傷したが，契約の趣旨からして引渡期日までに仕事の完成が可能である場合，請負人の仕事完成義務は存続するが，請負人は注文者に対して，請負人の仕事を妨げないという注文者の義務違反を理由に，債務不履行に基づく損害賠償請求をすることができる

（415条）。

　注文者の責めに帰すべき事由により目的物が滅失・損傷したが，契約の趣旨からして引渡期日までに仕事の完成が不可能である場合，請負人の仕事完成義務は消滅するが，請負人は報酬請求権を失わない（536条2項前段）。この場合，請負人は仕事完成義務を免れたことによる利益を注文者に償還しなければならない（536条2項後段）（最判昭52・2・22民集31・1・79）。

4　注文者の義務（報酬支払義務）

　注文者は，請負人に対して報酬を支払う義務を負う（632条）。報酬の支払時期は，特約がない限り，目的物の引渡しと同時とされている（633条本文）。引渡しが必要ない場合には仕事終了時となる（633条ただし書・624条1項）。建築請負契約においては，複数回に分けて支払うことが特約されていることが多い。

　注文者の責めに帰すことができない事由（請負人の責めに帰すべき事由［前述Ⅱ1(1)(b)］，両当事者の責めに帰すことができない事由［前述Ⅱ2］）によって，仕事の完成が不能になった場合，あるいは，請負が完成前に解除された場合（前述Ⅱ1(1)(b)），請負人がすでにした仕事の結果のうち可分な部分の給付によって注文者が利益を受けたときは，その部分が完成したものとみなされ，請負人は注文者が受ける利益の割合に応じて報酬を請求することができる（634条）。

5　建築請負契約における建物所有権の帰属

　注文者の土地に請負人が建物を建築した場合，建築材料（動産）が合わさることによって一つの建物所有権が発生する。この建物所有権は最終的には注文者に帰属することになるが，いったん請負人が建物所有権を取得して，それが注文主に移るのか，最初から注文者が建物所有権を取得するのかが問題となる。請負人からすればいったん所有権を取得することによって，報酬債権を担保しようという思惑がある。

　判例は次のように考えている。

①　注文者が材料の全部または主要部分を提供した場合には，建物所有権は注文者に帰属する（大判昭7・5・9民集11・824）。

②　請負人が材料の全部または主要部分を提供した場合には，建物所有権は

請負人にいったん帰属し，引渡しによって注文者に移転する（大判大3・12・26民録20・1208）。

③　以上の原則に対して，当事者間に特約があればそれによる（最判昭46・3・5判時628・48）。

④　注文者が請負代金の大半を支払っていた場合には，完成と同時に所有権が原始的に注文者に帰属するとの合意があったものと認めるべきである（大判昭18・7・20民集22・660）。

このように，材料の提供者を基準に所有権の帰属を考えている判例に対して，学説では，①報酬債権の担保のためであれば，**同時履行の抗弁権**（533条），**留置権**（295条），**不動産工事の先取特権**（327条・338条）を行使すればよい，②請負人は敷地所有権を有していないので，建物所有権を請負人が取得したとしても，注文者に建物収去を求められればそれに従わざるを得ない，ということを理由として，すべての場合に最初から注文者が所有権を取得すると解する見解が有力である。

Ⅲ　請負契約の終了

請負契約は，請負人と注文者の債務が履行されること（仕事の完成と報酬の支払）によって終了する。また，当事者の債務不履行による解除，契約不適合責任による解除によって終了する。

1　注文者の任意解除権

さらに，注文者は，請負人が仕事を完成しない間は，いつでも損害を賠償して契約を解除することができる（641条）。建築請負契約などの引き渡しが必要な場合には，建物が完成すれば，引き渡しをしていなくても，注文者は契約を解除することができない。

注文者にこのような解除権が認められるのは，注文者にとってもはや必要がなくなった仕事を完成させることは無意味だからである。したがって，請負人に損失を与えないように損害を賠償すれば，注文者は自由に契約を解除できることとしたのである。

注文者の賠償すべき損害額は，約定報酬から仕事をやめることによって節約された費用を控除した額となる。

2　注文者の破産手続開始決定による解除権

注文者が破産手続開始決定を受けたときは，請負人または破産管財人は，契約の解除をすることができる（642条1項本文）。ただし，請負人は仕事を完成した後には解除することができない（642条1項ただし書）。契約が解除された場合，請負人は，すでにした仕事の報酬およびその中に含まれていない費用について，破産財団の配当に加入することができる（642条2項）。

請負人は，破産管財人が契約を解除した場合に限り，契約解除によって生じた損害賠償を請求することができ，この損害賠償について，破産財団に配当加入することができる（642条3項）。

第4節　委　任　契　約

I　委任契約の意義・成立

1　意　　義

委任契約は，当事者の一方（**委任者**）が相手方（**受任者**）に対して法律行為を行うことを委託し，相手方が承諾することによって成立する契約である（643条）。ただ，民法は法律行為でない事務の委託について，**準委任**として，委任の規定を準用している（656条）。したがって，委任と準委任に同じ規定が適用されるので，両者の区別はそれほど大きな意味を有していない。

委任契約・準委任契約は，不動産の売却を不動産業者に依頼する契約，株式の売却を証券会社に依頼する契約，病院で診察を受ける契約，幼児の一時預かりを依頼する契約など幅広く行われている。また，弁護士，税理士，司法書士などに仕事を依頼する契約も委任契約もしくは準委任契約である。

委任契約は，ローマ法以来の沿革的理由から，**無償・片務契約**であることが原則とされており，報酬の支払いが特約で定められていれば**有償・双務契約**と

なる。

2　委任契約の成立

委任契約は，委任者と受任者との合意によって成立する**諾成契約**である（643
条）。委任にあたって交付される委任状は，受任者が代理権を有していること
を証明するためのもので，契約成立の要件とはならない。

II　委任契約の効力

1　受任者の義務

(1)　事務処理義務・善管注意義務　　受任者は，委任の本旨に従い，善良な
管理者の注意をもって，委任事務を処理する義務を負う（644条）。これを善管
注意義務という。この善管注意義務は，受任者の職業・地位にある者に対して
一般に期待される注意義務で，専門家は専門家としての高度の注意を尽くさな
ければならない。

有償の寄託契約において受寄者（預かった者）には善管注意義務が課される
が（400条），無償の寄託契約においては，自己の財産に対するのと同一の注意
義務（659条）とされ，有償に比べて無償の場合は，注意義務の程度が低く定め
られている。これに対して，委任契約の場合には，有償であっても無償であっ
ても，受任者には同じ善管注意義務が課されている。これは委任契約には委任
者と受任者との**人間的な信頼関係**が基礎にあるからとされている。

(2)　自己執行義務　　委任契約は，委任者が受任者を信頼して法律行為など
の事務処理を依頼するものであるから，受任者は自ら事務を処理しなければな
らない（自己執行義務）（644条の2第1項）。ただし，「委任者の許諾を得た場合」
や「やむを得ない事由」があれば，他の者（**復受任者**）に事務処理を行わせるこ
とができる（644条の2第1項）。委任者の許諾・やむを得ない事由があって，復
受任者が選任可能であった場合に，受任者は，委任者に対して，委任契約上の
事務処理義務が履行されていなければ，債務不履行責任を負わなければならな
い。また，代理権を付与する委任において，受任者が代理権を有する復受任者
を選任したときは，復受任者は，その権限の範囲内において，委任者に対し受

任者と同一の権利義務を有する（644条の２第２項）。

　なお，644条の２と類似の規定が104条にある。104条は復代理人の選任に関する規定で，復代理人が第三者との間でなした法律行為の効果が本人に帰属するかという問題についての規定である。これに対して，644条の２の規定は，受任者が委託された事務を他の者に行わせたことが，委任者との関係で債務不履行になるかどうかの問題についての規定である。

　(3)　その他の義務　　(a)　報告義務　　受任者は，①委任者の請求があるときは，いつでも委任事務の処理の状況を報告しなければならず，②委任が終了した後は，遅滞なくその経過および結果を報告しなければならない（645条）。

　　(b)　受領物の引渡義務　　受任者は，委任事務を処理するに当たって受け取った金銭やその他の物，収取した果実を委任者に引き渡さなければならない（646条１項）。また，受任者は，委任者のために自己の名で取得した権利を委任者に移転しなければならない（646条２項）。これらの引渡義務を履行すべき時期は委任契約の解釈によって定まることになる。

　　(c)　金銭消費の責任　　委任者に引き渡すべき金銭や委任者の利益のために用いるべき金銭を受任者が自己のために消費したときは，受任者の背信行為であるので，受任者は，金銭を引き渡すべき時期が到来していなくても，その消費した日以後の利息を支払わなければならない（647条前段）。この場合において，なお損害があるときは，その賠償の責任を負う（647条後段）。

　　(d)　忠実義務　　受任者は，委任者の利益のために行動しなければならないという忠実義務を負う。つまり，第三者や自己の利益を図ることは許されないのである。この忠実義務は前述した善管注意義務を具体化したものであると解されている。

2　委任者の義務

　(1)　報酬支払義務　　委任契約は無償であるのが原則であるが，報酬の支払が特約されている場合には，委任者は報酬を支払わなければならない（648条）。商人がその営業の範囲内において他人のために行為したときは，相当な報酬を請求できる（商512条）。有償の委任契約には，履行割合型委任契約と成果完成型

委任契約がある。

(a) 履行割合型委任契約　　事務処理の労務に対して報酬を支払うのが履行割合型委任契約である。たとえば，病院で診療を受ける場合には，診療の結果，患者が死亡したとしても診療費は支払わなければならない。その他，多くの委任契約がこの型に属しており，委任契約の原則的なものである。

履行割合型委任契約において，特段の合意がなければ，労務を提供して委任された事務を履行した後に，委任者は報酬を支払わなければならない（648条2項）。

(b) 成果型委任契約　　委任事務の処理により得られた成果に対して報酬を支払うことを約する契約を成果型委任契約という。たとえば，不動産業者にアパートの賃貸借契約の締結の仲介を依頼した場合（不動産業者の店舗に行って，アパートを紹介してもらい，賃貸借契約を締結する場合がこれにあたる），不動産業者に物件をいくつか見せてもらっても（不動産業者が委任事務を処理しても），結果的にその不動産業者の仲介で賃貸借契約を締結しなければ，顧客は不動産業者に報酬を支払う必要はない。したがって，この顧客と不動産業者との契約は成果型委任契約である。また，弁護士への訴訟委任の際に，勝訴した場合に成功報酬を支払う旨の合意をした場合もこれにあたる。

この成果型委任契約は，事務処理の成果（仕事の結果）に対して報酬が支払われる点で請負契約に類似する。しかし，成果型委任契約は成果の完成に向けて事務処理を行うことが債務の内容となっており，成果が出なくても，善管注意義務などの義務を尽くしていれば，受任者は，債務不履行責任は負わない。

成果型委任契約において，成果の引き渡しを要するときは，報酬はその成果の引き渡しと同時に支払わなければならない（648条の2第1項）。引き渡しを要しない場合には，成果の完成後に報酬は支払わなければならない（648条2項）。

(c) 委任事務を処理することができなくなった場合等の報酬支払義務　　履行割合型委任契約において，委任者の責めに帰すべき事由なしに受任者が委任事務を処理することができなくなった場合や，契約が解除されるなどして，委任が履行の途中で終了した場合には，委任者は，すでにした履行の割

合に応じて報酬を支払わなければならない（648条2項）。

　成果型委任契約において，委任者の責めに帰すべき事由なしに受任者が事務を処理できなくなった場合や，成果が完成する前に委任が解除された場合には，すでに履行された事務処理が可分であり，その部分の給付によって委任者が利益を受けていれば，委任者は，その受けた利益の割合に応じて，報酬を支払わなければならない（648条の2第2項・634条）。

　いずれの型の場合も，委任者の責めに帰すべき事由があって，受任者が事務の処理をできなくなったのであれば，委任者は約束された報酬の全額を支払わなければならない（536条2項）。

　(2)　その他の義務　　(a)　費用前払義務　　委任事務を処理するについて費用が必要な場合には，委任者は，受任者の請求により，その前払をしなければならない（649条）。

　　(b)　費用償還義務　　受任者は，委任事務を処理するのに必要と認められる費用を支出したときは，委任者に対し，その費用および支出の日以後におけるその利息の償還を請求することができる（650条1項）。

　　(c)　代弁済義務・担保供与義務　　受任者は，委任事務を処理するのに必要と認められる債務を負担したときは，委任者に対し，自己に代わってその弁済をすることを請求することができる（650条2項前段）。この場合において，その債務が弁済期にないときは，委任者に対し，相当の担保を供させることができる（650条2項後段）。

　　(d)　無過失損害賠償義務　　受任者は，委任事務を処理するため自己に過失なく損害を受けたときは，委任者に対し，その賠償を請求することができる（650条3項）。たとえば，弁護士が弁護の資料を収集するために出張し，そこで地震にあって怪我をしたときのように，受任者に過失がなければ，委任者は無過失で損害賠償をしなければならない。この事例の場合，弁護士は出張の際に保険に加入すればよく，その費用も含めて報酬額を決定できるので，この規定は無償委任に限定すべきではないかという見解も有力である。

Ⅲ　委任契約の終了

委任契約は，委任事務が終了すること，債務不履行による委任契約の解除などによって終了する。

1　任意解除権

委任契約は，当事者間の信頼関係を基礎としているので，その信頼関係が崩れた場合にも当事者を契約に拘束するのは問題である。したがって，委任契約は，各当事者がいつでも解除することができる（651条1項）。この場合，解除した当事者は相手方に対して損害賠償を支払う必要はない。

ただし，①相手方に不利な時期に解除した場合や，②受任者の利益をも目的とする委任を委任者が解除した場合には，相手方の損害を賠償しなければならないが，この場合でも，**やむを得ない事由**がある場合には，損害を賠償しないで解除できる（651条2項）。

「相手方に不利な時期」とは，たとえば，受任者が解除したが，委任者が後任の受任者を選任するのが困難な場合などである。

また，「受任者の利益をも目的とする」とは，たとえば，受任者（債権者）が委任者（債務者）から，委任者が第三者に対して有している債権の回収の委託を受け，その回収した金銭を受任者が委任者に対して有している債権の弁済に充てるような場合である。この場合，受任者には自己の債権の回収を確実にするという利益をも目的としている。委任に報酬があるだけでは受任者の利益をも目的としていることにはならない（651条2項2号括弧書）。

「やむを得ない事由」とは，受任者の病気，受任者の著しく不誠実な態度などが該当する。

2　その他の終了事由

委任契約は委任者または受任者の死亡，委任者または受任者の破産手続開始決定，受任者が後見開始の審判を受けることによって終了する（653条）。

3　委任終了後の措置

委任が終了した場合でも，急迫の事情があるときは，受任者（またはその相

続人や法定代理人）は，委任者（またはその相続人や法定代理人）が自ら委任事務を処理することができるようになるまで，応急の措置をとらなければならない（654条）。

　また，たとえば，委任が委任者の死亡によって終了したとしても，受任者がこれを知らなければ事務処理を継続してしまう。また，受任者の死亡によって委任が終了して，事務処理が中断しても，委任者が知らなければ不利益を受ける。したがって，委任の終了事由は，これを相手方に通知したとき，これを相手方がこれを知っていたときでなければ，これをもってその相手方に対抗することができない（655条）として，委任契約を継続するとされている。その結果，受任者が終了を知らなくて事務処理を継続した場合には，報酬請求などの受任者の権利を行使することができ，委任者が知らなかった場合には，委任者は，受任者（その相続人）に対して，事務処理の不履行を理由として損害賠償責任を問うことができる。

相談に対する回答

　Bは建物を完成して引き渡したが，この建物には耐震性に大きな問題があり，住宅用の建物の品質に関して契約に適合していないので，Bは契約不適合責任を負わなければならない（559条・562条以下）。修補には新築と同程度の費用がかかるので，修補は不能と考えられる。また，残った建物は耐震性に大きな問題があり，住宅用として使用することはできないので，Aは契約をした目的を達成できない。したがって，Aは契約を解除することができる（559条・564条・542条1項3号）。解除された場合には，各当事者は相手方を原状に復させる義務を負う（545条1項）ので，Bは建物を撤去し，受け取った報酬を返還しなければならない。

第9章
法律の規定に基づいて生ずる債権

·相·談·内·容·

(1) BはAから家屋を購入して住んでいる。ある日，Bは長期の海外旅行に出か
けた。その間に台風が襲来して家の窓ガラスが壊れた。隣家の主人は防犯上も
問題があると思い，これをガラス屋に修理させた。旅行から帰ってきたBは隣
家の主人からこれに要した費用を請求された。Bはこれを支払う必要があるか。

(2) Bは家のリビングの改装をある工務店に依頼した。この工務店の従業員が
作業中に誤って高価な壺を壊してしまった。この従業員だけではなく，工務店
もこれによる損害を賠償すべき責任を負うか。

第1節 総 説

　債権を発生させる原因のうち，本章では，当事者の合意に基づいてではなく
（約定債権発生事由としての契約ではなく），法律の規定に基づいて債権を生じさ
せる制度（**法定債権発生事由**）を概観する。法定債権発生事由としては，具体的
に**事務管理，不当利得，不法行為**の３つの制度が民法上認められている。主に
事務管理は**費用償還請求権**，不当利得は**不当利得返還請求権**，不法行為は**損害
賠償請求権**という債権（法定債権）を発生させるものである。これらの制度は，
主として契約法や物権法の制度などの枠を超えた法律問題について，各制度の
補完や修正をする機能を法律によって担わされていると一般に解されている。

[図表9-1]　法定債権発生事由の種類

法定債権発生事由	法律の規定	法定債権の内容
事務管理	697条以下	（事務管理者の）本人に対する費用償還請求権など
不当利得	703条以下等	（損失者の）利得者に対する不当利得返還請求権
不法行為	709条以下	（被害者の）加害者に対する損害賠償請求権

第2節　事 務 管 理

　事務管理とは，たとえば，道ばたで倒れた人を病院まで連れて行き治療を受けさせた場合（ケース1）や自分の家に迷い込んだ犬の世話をしていた場合（ケース2）などである（この例で，救助された人や犬の飼主を本人，救助した人や犬の世話をした人を事務管理者という）。このような場合，義務がないにもかかわらず他人のために治療を受けさせる，あるいは犬の世話をするという「事務の管理」（＝事務の処理や仕事の処理のこと）を好意とはいえ勝手に行ったことになる（ちなみにドイツでは事務管理のことを「委任なき事務の処理」という）。したがって，本人から見れば，場合によるとお節介なお話であり，自己の財産や生活などに対する介入行為であり不法行為ともいえる側面もないわけではない。しかし，民法は，**相互扶助の精神**から本人にとって不利益とならないものは一定の範囲（図表9-3の要件参照）で認め（違法性の阻却），さらに治療や犬の世話に要した費用（有益な費用）については本人に対して償還請求することを認めている（702条1項：費用償還請求権）。有益な費用とは支出（管理行為）の時点で本人の利益となる費用を広く指し，改良などにより価値を増加させた費用（有益費）だけではなく，保存や管理に必要な費用（必要費）も含む。ここでは，本人は契約したわけではないのに，法律によって治療代や飼料代を事務管理者に償還しなければならない債務を負わされることになる。現存利益があるかどうかを問わない（なお，本人の意思に反する事務管理の場合は702条3項）。また，相互扶助の精神から特別に認められたものなので，報酬請求権までは認められていない（特別法に規定がある場合を除く）。他方，事務管理者には，義務がないのに

他人のために事務管理を始めたものなので，無責任な行為とならないように，管理に当たって本人の意思や利益を尊重し（697条），勝手に管理を止めたりすることはできず（700条：**管理継続義務**），**善管注意義務**をもって管理し（緊急性のある場合に責任を軽減する698条の反対解釈），本人へ管理開始を通知する（699条：**通知義務**）といった義務や受任者に準じる義務（701条）が法律の規定によって課されている。

［図表 9-2］　ケース1・2の図解

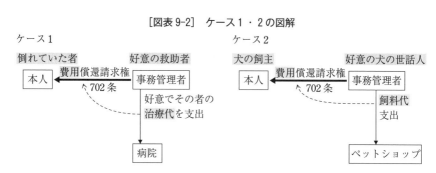

［図表 9-3］　事務管理の要件

① 義務がないこと（697条1項）
② 他人の事務の管理を始めること（697条1項）
③ 他人のためにする意思があること（697条1項）
④ 本人の意思に反しまたは本人に不利であることが明らかでないこと（700条ただし書の解釈から）

第3節　不 当 利 得

Ⅰ　不当利得一般

　不当利得とは，法律上の原因（根拠）がないにもかかわらず他人の財産または労務によって不当に利益を得ている者に，そのことによって損失を被っている者へその利得を返還させる制度である。損失者が不当利得者に対して有するこの返還請求権（不当利得返還請求権）も，当事者間の合意に基づくものではな

く，法律の規定（703条以下等）によって認められた法定債権である。民法上，その第三編第四章に，不当利得に関する一般規定（703条・704条）と不当利得返還請求権を制限する規定（705条～708条）が存在する。

　不当利得制度の根拠は，従来，公平（衡平）や正義の理念に求められ，公平という包括的な理念から不当利得制度は不当な財貨の移転や帰属を一律に調整するための一般的な制度であると位置づけられて，要件効果についてもすべてのケースにつき民法703条・704条によって統一的に捉える見解が判例・通説であった（**公平説**）。しかし今日では，不当利得が問題となる場面（法律上の原因がないケース）には多様なものがあることから，問題となる類型ごとに即して要件効果を考えようとするのが学説上一般的である（**類型論**）。大きくは**給付利得**と**侵害利得**（非給付利得）などに類型化される。そのほか，非給付利得として支出利得（費用利得・求償利得）がある（支出利得には，費用利得［他人が必要費や有益費等を支出したことに基づく利得］や求償利得［他人が弁済したことで自己の債務が消滅したことに基づく利得］があり，これらの場合の処理については個別の規定が設けられている［前者について196条，299条，608条，650条，702条等，後者について442条，459条等］。もっとも類型の仕方や用語については学説上バリエーションがある）。また，類型論では民法705条以下の規定は給付利得の特則と解されることになる。

　こうした中で，解除（545条），費用負担（196条，299条，650条等），求償権（442条，459条等）の従来の規定に加えて，平成29（2017）年の民法改正において下記にみるように給付利得の考えと整合的な民法121条の2の規定を新設したことを考え合わせると，新法においては全体として不当利得が問題となるケースの類型ごとに不当利得を検討する類型論のスタンスを採っているといえよう。この場合，民法703条・704条はその法律効果の面では主として侵害利得の場面に適用となる規定と解されることになる。以下，類型論を前提に不当利得を概観する。

[図表9-4] 不当利得の分類（類型論）

類型論 不当利得の各類型に即して不当利得の要件効果を検討。	
給付利得	主に契約法制度の補完（契約関係の巻戻し的清算など，契約法制度の趣旨等を考慮） ⇒契約の無効・取消しの場合については民法121条の2で処理 ⇒契約の解除の場合については民法545条で処理 給付利得の特則として民法705条から708条
侵害利得 （非給付利得）	主に物権法制度の補完（物権法制度の趣旨を考慮） ⇒主に民法703条・704条で処理
支出利得 （非給付利得）	費用利得　⇒民法196条，299条等の各場面に応じた個別の規定で処理 求償利得　⇒民法442条，650条，702条等の各場面に応じた個別の規定で処理

[図表9-5] 不当利得の一般的要件（703条）

① 他人の財産または労務によって利益を受けたこと（受益すること）
② 他人に損失を及ぼすこと
③ 受益と損失とに因果関係があること
④ 法律上の原因がないこと

Ⅱ　侵害利得（非給付利得）

　侵害利得とは，契約などの一定の法律関係を前提とした他人の給付に基づく利得ではなく，たとえばAの時計をBが盗んで使用していた場合など，他人の物や権利を勝手に使用したり消費したり処分したような侵害行為に基づく不当利得（換言すれば**他人の財貨からの利得**）のことである。この類型では，不当利得制度は主に物権法制度の補完のために機能する。すなわち，先の例でAがBから時計を取り戻すには本来所有権に基づく返還請求権（物権的請求権）を行使すればよいが，Bが2年後に善意・無過失の第三者Cに時計を処分し即時取得（192条・193条）が成立する場合（ケース3）には所有権に基づいて時計をCから取り戻すことはできない。それゆえ時計に代えてBの取得した代金をAが取り戻そうと思っても，これは物権的請求権では対応できず，その補完として価格相当額を不当利得に基づいて返還させる必要がある。あるいはまた，たとえ

ば自己の土地を無断使用された土地所有者は土地の使用料相当額の返還を求めようと思っても物権的返還請求権では対応できない。したがって，この類型では，主として原物返還ができない場合や原物以外の利用価値の返還を求める場合など，**価格返還**が問題となるケースについて不当利得制度は重要な意味がある。なお，侵害利得の損失者には，不法行為による救済もありうるが，侵害者の故意・過失等を損失者が立証しなければならないので，不当利得制度の必要性があろう。

　不当利得の要件（①他人の財産または労務により受益すること，②他人に損失を及ぼすこと，③受益と損失に因果関係があること，④法律上の原因がないこと）との関係については，たとえば，ケース3の直接侵害行為を行ったBと被害者Aとの2当事者間では，時計の処分による利益（＝受益［要件①］：目的物を使用・消費・処分したことによって得た利益）があれば，その反面として他方には時計を無断で処分されたことで財産的損失が通常生じるので，要件②③も多くの場合充足し，あとは要件④の法律上の原因がないかどうか（＝財産的利益の享受が利益を割当てている財貨帰属秩序に反しているかどうか）が問題となるにすぎない（なお，ケース3では盗んだ時計を勝手に処分したケースなので当然法律上の原因を欠く）。したがって，要件との関係で厄介な問題は，とくに3当事者間で不当利得を考える場面（たとえばAの金銭を詐取したBが自己の債権者Cに弁済したケース［**騙取金による弁済**］におけるAとCとの関係など）で生じることになる。この場合，因果関係の直接性がなくても，判例は，被騙取者Aの金銭でCの利益を図ったと認めるにつき社会通念上の連結があるときは因果関係が肯定され，Cが騙取者Bから金銭を受領するにつき悪意または重大な過失がある場合にはAに対する関係で法律上の原因を欠くことになり不当利得になるとした（最判昭49・9・26民集28・6・1243）。

　上述のように類型論では原物返還が可能の場合には物権的返還請求権で対応し，原物返還が不可能な場合にのみ不当利得返還請求権によるべしとする。後者の場合，侵害利得の効果として，他人の物と知らずに利得をしてしまったような善意の受益者は，民法703条により，利益の存する限度（**現存利益**）で返還

すればよく，また他人の物と知りながら利得をしたような悪意の受益者の場合には，民法704条により，受けた利益（現存利益に制限されない）に利息をつけて返還しなければならず，さらに損害があればそれも賠償しなければならない。また所有物の返還がなされた場合に，返還前の占有中に生じた果実の取得の可否をはじめとした，物権的請求権に関しての所有権と占有権の調整規定（189条～191条・196条）との関係をどう考えるかが問題となる。果実等の返還について，これらの規定を公平説は類型の如何を問わず民法703条・704条の特則と解し，類型論は一般に物権的返還請求権の補充として機能する侵害利得に特有の特則と解している。

[図表9-6]　ケース3の図解

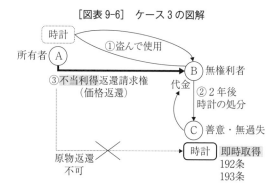

Ⅲ　給付利得

　給付利得とは，たとえばＡＢ間でＡ所有の自動車について売買契約が締結され，売主Ａは自動車を引き渡し買主Ｂがその代金を支払ったところ，実はその前提としていた売買契約が錯誤により取り消された場合（ケース4）など，誤った法律関係（**表見的法律関係**：契約の不成立・無効・取消しなど）に基づいて給付がなされた場合についての不当利得（換言すれば**他人の給付に基づく利得**）のことである。この例の場合，売買契約が取り消されると初めから無効であったことになるから，Ａの手許にある代金とＢのところにある自動車はそれぞれ他

人のものを法律上の原因なくして持っていることになるが（法律上の原因がないという要件のほか，給付による受益が給付受領者にあればその反面として給付者に損失が生じるので，上述の不当利得の一般的要件①②③も充足），不当利得の返還としては，当初の契約関係の裏返しによる清算として返還させるのが妥当である（契約法制度の補完）。

　したがって，この類型の不当利得に関しては，類型論では民法703条以下の規定をそのままの形では適用しないとする。というのは，たとえば，上述の売買契約が取り消されたケースの場合に，善意の売主に現存利益がなければ（たとえば遊興費などに浪費した場合）売主は支払いを受けた代金を返さなくてよいのに対し，善意の買主に目的物（例では自動車）が現存すればそれを返さなければならないのは不公平であるからである。新設された民法121条の２第１項は，無効な行為（取消しによる無効も含む）に基づく債務の履行として給付を受けた者は原状回復義務を負うと定め，このことを明らかにした。ここでは，たとえ善意であったとしても現存利益の返還に返還義務の範囲が制限されず（無効な無償行為により給付を受けた者が給付受領当時にその行為の無効について善意であった場合［121条の２第２項］や意思無能力者・制限行為能力者の場合［121条の２第３項］は現存利益の限度で返還），原則として給付全部を返還させることとなる。給付された**原物の返還**が原則であり，原物返還ができない場合に価格の返還義務を負うこととなる。

[図表 9-7]　ケース４の図解

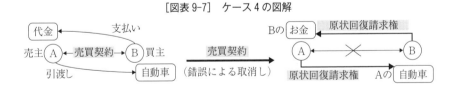

Ⅳ　給付利得の特則──不法原因給付など

　民法は，給付利得の特則として，一定の要件を満たすと不当利得に基づく返還請求権が否定される場合について定めている。すなわち，①債務の不存在を

知ってした弁済（**狭義の非債弁済**）（705条），②**期限前の弁済**（706条），③**他人の債務の弁済**（707条），④**不法原因給付**（708条）が給付利得の特則である。一般に①②③をまとめて**広義の非債弁済**と呼び，相手方の利益や信頼の保護の点から，一定の要件の下に，債務でない，あるいはまだ期限が到来していない債務の弁済について不当利得返還請求権を否定する。

　また，不法原因給付とは，たとえば，賭けマージャンに負けて金銭を支払った場合や殺人の依頼に基づきその着手金を支払った場合（ケース５）のように，公序良俗に違反する行為（最判昭37・3・8民集16・3・500は「社会において要求せられる倫理，道徳を無視した醜悪なもの」という）を原因として給付がなされた場合に，給付者からの給付物の返還請求を否定する制度のことである。本来このような契約は**公序良俗違反**で無効であり（90条），給付を受けた者は給付されたものを保持する正当な法律上の原因を欠くことになり，不当利得に基づく返還請求権が給付者に認められるところであるが，民法は，自ら不法な行為を行う者には救済の手を差し延べないとの考え（**クリーン・ハンズの原則**）を採用した。もっとも，不法の原因がもっぱら受益者のみにある場合には返還請求は認められている（708条ただし書）。なお，妥当な解決を図るために，実務上，民法708条の硬直的な適用を避け，両当事者間の不法性のレベルを比較衡量して返還請求の可否を決定する傾向にある。

[図表9-8]　ケース５の図解

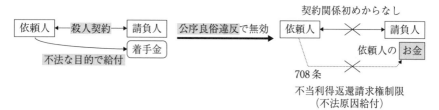

第4節　一般的不法行為

I　不法行為制度の意義

　たとえばAがわき見運転をした結果，通行人Bを轢いてケガをさせてしまった場合（ケース6）に，このような場合に備えてあらかじめ損害の負担についてAB間で取決めをしていなかったとして，その治療代等の損害を被害者がすべて自分で負担しなければならないとするのは明らかに不公平といわなければならない。そこで，故意または過失によって他人に損害を与えた場合には，法律の規定に基づいて，公平（損害の公平な分担）の見地から，被害者は加害者に損害賠償を求めることができる制度（不法行為制度）を設けた（709条以下：損害賠償請求権）。このように不法行為制度は，加害者に損害賠償責任（**民事責任**）を課すことによって被害者を救済することを目的とした制度（換言すれば**損害の塡補**を目的とした制度）であり，刑事罰（たとえば過失運転致死傷罪，自動車運転致死傷5条）を科す**刑事責任**や行政罰・行政処分（たとえば免許の取消し・免許の停止，道交103条）などを目的とした**行政責任**とは区別される。もちろん，不法行為制度は，損害塡補機能のほかに，加害者に損害賠償義務を課すことによって，将来の不法行為を抑止する機能も有している。

[図表9-9]　ケース6の図解

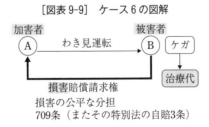

II 一般的不法行為と特殊な不法行為

　不法行為制度は，不法行為一般に適用になる**一般的不法行為**（709条）と特殊な場面に適用されその成立要件などが修正された**特殊な不法行為**（具体的には714条〜719条の民法典上の特殊な不法行為や自動車損害賠償法や製造物責任法などの特別法上の不法行為。→本章第5節参照）とに分類される。一般的不法行為の場合には，責任を負わされても仕方がないといえるような非難可能性がある場合に損害賠償責任を課すこととし，その前提として**自己責任の原則**に立ち，過失なければ責任なしとの**過失責任の原則**を採っている。過失責任の原則は，個人の活動の自由の確保，とくに企業活動の自由を保障するために重要な機能を果たす一方，その背後には，無過失の場合にまで責任を負わすのは立場の交換可能性を前提にした場面（今日は被害者でも明日は加害者にもなるかもしれない）では妥当ではないとの考えや無過失による損害は不慮の災難として甘受すべしとの考え方などがあるとされている。

　それに対して，一般的不法行為をそのまま適用したのでは被害者救済として不公平と考えられる場面があるため，特殊な不法行為においては，主として，過失や因果関係の要件などを修正し，中間責任や部分的に無過失責任を採用し，あるいは実質的に無過失責任化を図っている。その中の多くは，利益の帰属するところに損失も帰属するという**報償責任の原理**や危険な事業に従事し危険を支配する者はそれに伴う責任も負うべきとする**危険責任の原理**などを根拠にしている。

III 一般的不法行為の要件

　一般的不法行為が成立するためには，加害者への非難可能性や自己責任という観点から，積極的要件として，①故意または過失があること，②違法性（ないし権利侵害・法的保護利益侵害）があること，③現実に損害が発生したこと，④行為と損害との間に因果関係があること，が必要である（709条）。また消極的要件として，⑤責任能力があること（責任無能力でないこと）（712条・713条），

[図表9-10]　一般的不法行為の要件

積極的要件（709条）※被害者の側で当該成立要件があることを立証しなければならない
① 故意または過失があること ② 違法性（ないし権利侵害・法的保護利益侵害）があること ③ 現実に損害が発生したこと ④ （行為と損害との間の）因果関係があること
消極的要件　※加害者が⑤⑥について責任能力がないことや違法性阻却事由があることを立証すると加害者は不法行為責任を負わないこととなる（立証できなければ責任を負う）
⑤ 責任能力があること（712条・713条） ⑥ 違法性阻却事由（正当防衛・緊急避難：720条，そのほか，正当業務行為・被害者の承諾・自力救済の一部など）がないこと

⑥違法性阻却事由がないこと（720条），が必要である。積極的要件は被害者が立証責任（証明責任）を負い，消極的要件については加害者が反対に責任能力がないことや違法性阻却事由のあることについて立証責任（証明責任）を負う。

1　故意または過失があること

　故意とは，自己の行為が他人の権利や利益を侵害することを認識しながら，あえてそれをする（認容する）心理状態（認識＋認容）のことを指す。また**過失**とは，かつては個々人の精神的緊張の欠如（不注意）によって，結果発生を予見しないで（予見可能であったのに）当該行為をする心理状態と考えられていた（**主観的過失**）が，今日では，損害発生の予見可能性があるにもかかわらず当該損害を回避する注意義務を怠ったこと，すなわち**結果回避義務違反**（**行為義務違反**）のこと（**客観的過失**）であると解されている（その端緒となったのが**大阪アルカリ事件**，大判大5・12・22民録22・2474）。というのは，たとえば通常人であれば人混みの中でキャッチボールはしないのに（人混みでそのようなことをするのは危険なので<u>しない</u>［＝結果回避する］のに），ある者が危険を予見して，細心の注意を払ってキャッチボールを行った場合（予見義務を尽くした場合）には過失がないといって責任を負わなくてよいとするのはおかしいからである。したがって，①損害を回避する注意義務を尽くさなかったことが過失とされ（**過失の客観化**），②結果回避のための注意義務の水準としては，**具体的過失**（加害者

個人の注意能力を基準として判断される過失）ではなく，当該加害者が属する職業・地位・立場・年齢などに応じた「一般標準人・通常人」を基準にどのような注意義務があったかを判断するものとされている（**抽象的過失**）。最終的に結果回避義務の存否は，結果の生じる蓋然性，結果が生じた場合の損害の重大性，結果回避義務を課すことによって犠牲にされる利益などを考慮して判断される。なお，故意または過失要件では，どちらかがあればよく（損害の賠償責任という効果に差異がない。もっとも慰謝料の額に差が出る場合などはある），故意の立証の方が難しいので，実際の訴訟では主に過失の有無が問題とされる。

2　違法性（ないし権利侵害・法的保護利益侵害）があること

　かつては条文上「他人ノ権利ヲ侵害シタル者」となっていたため，不法行為の成立が法律上権利として確立したものの侵害に限定されるのかどうかが問題となり，たとえば**桃中軒雲右衛門事件**（大判大3・7・4刑録20・1360）では浪曲には著作権は成立せず浪曲のレコードを複製販売（海賊盤）しても権利侵害に当たらないとされた。しかしその後，老舗・暖簾の侵害が問題となった**大学湯事件**（大判大14・11・28民集4・670）において判例変更がなされ，法規違反の行為によって他人を侵害した場合にはこれによって生じた損害を賠償する責任があるとして，いわゆる「○○権」の侵害だけでなく，法律上保護に値する利益を侵害した場合にも不法行為が成立しうるとした。

　そこで，学説上，他人の権利を侵害すると損害賠償責任を負わされるのはそれが違法だからであり，権利侵害で表しているのは違法性があること（**違法性の徴表**）であるとされた。その結果，厳密な意味での「権利」の侵害でなくても違法と評価される行為であればよいとの違法性論が提唱され（**権利侵害から違法性へ**），学説上通説となった（違法性論の台頭）。ちなみにこの考えは，国家賠償法1条1項（「その職務を行うについて，故意又は過失によつて違法に他人に損害を加えたときは」）にも採用されている。また違法性の有無の判断基準としては，被侵害利益の種類と侵害行為の態様を相関的に判断する**相関関係説**が通説化した。たとえば被侵害利益が重大なもの（たとえば所有権や生命・身体）ならば侵害行為の態様は問題とならず原則として違法性が肯定され，被侵

害利益が法的保護の弱いもの（たとえば営業上の利益）ならば侵害行為の態様が
より悪性の強い場合（刑罰法規違反・保護法規違反・公序良俗違反など）にのみ違
法性が肯定されるといった具合である。判例も事案によっては相関関係説によ
って違法性の有無を判断する一方，最近では，とくに生活利益の侵害（たとえ
ば煤煙・騒音・日照妨害など）や名誉毀損・プライバシー侵害などの場合には，
被侵害利益の種類と侵害行為の態様だけではなく，侵害の程度，侵害行為の公
共性，損害回避の可能性などのさまざまな要素を総合的に検討して，加害行為
が被害者の受忍限度を超えるかどうかで違法性を判断する傾向にある（**受忍限
度論**）。たとえば**国立景観訴訟**（最判平18・3・30民集60・3・948）などを参照せよ。
なお，民法の現代語化に伴う平成16（2004）年の改正の際に，「他人の権利又は
法律上保護される利益を侵害した者」とされ，条文の文言上も，権利侵害に限
定されず法的保護利益侵害があれば不法行為が成立しうることを明らかにした。
　また従来，故意または過失要件が主観的要件，権利侵害ないし違法性要件が
客観的要件と把握されたが，上述のような過失の客観化（客観的な行為義務違
反）と違法性判断（その中の侵害行為の態様）における主観的事情の考慮に伴い，
両者の要件で実質的に同じ判断がなされているとの指摘もなされ，どちらかの
要件に統一すべきとの見解が有力に主張されている（**新過失論**や**新受忍限度論
［過失一元論］**や**違法性一元論**など）。その一方でまた，客観的な行為義務違反の
有無と被侵害利益の有無以外に，被侵害利益の程度と具体的な侵害行為の態様
とを総合的に判断して不法行為責任の成否を決すべきものもあるので，過失要
件と違法性要件を維持すべきとの見解（**新二元論**）が存在する（多数説）。この
ように今日，不法行為法の再構成などを含めて新たな議論が幾重にもなされ，
不法行為法は混迷を極めている状況である。

3　現実に損害が発生したこと

　不法行為制度は，上述のように加害者への制裁を直接的な目的とするもので
はなく第一次的には損害の塡補により被害者を救済することを目的とした制度
なので，現実に損害が発生したことが不法行為成立の要件となる。そこで，損
害とは何かが問題となる。判例・通説は，侵害行為がなかったならば存在した

であろう利益状態と侵害がなされた現在の利益状態の差を金銭で表したもの（差額）が損害（＝損害額）であるとしている（**差額説**）。考慮される損害の対象には，**財産的損害**だけでなく非財産的損害である**精神的損害**（この賠償を**慰謝料**という）も含まれ，財産的損害には**積極的損害**（治療代，修理代，所有物の滅失などといった既存のプラスの利益の減少）のほかに**消極的損害**（得べかりし利益ないし**逸失利益**）も含まれる。差額説に対しては，利益状態の差が考えにくい精神的損害には当てはまらないとか，あるいは，たとえば後遺障害により労働能力の一部が減少しても，現実に収入が減らない場合には逸失利益はないことになりうるので（最判昭56・12・22民集35・9・1350）妥当性を欠くなどの批判がある。

［図表 9-11］　損害の分類

	損害の種類	損害の項目
損害	財産的損害	積極的損害（既存の利益の減少）
		消極的損害（得べかりし利益，逸失利益）
	非財産的損害	精神的損害・無形の損害（→慰謝料）

　他方，損害とは何かについて，不法行為によって生じた個々の不利益な事実そのもの（侵害された法益の喪失そのもの）が損害であるとの有力な見解がある（**損害事実説**）。この説では損害と損害の金銭的評価（損害額）が区別される。なお，損害としての不利益な事実の捉え方については見解が分かれている。たとえば，不利益な事実を死亡，負傷，物の損壊などといったかなり包括的な事実と考えるものや入院，治療，修理といったやや個別的なレベルの事実と考えるものなどがある。

4　行為と損害との間に因果関係があること

　一般に不法行為責任が生ずるには自己の行為に基づいて損害が発生したという原因・結果の関係（因果関係）があることが必要である。自己責任の原則からも当然である。この因果関係は，成立した不法行為の効果としてどこまでの損害を賠償するのかという損害賠償の範囲を確定するためのものと区別して，とくに**事実的因果関係**（**自然的因果関係**）と呼ばれる。「あれなければこれなし」（当該加害行為がなければ当該結果は生じなかった）という**条件関係**があれば，一

般に（事実的）因果関係があるとされる（もっとも原因が複数競合する場合などは
この基準は妥当しない）。それに対して，判例および従来の通説は不法行為の成
立のための因果関係を相当因果関係と理解する（**相当因果関係説**）。すなわち，
不法行為の成立レベルの問題と不法行為の効果としての賠償の範囲の問題など
を明示的に区別せず，損害とは何かにつき差額説に立った上で民法416条を類
推適用して相当因果関係の範囲内の損害（当該不法行為があれば通常生ずべき損
害［額］，また特別事情を加害者が予見すべき場合にはその事情があれば通常生ずべ
き損害［額］も加える）が賠償されるとして，その損害額に不法行為の成立や賠
償すべき損害の範囲を限定しようとする（Ⅳの3参照）。なお，相当因果関係説
も行為との間に相当な因果関係がある損害について責任を負わす以上，（事実
的）因果関係の有無がその前提とされる（そもそも事実的因果関係がなければ相
当因果関係も否定される）。また不法行為訴訟では，しばしば（事実的）因果関係
の有無の判断は容易ではなく，その有無自体がそもそも問題となる。それゆえ
相当因果関係説に立っても不法行為の成立との関係ではこの因果関係の有無
（たとえば工場周辺の住民に健康被害が発生した場合にそもそも当該工場の煤煙が
その原因であるかどうか）が重要である。因果関係の有無は被害者が立証責任を
負うが，因果関係の有無の立証において厳密な意味で自然科学的な証明を要求
するのは被害者にとって酷であることから，判例・通説は，経験則に照らして
全証拠を総合検討して，特定の事実が結果発生を招来した関係を是認しうる高
度の蓋然性を証明すればよく，通常人が疑いを差し挟まない程度に真実性の確
信を持ちうるものであることを必要とし，かつ，それで足りるものであるとの
一般原則を示した（**高度の蓋然性説：東大ルンバールショック事件**，最判昭50・10・
24民集29・9・1417）。さらに，公害や医療過誤などの不法行為訴訟では，（事実
的）因果関係の立証の軽減が図られている（たとえば門前理論［新潟地判昭46・
9・29下民集22・9＝10別冊・1］や疫学四原則［津地四日市支判昭47・7・24判時672・
30］など）。

5　責任能力があること（責任無能力でないこと）

そのほかに不法行為責任が認められるためには，消極的要件として，責任能

力があること，すなわち加害者が**責任能力のない未成年者**（712条）や**精神上の障害により責任能力を欠く者**（713条）でないことが必要である。加害者に最低限自己の行為が何らかの法的な責任を生じさせることについて弁識できるだけの能力（**責任能力**［**責任弁識能力**ともいう］）がなければ責任を問うのは酷であるからである。結果，上述のように加害者が責任無能力であることを立証できれば不法行為責任を負わないこととなる（責任能力について，最近は過失の前提というよりも政策的判断により責任無能力者を免責するものだとの理解が有力である）。具体的には，①未成年者のうち，精神上の障害ではないが，成長過程ゆえ判断力が不十分なため責任を弁識する能力がない者と，②未成年か成年かに関係なく，精神上の障害により責任を弁識する能力を欠く者は賠償責任を負わない旨定める。①については，未成年者であれば一律に責任能力が否定されるのではなく，個別具体的事案ごとに当該行為者の判断力の程度と当該行為の性質を勘案して責任能力の有無が判断される点は注意を要する。裁判実務上，およそ12歳前後が責任能力の有無の基準となる。②については，一時的に責任能力を欠く状態の者でもよく，また精神上の障害はどのような原因（たとえば病気や飲酒など）でもよいが，自らの故意または過失により一時的にそのような状態を招いた場合には責任を負うこととなる（713条ただし書）。

6 　違法性阻却事由がないこと

違法性阻却事由がないことも消極的要件であり，加害者が違法性阻却事由を立証できれば不法行為責任が否定される。違法性阻却事由としては，**正当防衛**（720条1項），**緊急避難**（720条2項），**正当業務行為**（たとえば死刑の執行，ボクシングなどのスポーツ，医療行為）や**被害者の承諾**などがある。正当防衛は，他人の不法行為から自己または第三者の権利を防衛するため，やむを得ず不法行為者または第三者に対する加害行為をした場合に，緊急避難は，他人の物より生じた急迫の危難から自己または第三者の権利を防衛するため，やむを得ずその物を損傷した場合に，違法性を阻却し，免責するものである。同じく違法性を阻却する刑法上の正当防衛や緊急避難とその内容が微妙に異なる。たとえば，民法上の正当防衛は加害者以外の第三者に対する加害行為でも免責され，民法

上の緊急避難の場合は，免責される対象は他人の法益の侵害ではなくその物の損傷に限定される点などである。

Ⅳ　効　　果

上述の要件を満たして不法行為が成立すると，その効果として，被害者は加害者に損害の賠償を求めることができるが，ここでは，損害賠償の方法，損害賠償請求権者，損害賠償の範囲，損害賠償額の算定方法，損害賠償額の調整，消滅時効などが問題となる。

1　損害賠償の方法

損害賠償の方法として，**原状回復**は複雑かつ不便であるため，金銭で賠償する**金銭賠償**が原則とされる（722条1項・417条）。例外として，当事者間に特約や法律の規定がある場合に原状回復による賠償が認められる。たとえば名誉毀損の場合には原状回復として名誉回復のための適当な処分（謝罪広告など）が認められうる（723条）。現に発生した損害の賠償を超えて将来の**差止請求**まで認めるかどうかについて，認める場合の根拠（たとえばその根拠を物権的請求権，人格権などに求める権利説や不法行為の効果に求める不法行為説など）や要件（故意・過失を問題とせず違法性が必要とするもの，受忍限度を超える侵害が必要とするもの，高度の違法性が必要とするものなど）が問題となる。

損害賠償金の支払方法としては，逸失利益なども含めて一括して一時に賠償させる**一時金賠償の方式**と，定期的に賠償させる**定期金賠償の方式**がある。定期金賠償だとその都度の取立ての煩雑さや加害者との関係の長期化，さらには加害者の資産の悪化のおそれなどがあるため，実務上，一時金賠償の方式が一般的である。

2　損害賠償請求権者

不法行為の被害者として，本人（自然人）以外に，法人も性質上の制限や法令上の制限がある場合を除いて原則として損害賠償を請求できる。法人であっても物的な損害だけでなく，氏名権や名誉権などの人格的利益の侵害に基づく損害も賠償請求でき，慰謝料請求権も認められうる（最判昭39・1・28民集18・

1・136)。また胎児であっても不法行為を受ければ直接の損害賠償請求の主体となりうる（721条）。

被害者の近親者（**間接被害者**）はどうか。被害者の近親者が支出した医療費，付添看護費用，葬儀費用，葬儀のために帰国した旅費などの財産的損害は，被害者自身が請求できるとともに，近親者にも請求が認められる。近親者が付添看護のために休職したことによる損害（逸失利益）などは，別途民法709条の要件を満たせば，近親者は自己の損害として固有に請求できよう。精神的損害については，被害者が生命を奪われた場合には，「被害者の父母，配偶者及び子」は，自己の財産権が侵害されないときでも，精神的損害の賠償を請求できる旨定められている（711条）。重傷の場合には規定はないが，判例は10歳の女児の顔面に傷あとが残った事案について「子の死亡したときにも比肩しうべき精神上の苦痛を受けた」場合には，民法711条の場合に類するものとして，民法709条および710条に基づき，母親の固有の慰謝料請求を認めた（最判昭33・8・5民集12・12・1901）。

問題なのは，不法行為により被害者の生命が侵害された場合の被害者本人の逸失利益や慰謝料請求権などを遺族が請求できるかである。被害者が死亡した場合には，被害者本人が権利能力を失う結果，損害賠償請求権の主体になれないのではないか（そのため被害者は当該損害賠償請求権を持ちえない），さらに慰謝料は**一身専属的な権利**なので，遺族が被害者自身の慰謝料請求権を行使できないのではないかなどが問題となるからである。逸失利益の賠償については，判例は，被害者本人にその権利がまず発生・帰属した上で，遺族がそれを相続して賠償請求するとの**相続構成**を採る（即死のケースについて，大判大15・2・16民集5・150）。すなわち，死者に権利主体性を認め，損害賠償請求権の発生を肯定するために，即死の場合でも傷害と死亡との間に観念的な時間の間隔があると捉える（**時間的間隔説**）。学説上は，そのほかに**人格承継説**（被相続人の人格を相続によって相続人が承継することによって損害賠償請求権を原始取得するとの見解），**極限概念説**（生命侵害は身体傷害の極限概念であるとの見解）などがある。それに対して扶養利益の侵害として遺族固有の損害賠償からアプローチする**扶**

養構成があるが，相続構成よりも賠償額が低いことなどから学説上も相続構成が一般的である。被害者本人の慰謝料請求については，当初，判例は被害者が慰謝料請求権を行使する意思を表明していたかどうかで相続の可否を判断していた（たとえば「残念々々」と死に際に述べていた場合に慰謝料請求権の相続を認めた大判昭2・5・30新聞2702・5など）が，その後，被害者は損害の発生と同時に慰謝料請求権を取得し，被害者が死亡したときは，その相続人は当然に慰謝料請求権を相続するとした（**当然相続説**，最大判昭42・11・1民集21・9・2249）。一身専属権であるが，財産上の損害賠償請求権と同様，単純な金銭債権であり，相続の対象となるとする。

　そのほか，たとえば重要な取引を任されていた被用者が交通事故で長期入院したため企業に営業上の損失が生じたなど，企業が固有に被る損害（**間接被害ないし企業損害**）の賠償請求の可否が問題となる。損害賠償が際限なく広がることになるので，判例は，被害者と企業が経済的に同一体（被害者の個人企業など）の場合にのみ企業損害の賠償を認める（**経済的同一体説**，最判昭43・11・15民集22・12・2614）。

3　損害賠償の範囲

　不法行為が成立すると，原則として損害賠償責任が発生する。そこで，どこまでの損害を賠償すべきか，という損害賠償の範囲が問題となる。上述のように，判例・従来の通説は債務不履行に基づく損害賠償の規定である民法416条を不法行為にも類推適用し，不法行為の成立レベルだけでなく実際に賠償される損害の範囲および当該損害の金銭的評価レベルにおいても相当因果関係の有無で判断して，損害賠償額の範囲は相当因果関係の範囲内の損害額に制限されるとする（**相当因果関係説**：**富喜丸事件**，大判大15・5・22民集5・386）。すなわち，相当因果関係の原則の下に不法行為成立のための（事実的）因果関係の有無，賠償される損害の範囲，その損害の金銭的評価という作業をまとめて行うものである（相当因果関係の範囲内の損害額について不法行為が成立し，同時にその額が賠償すべき損害額）。なお，有力学説は，損害賠償額算定の3つのプロセスを区別した上で，賠償されるべき損害（不利益な事実［損害事実説］）の範囲につい

て民法416条の類推適用を否定して別の基準で確定しようとする。たとえば，故意不法行為の場合には事実的因果関係に立つ全損害を賠償すべきであるが，過失不法行為については，当該注意義務がそもそもどこまでの損害の防止を目的としていたのかを基準とする見解（**義務射程説**）がある。この見解によれば損害（不利益な事実）の金銭的評価については，裁判官が裁量によって判断するとする。またこの説では，相当因果関係説を批判して，不法行為は通常契約関係にない者どうしで問題となるものなので，賠償の範囲を当事者の予見可能性（改正法では当事者が予見すべきであったこと）にかからしめる民法416条の類推適用は妥当性を欠き，また完全賠償主義を採るドイツにおいて考えられた相当因果関係説を制限賠償主義の日本の損害賠償法に持ち込み，民法416条を相当因果関係の原則の規定と理解するのはおかしいと指摘していた。

4 損害賠償額の算定方法

損害賠償額の算定方式としては，**個別算定方式**（**個別損害項目積上方式**）と**一括算定方式**（**包括算定方式**）があるが，実務上は前者が一般的である。個別算定方式とは，積極的損害（治療費，介護費，入院費などの現実に支出する損害），消極的損害（得べかりし利益ないし逸失利益），慰謝料（精神的苦痛）とに大別して，損害項目ごとに損害額を記入して加算することで賠償額の算定（差額計算）を行う方式である。なお，逸失利益は，年間収入×稼動可能年数−（生活費＋中間利息）で計算する（中間利息の控除については722条1項・417条の2）。年間収入は被害者の具体的な年収や月収を基準にするが，認定困難な場合には，賃金センサス（厚生労働省の労働統計情報の賃金構造基本統計調査）による平均賃金を基準にする。たとえば専業主婦の家事労働について，平均的労働不能年齢に達するまでの女子雇用労働者の平均的賃金を基準として算定する。それに対して，一括算定方式とは，1つには人的損害（死傷など）について一律に損害額を算定する考え（賠償額の定額化）を指す。もう1つには公害訴訟などの大規模集団訴訟における生命・健康被害の損害賠償を認定する際に使われる方法を意味し，損害を個別項目に分けないで人身損害に対するすべての賠償額を一括して慰謝料という形で包括的に算定して請求するものである。個々の被害者の損害を個

別に算定することの困難を回避するため，しばしば下級審で認められている（大阪地判平 3・3・29判時1383・22）。

5　損害賠償額の調整

損害賠償額を減額して調整する制度として，**過失相殺**と**損益相殺**という制度がある。過失相殺とは，被害者にも過失がある場合には，損害の公平な分担という見地からこれを考慮して裁判官が裁量によって賠償額を調整する制度である（722条 2 項）。過失相殺における被害者の能力として責任能力までは要求されないが，最低，事理弁識能力は要求される。事理弁識能力のない者の行為は落ち度として賠償額の減額に考慮することはできないからである。また被害者と身分上ないしは生活関係上一体をなすとみられるような関係にある者の過失も**被害者側の過失**として過失相殺による賠償額の減額がなされうる（最判昭34・11・26民集13・12・1573）。損益相殺は，不法行為に起因して被害者が利益を得た場合には，その利益を損害賠償額から控除し，損害賠償額を減額する制度である。損害賠償の目的は，損害を塡補することによって被害者をして不法行為を受ける前の状態に戻す，すなわち，原状回復であるので，不法行為が行われたことにより利益を得るのは不法行為制度の目的に反するため，民法に規定はないが，公平の見地から認められている。たとえば逸失利益の賠償額算定における生活費の控除などはこの趣旨によるものである。

6　損害賠償請求権の消滅時効など

不法行為による損害賠償請求権も，いつまでも行使できるわけではなく，3年の**短期消滅時効**と20年の**長期消滅時効**に服する（724条）。すなわち，被害者またはその法定代理人が損害および加害者を知った時から 3 年間行使しないとき（主観的起算点：同条 1 号），また不法行為の時から20年間行使しないとき（客観的起算点：同条 2 号）に時効消滅すると定める。なお，人の生命身体侵害の不法行為の場合には，3 年ではなく，5 年の短期消滅時効とされる（724条の 2）。したがって，人の生命身体侵害の場合には，債務不履行と不法行為で消滅時効の点では違いがなくなった（債務不履行による損害賠償の場合：166条 1 項 1 号，167条）。消滅時効の場合は除斥期間と異なり，時効の更新や完成猶予があり，

当事者の援用が必要である。短期消滅時効の加害者を知った時とは，加害者に対する賠償請求が事実上可能な状況下で，その可能な程度にこれを知った時と解される（最判昭48・11・16民集27・10・1374）。また損害を知った時とは，他人の不法行為によって損害が発生したことを現実に認識した時である（最判平14・1・29民集56・1・218）。他方，20年の消滅時効の起算点は，不法行為の時からと定められるが，不法行為後相当期間経過後に損害が発生するような場合には，損害が発生した時から起算する（**筑豊じん肺訴訟**，最判平16・4・27民集58・4・1032）。なお，不法行為による損害賠償債務は，期限の定めのない債務であるが，被害者の救済を厚くするため，催告を要せず，原則不法行為時から加害者は遅滞の責任を負うとされる（最判昭37・9・4民集16・9・1834）。

第5節　特殊な不法行為

特殊な不法行為を内容面から分類すると，①他人の加害行為に関する責任，②土地工作物などの物による被害に関する責任，③複数者による加害に関する責任，④そのほか，に分けられる。

すなわち，他人の加害行為に関して負う特別の不法行為責任には，民法上，**責任無能力者の監督者責任**（714条），**使用者責任**（715条），**注文者の責任**（716条）があり，特別法上，**公権力の行使に基づく国家賠償責任**（国賠1条）などがある。物による被害に関して負う特別の不法行為責任には，民法上，**土地工作物責任**（717条），**動物占有者の責任**（718条）があり，特別法上，**営造物責任**（国賠2条），**製造物責任**（製造物3条）などがある。また，複数の者による加害行為に関する特別の不法行為責任には，民法上，**共同不法行為**（719条）がある。そのほかに，今日の不法行為事件の訴訟において一大領域をなし，特殊・専門的な領域に関する不法行為責任の問題として，自動車事故，公害に関するものなどが注目される。

I　他人の加害行為に関する責任

本来，他人の行為に基づく責任は，本人が負わなくてよいのが民法の基本原

則であるが，例外的に責任を負う場合が，ここでの責任である。

1　責任無能力者の監督者責任（714条）

　責任無能力者（すなわち責任能力のない未成年者や精神障害により責任能力を欠く者）の監督者責任とは，たとえば小学校1年生の子供が公園で石を投げて遊んでいたところ通行人にケガを負わせた場合，責任能力がない子供（712条）の代わりに，親が負う特殊な不法行為責任のことである（714条1項）。この例の親のように法的に責任無能力者を監督する義務のある者（**法定の監督義務者**）のほかに，法定の監督義務者に代わって責任無能力者を監督する**代理監督者**も同様の責任を負う（714条2項）。この監督者の責任は，責任無能力者自身が不法行為責任を負わない場合に初めて負わされる**補充的責任**と解されている（通説）。このように，責任無能力者の監督者責任は，実質的には他人の行為に起因する責任であるが，民法は形式的には自己の監督上の過失にその責任の根拠を求め，その立証責任を被害者から監督義務者に転換することによって，通常の過失責任より重い責任を監督者に課している（**中間責任**：過失責任と無過失責任の中間的責任）。したがって被害者側が監督義務違反を証明する必要はなく，監督義務者の方で監督義務を怠らなかったこと，またはその義務を怠らなくても損害が生ずべきであったことを立証しなければ，免責されない（714条1項ただし書）。

　未成年者の場合の親権者（818条・820条）や未成年後見人（838条1号・857条・867条）などが法定の監督義務者の例であり，保育園の保育士や小学校の教師，精神病院の医師などが代理監督者の例である。もっとも，後者については，末端の職員ではなく，施設やその長などが代理監督者として責任を負うべきとする見解も有力である。また，法定の監督義務者に該当しない者であっても，責任無能力者との身分関係や日常生活における接触状況に照らし，第三者に対する加害行為の防止に向けてその者が当該責任無能力者の監督を現に行いその態様が単なる事実上の監督を超えているなどその監督義務を引き受けたとみるべき特段の事情が認められる場合には，民法714条1項の類推適用により法定の監督義務者に準ずべき者（**準監督義務者**）として責任が負わされる（**JR東海事件**，最判平28・3・1民集70・3・681）。

監督義務の内容については，一般に，法定の監督義務者は特定の個別具体的な監督義務だけでなく，日常生活全般にわたる包括的な一般的な監督義務（身上監護や教育など）についてもその違反の責任を負うべきであるが，代理監督者は主として特定の個別具体的な監督義務について責任を負えばよいとされる。

2 使用者責任 (715条)

ある事業のために他人を使用する者（使用者）は，その他人（被用者）がその事業の執行について第三者に損害を加えた場合には，その損害を賠償しなければならない（715条1項）。使用者が負うこのような責任のことを使用者責任という。また，同条1項ただし書で，使用者は，被用者の選任および事業の監督について相当の注意をしたこと，または相当の注意をしても損害が生ずべきであったことを証明できれば責任を免れるとされる（中間責任）が，相当な注意を尽くしても容易に免責されることはない（判例・通説：実質的には無過失責任化）。というのは，判例・通説によれば，使用者責任の法的性質を，被用者自身が不法行為責任を負うとともに，その履行を確保するために，使用者も被用者に代位して被用者の不法行為について負う責任（**代位責任**）と解されるからである（最判昭63・7・1民集42・6・451など）。いわば他人を使うことによって利益を得ていることから，その他人の行為についても当然責任を負うべきとの考え方（報償責任：利益のあるところに損失も帰する）に支えられている（通説）。したがって，事業のために他人を使ったといえるかどうかがこの責任にとってのポイントとなるため，使用者責任の以下の要件（図表9-13）のうち，使用者と被用者との間に使用関係が存在すること，および被用者の加害行為が事業の執行についてなされたことがとりわけ重要である。

まず①要件（使用関係が存在すること）では，必ずしも雇用契約などの契約関係がなくても，実質的に指揮監督関係があればよい。有償か無償か，一時的な関係か継続的な関係かは問わない。したがって，独立的立場で活動すると考えられる者との関係では実質的な指揮監督関係は否定される（依頼人と弁護士との関係や患者と医師との関係など）。同様に，注文者と請負人との関係も，原則として，独立性という点から使用関係は認められていない（716条）。ただ，請負契

約の形式をとっていても実体が雇用契約であるような場合には使用関係が肯定されうる。また使用関係の前提となる「事業」は広く解され，営利的なものから家庭的なものでも，適法なものから違法なものでも構わない。それゆえ，階層的な構造を有する暴力団の組長と下部組織の組員との間や兄弟間などにも使用関係が認められうる（前者につき最判平16・11・12民集58・8・2078，後者につき最判昭56・11・27民集35・8・1271）。

②要件（被用者の加害行為が事業の執行についてなされたこと）では，「事業の執行について」に該当するかが問題となる。「事業の執行について」とは，一般に，「事業の執行のために」よりも広く，「事業の執行に際して」よりも狭い概念であるといわれているが，その具体的な判断基準が問題となる。

たとえば，会社の株券の発行を担当する課長が権限を濫用して株券を偽造発行して第三者に損害を与えたような行為（取引的不法行為）が事業の執行についてなされたものに該当するかどうかについて，判例は，被用者の職務執行行為そのものには属していなくても，その行為の外形から客観的に観察して，あたかも被用者の職務の範囲内の行為に属するものとみられるかどうかで基本的に判断する（**外形理論**［**外形標準説**］：最判昭32・7・16民集11・7・1254，最判昭40・11・30民集19・8・2049など）。もっとも従業員が暴行を働いて第三者にケガを負わせたようなケースなどでは事業の執行行為と密接な関連性を有するかどうかという基準（密接関連性）で判断するものもある（最判昭44・11・18民集23・11・2079）。外形理論は行為の外形に対する相手方の信頼を保護する目的を有するものなので，職務の範囲外であることについて被害者である相手方に悪意または重過失がある場合にまで使用者責任を認めて相手方を保護するものではない（最判昭42・11・2民集21・9・2278）。判例は，行為の外形に対する信頼保護が問題となる取引的不法行為の場面（上述の担当課長による株券の偽造発行の事案など）のほか，行為の外形に対する信頼保護が問題とならない交通事故などの事実的不法行為の場面にも（たとえば勤務後に会社の車を私用運転して引き起こした交通事故についても）外形理論を採用しており（最判昭30・12・22民集9・14・2047，最判昭39・2・4民集18・2・252），学説上疑問視されている。そこで，学説上は，

事案類型に即して，取引的不法行為については外形理論，事実的不法行為については別の基準で判断すべきと主張されている。たとえば，従業員による交通事故型の不法行為の場合には，使用者の支配領域内の危険物に由来して加害行為がなされたかどうかで判断し（**支配領域説**という基準），従業員による暴行型の事実的不法行為については，事業の執行行為と密接な関連性を有するかどうかで判断すべき（**密接関連性説**という基準）などと主張されている。もっとも交通事故による事実的不法行為については，自動車損害賠償保障法３条の運行供用者責任の制定により，民法715条の責任を問う必要性がほとんどなくなった。

　そのほかに使用者責任が成立するためには，③要件（第三者に対する加害であること），④要件（被用者の不法行為［709条の要件の充足］があること），⑤要件（免責事由の立証がないこと）が要件となる。

　上述の要件を満たすと，使用者は第三者に対して被用者が惹起した損害を賠償する義務を負うが，また**代理監督者**（工場長や現場監督者などの現実の事業監督者）も同様の責任を負う（715条２項）。なお，使用者または代理監督者が第三者に対して損害を賠償したときは，被用者に求償することができる旨定められ

[図表 9-12]　使用者責任とは

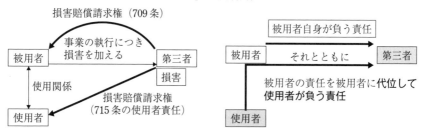

[図表 9-13]　使用者責任の要件（715条）

① 使用者と被用者との間に使用関係が存在すること
② 被用者の加害行為が事業の執行についてなされたこと
③ 第三者に対する加害であること
④ 被用者の不法行為があること
⑤ 免責事由の立証がないこと（消極的要件）

ている（715条3項）が，この求償権の行使は，労働条件や環境の整備などに問題があるような場合にも無制限に認めると被用者にとって酷な結果となるので，判例・学説は，何らかの根拠（信義則，過失相殺，不真正連帯債務，650条3項類推適用など）に基づいて制限しようとする（判例は信義則上相当と認められる限度に制限する［最判昭51・7・8民集30・7・689］）。そもそも使用者である企業が被用者を危険な労働に従事させて多大な利益を獲得しているのに（＝報償責任や危険責任の原理），資力の乏しい被用者に対して全額の求償を認めるのは不公平であり，妥当ではないからである。

3　公権力の行使に基づく国家賠償責任（国賠1条1項）

そのほか，使用者責任と類似するものとして，公権力の行使に当たる公務員がその職務を行うについて故意または過失により違法に他人に対して損害を与えてしまった場合において，国または公共団体の負う賠償責任（国家賠償責任という）がある（国賠1条1項）。

この国家賠償責任の要件は，①「公権力の行使」に当たる公務員の加害行為であること，②その加害行為が「職務を行うについて」なされたこと，③公務員の行為が不法行為を構成すること，である。なお，選任・監督上の注意を尽くしたことを立証しても免責されない（無過失責任）。「公権力の行使」とは，**私経済的作用**を除くほか，営造物の設置・管理作用（国賠2条の対象）を除いた，すべての**公行政作用**を意味するものと解されている（東京高判昭56・11・13判時1028・45）。したがって，純粋な権力的作用（警察官の職務行為や検察官の捜査活動・起訴など）に限定されていないので，たとえば登記事務や国公立学校の教師の教育活動なども公権力の行使に該当する（最判昭62・2・6判時1232・100）。「職務を行うについて」の解釈について，その職務執行行為の外形から観察して，あたかも公務員の職務執行と考えられればこれに当たるとする考え方（＝外形理論）が採用されている（最判昭31・11・30民集10・11・1502）。

国または公共団体がこの国家賠償責任を負った場合に，不法行為を行った公務員に対する国または公共団体の求償権は，国家賠償法により制限されており，当の公務員に故意または重大な過失があったときに限り，認められることにな

っている（国賠1条2項）。また国または公共団体が国家賠償責任を負う場合に，加害行為を直接行った公務員自身は被害者に対して責任を負うかが問題となる。損害賠償制度は制裁を目的とするものではないことなどから，判例は，この場合，公務員自身は行政機関としての地位において個人的責任を負わないとする（最判昭30・4・19民集9・5・534）。ただし学説上批判が強い。

II　土地工作物などに関する責任

　ここでは，土地工作物などの物による被害に関して負う特別の不法行為責任について検討する。主に危険な物を支配し管理する者，あるいは製造する者に責任を負わせようとの考えから過失要件を修正するものである。

1　土地工作物責任（717条）

　土地の工作物の設置または保存に瑕疵があることによって他人に損害が生じた場合に，その工作物の占有者または所有者が負う損害賠償責任のことを土地工作物責任という（717条1項）。前者の占有者には，直接占有者のほか，所有者でない間接占有者（たとえば転貸人）も含むとされる（最判昭31・12・18民集10・12・1559）。たとえば，借家の塀が倒れて通行人がケガをした場合のように，塀の占有者（借家人）と塀の所有者（家主）が別人である場合には，まず土地工作物の占有者が責任を負い（第一次的責任：中間責任），占有者による免責事由（損害の発生を防止するのに必要な注意をしたこと）の立証があったときには，土地工作物の所有者が最終的に責任を負う（第二次的責任：717条1項ただし書）。土地工作物の所有者には免責が認められておらず，土地工作物の設置または保存に瑕疵がありさえすれば責任を負うことになっており，故意または過失はその要件となっていない（無過失責任）。土地工作物責任の根拠は，一般に，土地の工作物という危険な物を保有する者にそこから生ずる責任を課すべきだとする危険責任の原理に求められる。土地の工作物とは，①土地に接着して，②人工的作業を施して成立する物である（大判昭3・6・7民集7・443）。たとえば，建物，石垣，ブロック塀，鉄塔，ため池，プール，遊動円木，トンネル，橋，道路，造成地など，その例とされる範囲は広い。瑕疵とは，工作物が通常有すべ

き安全性を欠いている状態のことである（**客観説：国道落石事件**［国賠2条の営造物責任に関する事件］，最判昭45・8・20民集24・9・1268）。したがって，工作物の客観的な性状から，通常予想される危険に対して有すべき安全性の欠如があったかどうかで瑕疵の有無を判断することになる（判例・通説）。その際，瑕疵の有無の基準時は，事故時とされている（最判昭61・3・25民集40・2・472）。なお，工作物の設置時に瑕疵が存在する場合が設置の瑕疵であり，設置後に生じた場合が保存の瑕疵であり，効果には差異が設けられていない。

［図表9-14］　土地工作物責任の構造

第一次的責任	土地工作物の占有者の責任（中間責任）
第二次的責任	土地工作物の所有者の責任（無過失責任）

2　動物占有者の責任（718条）

　動物を占有する者は，占有する動物が第三者に損害を与えたときに損害賠償責任を負う。危険責任の法理に基づき動物占有者の責任を定めたものである。自分の飼犬が他人や他人の犬を噛んでケガをさせたというのが典型例である。占有者が動物の種類および性質に応じて相当の注意をもって管理した場合は免責される（中間責任，718条ただし書）。直接損害を防ぐことが可能な者に責任を負わすことを目的とするため，動物の所有者という形では問題とはしない。

3　営造物責任（国賠2条1項）

　道路，河川その他の**公の営造物**の設置または管理に瑕疵があったために他人に損害が生じたときは，国または公共団体は，これを賠償する責任を負う（国賠2条1項）。この責任を営造物責任と呼ぶ。土地工作物責任に類似する責任であるが，公の営造物（公の目的のために供される有体物や物的設備のこと）には土地に定着していない動産も含むこと（道路，河川，公園のようなもの以外に，たとえば，警察の拳銃，職員用の椅子など），民法717条1項ただし書のような免責事由が認められていないことなどに大きな違いがある。この責任は，公の営造物の設置または管理に瑕疵がありさえすればよく，過失の有無を問題としない（無過失責任）。その根拠は，危険責任の原理に求められる。

4　製造物責任（製造物3条）

　自ら製造，加工，輸入または一定の表示をした製造業者等は，引き渡した製造物の欠陥により他人の生命，身体または財産を侵害したときは（**拡大損害**が生じた場合），過失の有無にかかわらず，製造物の欠陥を要件として，これによって生じた損害を賠償する責任を負う（製造物3条）。この製造業者等が負う責任が製造物責任であり，これを定めた法律が製造物責任法（ＰＬ法）である。同法は，社会の複雑化や技術の高度化・専門化に伴う被害者の証明責任を軽減し，被害者救済を図ることを目的に定められたものである。一応，欠陥を要件とした無過失責任（厳格責任）ではあるが，有用な製品開発の意欲が削がれないように**開発危険の抗弁**（当該製造物の引渡時における科学または技術に関する知見によっても当該製造物に欠陥があることを認識できなかった旨の抗弁）などによる免責が認められている（製造物4条1号）。

Ⅲ　共同不法行為

　複数の者による加害行為に関する特別の不法行為責任には，民法上，共同不法行為による責任（719条）がある。すなわち，①ＡとＢが共謀してＣを暴行してケガをさせたなど，数人の者が共同の不法行為（Ａ＋Ｂの共同の不法行為）によって他人に損害を加えた場合（**狭義の共同不法行為**：719条1項前段），②ＡもＢもたまたまＣに向けて石を投げたが，そのうちの1つがＣに命中したなど，競合した行為者の中の誰（Ａ or Ｂの行為）が実際に損害を加えたのかが明らかでない場合（**加害者不明の共同不法行為**：719条1項後段），③ＢがＡをそそのかしてＣを暴行させた（［Ｂの教唆・幇助行為］→Ａの直接的加害行為＝実質的にＡ＋Ｂの行為）など，直接の加害行為者でない者が加害行為を教唆し，あるいは幇助した場合（719条2項）の責任である。これらの場合には，ＡとＢは，共同不法行為として，各自その損害全額について他の行為者と連帯して責任を負うこととなる。このような共同の責任を発生させる不法行為のことを共同不法行為という。本来行為者は自分が加えた損害についてのみ責任を負えばよいはずである（分割責任）。しかしこれらの共同不法行為の場合には，損害の発生につい

て数人の者の行為が共同していると捉えられるため，公平の見地から各行為者間に責任の連帯性を認め，自己の行為を超えた責任として各自に全額賠償を義務づけるなどして，被害者の救済を図ろうとしたものである（主に因果関係の要件の修正）。上記の例①で，たとえばAは現実にはCの腕を骨折させただけでも，Cのケガ全体について賠償責任を負うことになる。この責任の性質は，被害者保護のため，共同行為者の1人について生じた事由を他の者に及ぼさせないように不真正連帯債務と解されてきた（判例・通説）。改正法では，連帯債務において履行の請求，免除および時効の完成について絶対的効力を定めた規定が削除されたため，不真正連帯債務と解する必要性が少なくなったといわれている。

[図表9-15]　共同不法行為とは

① 狭義の共同不法行為（719条1項前段）

AもBも自分の行為を超えて全体の損害について連帯して責任
Aの行為とケガ全体，Bの行為とケガ全体について因果関係が擬制

② 加害者不明の共同不法行為（719条1項後段）

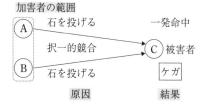

A or B のどちらかが損害を与えた
Aの行為とケガ，Bの行為とケガについて両者に因果関係推定
→AとB連帯して責任

③ 教唆者や幇助者の場合（719条2項）

Bも自分の行為を超えて全体の損害について連帯して責任

教唆者または幇助者Bの行為についてもケガとの因果関係が擬制

民法719条 1 項前段（狭義の共同不法行為）の「共同の不法行為」については，共同行為者間に共謀や共同の認識といった主観的関連共同がなくても，加害行為の一体性など，客観的に関連共同があればよいとするのが判例である（**客観的関連共同性説**，大判大 2 ・ 4 ・26民録19・281，最判昭43・ 4 ・23民集22・ 4 ・964）。民法719条 1 項前段の適用を主観的関連共同がある場合に限定すると共同不法行為が成立する場面が狭くなりすぎ，本条の目的である被害者救済が困難になること，旧民法財産編378条の共謀という要件が削除されたことなどを主な理由とする。

なお，民法719条 1 項後段は，共同不法行為の 1 類型というよりも，各人が連帯責任を負う旨を規定して，加害者の範囲は特定できるが具体的な加害者を特定できないリスクを被害者から共同行為者に転嫁した因果関係の推定規定と学説上一般に解されている。上記の石を投げた例では，ＡとＢの各人はそれぞれ同じ損害を惹起しうる行為を行っているので，ＡＢの責任を否定しないで因果関係を推定して，ＡＢ全員に連帯責任を負わせたものである。この場合，各共同行為者は自分の行った結果でないことを立証できれば免責される。教唆者や幇助者の場合は，加害者の一体性や加害行為の一体性が認められるので，通常民法719条 1 項前段の共同不法行為に当たるため，同条 2 項の規定は注意的規定と解される。

Ⅳ そのほか

そのほかに，特殊な不法行為として，特別法上の，特殊・専門的な活動領域における賠償責任などがある。交通事故における**運行供用者責任**（自賠 3 条）や**大気汚染防止法25条の事業者の責任，水質汚濁防止法19条の事業者の責任**などである。

運行供用者責任とは，自動車損害賠償保障法 3 条により，自動車の運行によって他人の生命または身体を害した場合（人身損害に限定）に，免責事由の証明がない限り，自動車の運行供用者が負う賠償責任のことである。中間責任であるが，自己および運転者が自動車の運行に関して注意を怠らなかったこと，被

害者または運転者以外の第三者に故意または過失があったこと，自動車に構造上の欠陥または機能の障害がなかったこと，という３つの事由をすべて立証しない限り免責されない（自賠３条ただし書）とされ，実質的には無過失責任に類似した責任である。これは，自動車の運行を実質的に支配し利益を上げている者に対して，事実上免責を認めない厳しい責任を課したものである。賠償の資力を確保するために責任保険の加入を義務づける強制保険制度が導入されている（自賠５条）。

　また大気汚染防止法25条や水質汚濁防止法19条は，事業活動に伴う健康被害物質により他人の生命・身体を侵害した場合に事業者に無過失の賠償責任を課している。

　なお，加害者の不法行為責任を軽減するものとして，失火責任法の**失火者の責任**がある。失火の場合には，**重過失**があるときに限って不法行為責任を負うとする。同法は，制定当時，木造家屋が多かったことを背景に，類焼による被害の甚大さや失火者も通常家財を失うことなどを考慮して定められたものである。同法の制定の結果，火災保険が普及することとなった。

|相談に対する回答|

(1)　Ｂと隣家の主人との間には窓ガラスの修理を委託する契約などはない。したがって，隣家の主人が行った窓ガラスの修理は義務なくして行った行為であり，本来Ｂは修理代を支払う必要はない。しかし事務管理（697条）に当たる場合には費用償還請求権として修理代（不相当に高額な修理代を除く）をＢは隣家の主人に支払わなければならない（702条１項）。本件は事務管理の典型的な教科書事例である。

(2)　①従業員の責任　　Ｂと従業員には直接の契約関係がない。それゆえＢと従業員の法律関係は従業員に民法709条の不法行為が成立すれば損害賠償責任が従業員個人に発生する。誤って壊したとのことなので，改装作業中に他人の財産を毀損しないように行為する注意義務に違反しており，過失が従業員に認められる。そのほかの要件も満たしているように思われるので，不法行為が成立しよう。

②工務店の責任　　他人である従業員の不法行為（壺の毀損）なので，本来，工務店は責任を負わなくてよいのが原則である。ただし，民法715条の使用者責任が成立する場合には損害賠償責任が工務店にも発生する。使用者責任の成立にとって，とくに従業員と工務店との間に使用関係が存在することおよび事業の執行行為について不法行為がなされたことという要件の充足が重要である。使用者と被用者の関係が請負の場合には原則として使用関係が否定されるが（716条），工務店の従業員ということなので，一般に使用関係（指揮監督関係）は肯定されよう。また改装作業中に従業員が壺を壊してしまった行為は，事業の執行行為自体におけるミス，ないしは少なくとも事業の執行行為と密接関連性があると評価でき，事業の執行行為についてなされたといえよう。本件では，その他の要件（第三者に対する加害であること，被用者の不法行為があること，免責事由の立証がないこと［実質無過失責任的運用］）も満たしていると思われるので，工務店は使用者責任を負うことになろう。なお，Bと工務店には契約関係があるので，債務不履行責任構成によって工務店に対する損害賠償を基礎づけるアプローチもありえよう。すなわち，本件では，従業員（履行補助者）の使用は禁止されていないと思われるが（したがって従業員の使用自体は工務店の債務不履行ではないが），本件改装作業中に壺が壊れてしまった（改装する債務の不完全履行）。この場合，従業員が壊してしまったことは契約の趣旨等から工務店が当然負うべき不履行リスクと考えられるため，工務店は免責されず債務不履行責任を負うことになろう。

第10章
夫婦・親子

(1)　XとYは10年ほど前に結婚したが，妻Yは最近新興宗教に傾倒し，家事を怠り家庭生活に重大な支障を来している。そこで，XはYに離婚を申し出たが，Yはこれに応じない。Xからの相談に対して，どのようにアドバイスすることができるか。

(2)　夫婦X・Yには子どもがいないため，養子を迎えようと思っている。養子には特別養子なるものがあると聞いたが，これは通常の養子とどこが異なるのだろうかという相談を受けた。X・Yにどのようにアドバイスできるか。

第1節　総　　説

1　親族に関する法の存在意義と基本原則

（1）　法の存在意義　　民法は第四編親族で，夫婦や親子などの一定範囲の親族関係にある者たちについて，主としてその関係の発生や終了に関する要件・効果，権利義務関係等について定めている。その存在意義は，私たちが安定した社会・家庭生活を営むためには，それらの事項について当事者間の意思に委ねるとしておくだけでは争いが生じ納まらなくなるので，あらかじめだれでもが従わなくてはならない法という方式で明確に定めておくことが不可欠であることにある。

（2）　解釈・適用の原則　　現行親族編の規定は，太平洋戦争終結後，昭和21（1946）年に公布された日本国憲法の理念，特にその第24条で定められた「家

族生活における個人の尊厳と両性の平等」の規定に基づいて，昭和22（1947）年にそれまでの親族編を全面改正して成立したものである。したがって，その解釈・適用は，憲法の理念の具体化・実現ということを念頭に置いて行わなくてはならない。特に，それまでの明治時代に制定された民法が基本理念としていた戸主を中心とする封建的家父長的な家制度の肯定につながるようなことはあってはならない。

　なお，現行親族編の規定は，途中何回かの改正は経てはいるが，成立から半世紀以上の年月を経ている。そのため，規定の中には，多様な価値観を可能な限り受け入れるべきであるとする今日の社会・家族生活の基本理念に対応し切れていないと評価されるものも認められるに至っている。それらの規定に対しては，国民の合意を踏まえた上での早急な改正が望まれていたために，令和4（2022）年12月に，主として女性および子の権利利益を保護する観点から，再婚禁止期間の廃止がなされ，嫡出推定および認知に関する規定が大幅に改正され，親権者の懲戒権に関する規定も削除された。その他にも，現在法制審議会家族法部会において，父母の離婚後の親権者に関する規定およびそのことに関係する規定の見直しが議論されている。

2 　親族の種類と範囲

　民法は，親族の種類と範囲，親族の遠近の計算方法について定めている。

　(1)　親族の範囲　　民法は**6親等内の血族**，**配偶者**，**3親等内の姻族**を親族としている（725条）。この規定に対しては，特定の親族間に生ずる法律効果の主要なものは，個別の条文で範囲を定めて規定されていること，広範囲すぎること，配偶者が含まれているのは珍しい立法例であること等の理由により，不要であるという見解が有力である。

　(2)　血族　　血族には，血縁が出生により自然的に生ずる**自然血族**と，法律により血縁が擬制される**法定血族**とがある。現行民法は，唯一の法定血族として，養子縁組による親族関係の発生を定めている（727条）。また，血族は，親子，祖父母と孫というように，縦の血縁関係にある者相互をいう**直系血族**と，兄弟

姉妹，叔父叔母（伯父伯母），甥姪のように，共通の祖先にあたる者から分かれた別の系統の血族に属する者相互をいう**傍系血族**とに分けられる。

(3)　尊属と卑属　　父母，祖父母，叔父叔母（伯父伯母）などのように自分より前の世代に属する者を**尊属**，子，孫，甥姪などのように自分より後の世代に属する者を**卑属**という。

(4)　姻族　　婚姻によって発生する親族関係を**姻族**という。一方配偶者と他方配偶者の３親等内の血族との関係である。妻と夫の父母とは１親等の直系姻族，妻と夫の兄弟姉妹とは２親等の傍系姻族，妻と夫の甥姪とは３親等の傍系姻族である。夫の兄弟姉妹と妻の兄弟姉妹，夫の父母と妻の父母とは姻族ではない。なお，民法には直系姻族という用語は用いられているが，傍系姻族の方は用いられていない。また，姻族には尊属・卑属の区別は用いない。

(5)　親等　　親族間の遠近をはかる単位として，**親等**という単位が用いられる。直系については，親族間の世代数で数える（726条１項）。自分と親あるいは子とは１親等の直系血族，自分と祖父母あるいは孫とは２親等の直系血族である。傍系については，その者またはその者の配偶者から，同一の祖先までの世代数にその祖先から数える相手に下るまでの世代数の合計で数える（726条２項）。自分と兄弟姉妹とは２親等の傍系血族，自分と叔父叔母（伯父伯母）とは３親等の傍系血族である。なお，配偶者は，血族でも姻族でもなく，同世代であり，親等は数えない。

第2節　婚　姻　と　離　婚

　民法では，結婚のことを婚姻という。婚姻は，男女が法的要件を満たした社会的に承認された永続的な共同生活をおくることを意味する。婚姻は，互いの合意によって成立し，夫婦が同等の権利を有し，協力し合って維持されなくてはならない（憲24条）。

　婚姻は配偶者の一方の死亡と離婚により解消する。離婚による場合は，夫婦の生存中の解消であることから，夫婦および子の将来のために，それまでの婚

姻中に築かれた生活，財産，子との関係等に対して適切な対応措置が必要となる。そのため，離婚については，成立要件，手続き，決定すべき事項等に関して多くの重要な規定が置かれいている。

I　婚　　姻

1　婚姻の成立要件

婚姻の成立には，国家が法定する要件を満たしているときに婚姻として承認されるという法律婚主義が採用されている。民法は，その要件として形式的要件と称される届出と，実質的要件と称される4つの要件を定めている。

1　形式的要件としての届出

婚姻の届出は，戸籍法の規定にしたがって，当事者双方および成年の証人2人以上が署名して作成された書面で，またはこれらの者からの口頭で届け出ることよってする（739条）。書面でする届出は，第三者に委託してすることも，郵送によることも可能である（戸47条）。

2　実質的要件

平成30（2018）年の民法改正によって成年年齢が18歳になったために，未成年者の婚姻について，父母の同意を得ることを規定していた737条が削除されたこと，また令和4（2022）年12月の民法改正によって，施行時期は公布から1年6か月以内とされているのみで未定であるが，嫡出推定制度の改正にともない，再婚禁止期間（733条）が要件から削除されたことで，4つの要件がある。

（1）　婚姻意思の合致　　憲法24条から，また742条1号が，婚姻は，「当事者間に婚姻をする意思がないとき。」は，無効と規定していることからも，当然の要件とされている。

（2）　婚姻適齢　　婚姻は，男女とも18歳にならなければすることができない（731条）。平成30（2018）年に民法が改正され，令和4（2022）年4月1日から施行された。この時に，18歳と改正されていた成年年齢も施行された（4条）。

（3）　重婚の禁止　　配偶者のある者は重ねて婚姻をすることができない

(732条)。

　(4)　近親婚の禁止　　民法は，生物学的および社会倫理的理由により，一定の親族関係にある者の間の婚姻を禁止している。

　　(a)　血族間　　直系血族または3親等内の傍系血族の間では，婚姻をすることができない。ただし，養子と養方の傍系血族との間では可能である（734条1項）。したがって，養子と養親の実子とは婚姻できる。また，特別養子と実方親族との間も，817条の9の規定によって特別養子縁組により親族関係が終了した後も，婚姻はできない（同条2項）。

　　(b)　直系姻族間　　直系姻族の間では，婚姻をすることはできない。また，かつて直系姻族の関係にあった者の間では，離婚または死亡による意思表示により，また特別養子縁組により姻族関係が終了した後においても，婚姻はできない（735条）。したがって，父または母の配偶者であった者と子は婚姻できない。

　　(c)　養親子関係者間　　養子，その配偶者，養子の直系卑属またはその配偶者と養親またはその直系尊属との間では，離縁によって親族関係が終了した後であっても，婚姻をすることはできない（736条）。

2　婚姻の無効と取消し

1　婚姻の無効

　当事者間に婚姻をする意思がないときは，婚姻は無効である（742条1号）。婚姻の届出が，739条2項に定める方式を欠くだけであるときは，婚姻は無効とならない（同条2号）。

　(1)　無効となる場合　　人違いその他の事由によって当事者間に婚姻をする意思がないときは，無効となる。婚姻意思とは，社会観念上夫婦と認められる共同生活を実際に営む意思と解されている（**実質的意思説**）。判例は，子に嫡出子としての身分を与えるための便法として届出されたいわゆる仮装婚姻について，「当事者間に真に社会観念上夫婦であると認められる関係の設定を欲する効果意思」が認められないとして無効としている（最判昭44・10・31民集23・10・

1894)。婚姻意思は，届出受理時まで存在していなくてはならない。判例は，他人に届出を委託した当事者が届出受理当時に意識を失っていても，届出作成時に婚姻意思を有していれば，受理以前に翻意などの特段の事情のない限り婚姻は有効に成立するとしている（最判昭44・4・3民集23・4・709）。

(2) 効果　　無効とされると，当初から婚姻の効力は生じていなかったことになる。子も嫡出でない子となる。また，無効である婚姻は判決・審判で確認されるまでもなく無効である。したがって，相続等の他の訴訟の前提問題としてもその無効を主張することができる（大判明37・10・8民録10・1319）。

(3) 無効な婚姻の追認　　婚姻届が無効であっても，その効力を争うことなく生活関係を継続していたような場合には，その婚姻は追認により届出時に遡って有効となると解されている（最判昭47・7・25民集26・6・1263）。

2　婚姻の取消し

(1) 要件　　婚姻の取消しは，取消しできる婚姻とその場合および請求権者が法定されている。

不適齢者の婚姻，重婚，近親婚禁止者間の婚姻，直系姻族間の婚姻，養親子等間の婚姻に違反した婚姻は，各当事者，その親族，当事者の一方が死亡した場合を除いて検察官から，その取消しを家庭裁判所に請求することができる（744条1項）。なお，重婚の場合は前婚の配偶者も取消しを請求できる（同条2項）。不適齢者の婚姻の取消しは，不適齢者が適齢に達したときは，3か月を経過または追認をした後は請求できない（745条）。詐欺または強迫による婚姻の取消しは，詐欺を発見もしくは強迫を免れた後3か月を経過し，または追認をしたときはできない（747条）。

(2) 効果　　婚姻の取消しは，さかのぼることなく，将来に向かってのみ効力を生ずる（748条1項）。したがって，子は嫡出子に変わりはない。なお，婚姻時の取消原因の知・不知により，返還するべき財産に差違が定められている（同条2・3項）。取消しの効果は離婚に類似することから，離婚による姻族関係の終了，協議上の離婚の効果，子の氏，離婚の際の親権者の決定の規定が準用されている（749条）。

3　婚約・内縁

1　婚　約

　民法は，将来婚姻しようという当事者の合意である婚約について何らの規定も置いていない。婚約をめぐる法律関係は判例，学説の解釈に委ねられている。

　(1)　婚約の成立　　婚約は，当事者に誠心誠意，真摯に将来確定的に夫婦となる合意が認められると成立する（大判昭6・2・20新聞3240・4）。結納や披露宴等の儀式は，婚約成立の証明を容易にはするが，必要とされるものではない（大判大8・6・11民録25・1010）。

　(2)　婚約の効力　　当事者は将来の婚姻成立のために誠実に行動する義務をおう。この義務に反するとして婚約が破棄されたり，正当な理由なく婚約を破棄する場合には，婚約の不当破棄として財産的および精神的損害を賠償する義務が生ずる。この損害賠償の法的性質については，通説・判例は債務不履行責任と解しているが（最判昭38・12・20民集17・12・1708），不法行為責任と解する説もある。立証責任，時効などに違いが生ずる。

2　内　縁

　社会的に夫婦として認められる実質的な婚姻共同生活をおくりながら，婚姻届出をしていないために法律上の夫婦としては認められない関係を内縁という。

　(1)　内縁の効果　　判例および学説は，内縁に対してなるべく婚姻に準じた効果を与えようとしている。同居協力扶助義務（752条），法定財産制の規定（760〜762条），離婚における財産分与の規定（768条）などが類推適用される。

　(2)　重婚的内縁　　配偶者がいながら内縁関係にある者に対しては，判例はかつては公序良俗に反するとして法的保護を否定していた。しかし，現在では法律上の婚姻の方が破綻し，その状態が形骸化している場合には，一定の範囲で保護するとしている（最判昭58・4・14民集37・3・270）。

4　婚姻の効果

　婚姻からは，夫婦間の身上に関する一般的効果と財産に関する効果とが生ず

る。

1　一般的効果

（1）　夫婦同氏　　夫婦は，婚姻の際に定めるところに従い，夫または妻の氏を称する（750条）。判例は，氏の変更を強制されない自由が人格権の一内容とはいえないこと，氏の選択が夫婦の協議に委ねられていること，夫婦同氏の原則は我が国の社会に定着していること，不利益は婚姻前の氏の通称使用で一定程度緩和されることを総合して，夫婦同氏を合憲としている（最大判平27・12・16民集69・8・2586）。

　しかし，改姓に伴う不利益，妻の改姓が多数である実態，自己決定権等の見地から，個人の尊厳と両性の本質的平等に反するとして，立法論として，夫婦は同氏も各自の氏を称し続けることも可能とする選択的夫婦別姓が主張されている。夫婦別氏を認めた場合には，子の氏の決定方法が問題となる。

　なお，夫婦の一方が死亡したときは，生存配偶者は**復氏届**を出すことによって，婚姻前の氏に服することができる（751条1項，戸95条）。この届出は，死亡配偶者の親族との姻族関係の終了とは無関係である。姻族関係を終了させたい場合には，姻族関係終了届を出す必要がある（728条2項，戸96条）。

（2）　同居・協力・扶助の義務　　夫婦は同居し，互いに協力し扶助しなければならない（752条）。同居義務，扶助義務は，夫婦は同等の権利を有し合えるよう協力するという協力義務の本質を踏まえて解釈される。

　（a）　同居　　病気療養，虐待からの避難，一時的な単身赴任等，正当事由が存する場合には，別居が認められる。正当事由なくして同居を拒む場合には，悪意の遺棄あるいは婚姻を継続し難い重大な事由として離婚事由になり得る（770条）。

　（b）　協力　　家事，育児，就労等婚姻共同生活の維持に必要な全ての事項を状況に応じて円滑に行うために夫婦に要求される義務である。この義務は，現行民法制定時に定められたものであり，その内容は，特に憲法24条1項の「夫婦が同等の権利を有することを基本として」の文言を踏まえて解釈決定されなくてはならない。

(c) 扶助　　婚姻共同生活に必要な衣食住等について，主として生計を維持する側は，自己と同等程度の生活を相手にも営ませる義務があることを定めたものと解されている。

(3) 貞操義務　　夫婦は，互いに配偶者以外の者と性交渉を持たないという義務である。民法には明文の規定は存しないが，不貞行為が離婚原因とされていることから（770条1項1号），当然の義務とされている。

(4) 夫婦間の契約取消権　　夫婦間の契約は，第三者の権利を害さない限り，婚姻中いつでも一方から取り消すことができる（754条）。しかし，この内容は，夫婦関係が円満なときには，明文化する必要はなく，円満でないときには，一方を困窮に陥れ争いを激化させることにもなる。この規定に合理性は存在しないといえる。判例は，婚姻が実質的に破綻しているときには取消権の行使を認めていない（最判昭42・2・2民集21・1・88）。削除されるべき規定である。

2　財産上の効果

(1) 夫婦財産契約　　夫婦は，婚姻後の財産関係について契約することができる。しかし，夫婦財産契約の周知がなされていないこと，夫婦財産契約のモデルの例示がないこと，契約締結が婚姻届出前に限られること（755条），契約の効力を第三者に対抗するためには婚姻届出前に登記を要すること（756条），婚姻後は原則として契約内容を変更することができないこと（758条1項）等の理由により，その利用はごく少ないといえるのが現状である。

(2) 法定財産制　　夫婦財産契約をしなかったときには，法定財産制の適用を受けることとなる（755条）。夫婦財産の帰属と管理については，共有制等いくつかの型に分類できるが，民法は夫婦別産制を採用している。

(a) 婚姻費用の分担　　夫婦は，衣食住，子の養育・教育，医療等共同生活から生ずる一切の費用を，各自の資産，収入その他一切の事情を考慮した上で，それぞれ分担する（760条）。この分担義務は夫婦の扶助義務（752条）を費用面で具体的に実現するものと理解できる。一切の事情の考慮から，妻は，家事労働のみで収入がなくても分担義務に反していることにはならない。

(b) 日常家事債務の連帯責任　　夫婦の一方が第三者と日常の家事に関す

る法律行為をした場合には，その第三者に個別的に責任を負わない旨の予告をした場合を除いて，夫婦は互いに連帯して責任を負う（761条）。日常の家事の具体的範囲は，個々の夫婦によって異なるが，取引の相手方の保護の観点から，夫婦の内部的な事情やその行為の個別的な目的のみを重視して判断すべきではなく，さらに客観的に，その法律行為の種類，性質等をも十分に考慮して判断すべきとされる（最判昭44・12・18民集23・12・2476）。連帯して責任を負うとは，夫婦は連帯債務者となり，同一内容の債務をそれぞれ併存的に負担することを意味する。

　夫婦の一方がこの日常家事の範囲を越えた法律行為をした場合について，判例は，「夫婦は相互に日常の家事に関する法律行為につき他方を代理する権限を有する」が，「その代理権の存在を基礎として広く一般的に民法110条所定の表見代理の成立を肯定することは，夫婦の財産的独立をそこなうおそれがあって，相当でないから」として，「当該越権行為の相手方である第三者においてその行為が当該夫婦の日常の家事に関する法律行為の範囲内に属すると信ずるにつき正当の理由のあるときにかぎり，民法110条の趣旨を類推適用して，その第三者の保護をはかれば足りる」としている（前掲最判昭44・12・18）。

　　（c）　夫婦財産別産制　　夫婦財産の帰属について，婚姻前から有する財産および給与所得，相続・贈与で得た財産等の婚姻中自己の名で得た財産は，各自が所有権を有する特有財産となる（762条1項）。夫婦のいずれに属するか明らかでない財産は共有財産と推定される（同条2項）。この財産制に対しては，特に妻は給与所得を有しないか少ないことが多く，妻の家事労働が評価されずに財産の帰属が決められることは夫婦の平等に反するとの問題が指摘されている。この点について，判例は，「配偶者の一方の財産取得に対しては他方が常に協力寄与するものであるとしても，民法には，別に財産分与請求権，相続権ないし扶養請求権等の権利が規定されており，右夫婦相互の協力，寄与に対しては，これらの権利を行使することにより，結局において夫婦間に実質上の不平等が生じないよう立法上の配慮がなされている」として，憲法24条には反しないとしている（最大判昭36・9・6民集15・8・2047）。しかし，判例が示した配慮だけ

では，妻が夫名義の財産の維持および形成のためにした寄与は，婚姻中にあっては潜在的なものにとどまり，妻の固有財産として具体化されないことを認めることになるので十分ではないといえる。

II　離　　婚

1　離 婚 の 手 続

離婚は，法定の手続きにしたがってなされることを要する。令和元（2019）年の人口動態調査では，全離婚件数のうち88.1％が協議離婚で占められている。

1　協 議 離 婚

夫婦は，その協議で，離婚をすることができる（763条）。実質的成立要件として当事者の離婚意思の合致が必要である。離婚意思について，判例は，生活保護の受給継続のための方便としての届出も有効としているので（最判昭57・3・26判時1041・66），婚姻の場合と異なり，届出意思のみで足りるとする形式的意思説の立場をとっているとも解せられる。しかし，最近では，離婚意思を離婚についての民法上の重要な典型的法的効果との関係で理解する法律的定型説が主張されている。この説の立場によれば，離婚意思は，婚姻の重要な本質的法的効果の消滅を欲する意思が認められれば良いと解せられるので，判例の事例の場合も，離婚意思の存在を認めることができることとなる。

協議離婚には，成年被後見人の婚姻，婚姻の届出，詐欺又は強迫による婚姻の取消しについての婚姻の規定が準用される（764条）。

未成年の子がいる場合には，協議で，子ごとに父母のいずれか一方を親権者と定めなくてはならない（819条1項）。また，民法766条が平成23（2011）年に改正されたことにともない，離婚届の用紙に「面会交流」および「養育費の分担」について取決めの有無をチェックする欄が設けられた。しかし，チェックは任意であり，未記入でも受理される。

なお，離婚意思確認制度の不存在，戸籍事務管掌者の審査権限等の関係から，当事者の一方の不知や届出に合意のない離婚届も受理されることがあり得る。

そのため，戸籍法に，**届出の不受理申出**等が規定されている（戸27条の２）。

2　調停離婚・審判離婚

（1）　調停離婚　　協議離婚が成立しない場合，当事者の話し合いにより双方が納得した円満な解決が望ましいとの理念による調停前置主義が適用され（家事244・257条），まず家庭裁判所に離婚（夫婦関係調整）の調停の申立てをしなくてはならない。調停は，裁判官と２人以上の家事調停委員で組織される調停員会で行われる（家事247・248条）。調停において当事者間に合意が成立し，調停調書に記載されると離婚が成立し，確定判決と同一の効力を有する（家事268条１項）。

（2）　審判離婚　　家庭裁判所は，調停が成立しない場合であっても，離婚を相当と認めるときには，調停委員の意見を聴いて，当事者双方の衡平および一切の事情を考慮して，職権で，調停に代わる審判をすることができる（家事284条１項）。この審判も確定判決と同一の効力を有するが（家事287条），当事者から２週間以内に異議の申立てがなされると効力を失うこともあり，行われることは少ない（家事279条２項・286条２・５項）。

3　裁 判 離 婚

調停・審判離婚が成立しないとき，また，相手方配偶者が生死不明等により意思表示ができないときには，裁判所に離婚の訴えを提起することとなる（人訴２条１号）。第１審は，家庭裁判所である（人訴４条）。

判決で離婚が認められるためには，法定の離婚事由が認定されることを要する。民法は，４つの具体的離婚事由と１つの抽象的離婚事由を定めている（770条１項）。前者は，後者の例示であるとの理解が多数説である。また，裁判所の裁量による棄却も定められている（同条２項）。

（1）　不貞行為（１号）　　配偶者が，自由な意思に基づいて，他の異性と性的関係を結ぶことである。不貞行為が婚姻破綻後になされたときは該当しない（最判平８・３・26民集50・４・993）。男女間の性交渉を伴わない不適切な関係は５号の問題となる。

（2）　悪意の遺棄（２号）　　夫婦の同居協力扶助義務（752条）に正当な理由な

くして違反することである（最判昭39・9・17民集18・7・1461）。ここでの悪意は，倫理的非難に当たることを意味する。婚姻費用の分担義務（760条）に反する生活費の不払いなどが該当する。

(3)　3年以上の生死不明（3号）　生死不明となった原因事由は問わない。生存を推定させる最後の事実があったときから起算する。

(4)　回復の見込みのない強度の精神病（4号）　自己に責任がないことを理由とするものであり，破綻主義の理念にもとづく事由である。専門医の鑑定に法律的判断を加えて判断される。この事由にあたらなくても，精神的交流が不可能として5号の事由にはなり得る（長野地判平2・9・17判時1366・111）。平成8（1996）年の民法改正要綱は，この事由を精神障害者に対する差別を助長するおそれもあるとして削除し，5号の事由で対処するとしている。

(5)　婚姻を継続し難い重大な事由（5号）　婚姻関係が客観的視点から破綻しており，回復の見込みがない状態をいう。具体的には，耐え難いと認定される暴行，虐待，侮辱，犯罪による処罰，性格や価値観の不一致，性生活の不一致，親族との不和等が該当する。

(6)　裁量的棄却条項　裁判所は1号から4号までの事由があるときでも，一切の事情を考慮して婚姻の継続を相当と認めるときは，離婚の請求を棄却することができる（770条2項）。5号の事由は抽象的事由であり，その認定は裁判官の裁量に委ねられているので除かれている。この裁量的棄却事由に対しては，結果として婚姻関係の継続を無理に強いることになるという批判がある。

4　和解離婚・認諾離婚

平成16（2004）年4月から施行された人事訴訟法37条により認められた離婚である。離婚訴訟の継続中に和解，認諾があると，その旨を調書に記載したときに直ちに法的に確定判決と同じ効力を有する離婚が成立する。ただし，認諾離婚は子の監護や財産分与等に関して附帯処分の必要があるときには認められていない。そのため，認諾離婚はごくまれな場合にしか用いられていない。

5　有責主義から破綻主義へ

判例は，長い間，夫婦関係が回復し難いほどに完全に破綻しているときでも，

法は不徳義勝手気儘を許さないとして，その破綻に責任のある有責配偶者からの離婚請求は認められないとの立場をとっていた（最判昭27・2・19民集6・2・110）。しかし，その後，判例は，別居期間が36年にわたる夫婦の事例ではあるが，一定の条件を満たし，著しく社会的正義に反するような特段の事情が認められず，信義誠実の原則からも容認できる場合には許されないものではないとした（最大判昭62・9・2民集41・6・1423）。この判例の後には，離婚請求者が生活費を負担し財産関係の清算に誠意ある提案をしているなどの事情がある場合であるが，別居期間が8年である夫婦の離婚を認めた（最判平2・11・8家月43・3・72）。判例は，立場を変更し，すでに破綻し形骸化した婚姻を戸籍上のみ存続させることの弊害の方を重視する方向に変わりつつある。

2 離婚の効果

　離婚により婚姻という夫婦の共同生活は解消するので，親権者，子の処遇，財産の精算，氏，祭祀財産等について取り決めをする必要が生ずる。

1 単独親権者の指定

　父母が婚姻中は共同親権であるが（818条1・3項），父母が協議離婚をするときは，協議で未成年の子一人一人について父母の一方を親権者と定めなくてはならない（819条1項）。子の出生前に父母が離婚したときには，母が親権者となる。出生後には，父母の協議で父を親権者と定めることができる（同条3項）。これらの協議が調わないときやできないときには，父または母の請求によって，家庭裁判所が審判で定める（同条5項）。裁判上の離婚のときには，裁判所が父母のどちらか一方を親権者と定める（同条2項）。なお，親権者が父母の一方に定められた後でも，子の利益のために必要があると認められるときは，家庭裁判所は，子の親族の請求によって，親権者を他の一方に変更することができる（同条6項）。現在，離婚後も父母が共に親権者として子の監護教育等にあたることを原則とする方が多くの場合に子の利益に適うとして，離婚後も共同親権を原則とする法改正が検討されている。

2　子の監護に関する定め

(1)　監護者の指定　　親権には，監護権が含まれるので，通常は親権者と監護者とは同じとなるが（820条），離婚するときに，親権者とは別に，監護者を定めることができる（766条1項・771条）。監護者は，財産管理権を除いた子の身上監護・教育をする。

(2)　面会交流　　離婚するときには，子の利益を最優先に考慮した上で，父母は，子の監護者，父または母と子との面会およびその他の交流，子の監護に要する費用の分担その他の子の監護について必要な事項を協議で定めなくてはならない（766条1項・771条）。これらの子の監護について必要な事項が，協議で定まらないときは，家庭裁判所が定める（766条2項）。

(3)　養育費　　監護に要する費用として（766条1項・771条），主として養育費が問題となる。養育費の具体的算定については，家庭裁判所は，参考資料として，子の人数と年齢および養育費の支払義務者と受給権利者の年収によって区分した表である養育費・婚姻費用算定表を広く活用して行っている。養育費の分担は，通常は非監護親が監護親に対して，それぞれの資力に応じてその分担分を支払うことによってなされる。

(4)　子の引渡し　　その他の監護に関する事項で重要なものとして，子の引渡しに関する事項がある。引渡しがなされない場合において，強制的実現のための執行方法として，子どもの引渡しに適した強制執行のための法の整備が，ハーグ条約締結による国際的観点からも急務とされていた。そこで，令和元（2019）年5月10日，民事執行法及び国際的な子の奪取の民事上の側面に関する条約の実施に関する法律の改正が行われ，子どもの情操に配慮したルールに大幅に改善されるに至った。

3　氏 の 変 更

婚姻によって氏を改めた夫または妻は，婚姻前の氏に復する（767条1項・771条）。その場合，職業上や子の氏と異なる等で不都合が生ずることがある。そのため，昭和51（1976）年の改正で，**婚氏続称**が定められ，離婚の日から3か月以内に届け出ることによって，離婚の際に称していた氏を称することができる

こととなった（767条2項・771条）。ただし，この届出をしても，呼称上の氏のみが離婚の際に称していた氏となるだけであって，民法上の氏は婚姻前の氏となっていると解されている。

4　祭祀財産の承継者の指定

婚姻によって氏を改めた者が祭具や墳墓を承継した後に離婚をしたときは，新たにそれらの承継者を，協議で，また協議で定まらないときは家庭裁判所によって定める（769条・771条）。協議をすることが義務づけられているにすぎず，氏が異なる者を承継者として決定することを妨げるものではない。

5　財 産 分 与

(1)　意義と請求方法　　財産分与は，清算的要素，扶養的要素，慰謝料的要素を含むと解することができる。判例も，財産分与に慰謝料を含めて請求することを認めている（最判昭46・7・23民集25・5・805）。

離婚した夫婦の一方は，相手方に対して財産の分与を請求することができる（768条1項・771条）。分与についての協議が調わないとき，または協議ができないときは，家庭裁判所に協議に代わる処分を請求することができる。この請求は，離婚請求と同時にでも，離婚成立後であってもできるが，離婚の時から2年を経過するまでにしなくてはならない（768条2項・771条）。この請求がなされると，家庭裁判所は，当事者双方が協力によって得た財産の額その他一切の事情を考慮して，分与の可否，額および方法を決定する（768条3項・771条）。

(2)　対象財産　　精算の対象となる財産は，原則として婚姻中に夫婦の協力によって得られた財産である。どちらの名義になっているかは問わない。夫婦の一方が婚姻前から有していた財産，相続や贈与によって得た財産であっても，価値の維持，増加，減少を防いだことに他方配偶者の寄与があるときは対象となる（東京高判昭55・12・16判タ437・151）。具体的には居住用の不動産，動産，預貯金，株券等の金融資産はもとより，退職金，年金も対象となる。

(3)　清算基準　　対象財産の清算にあたっては，夫婦財産別産制（762条）のもとでの，婚姻中の一方配偶者の家事等の無償労働による他方配偶者名義での財産取得に対する寄与が，公平に評価される必要がある。寄与は，特段の事情

が認められない限り，原則として両者同一割合，2分の1ずつと評価されるべきである。

(4)　**扶養的要素**　　離婚後の生活の困窮を防ぐために，生活保障の機能として，一方が要扶養状態にあり，他方が扶養可能である限り認められる。婚姻中に生じた主として所得能力等の経済的格差の是正のための補償に根拠が求められるとの主張がなされている。この主張のもとでは，清算の対象となる財産がない場合であっても分与の義務を認め，一定期間一定額の給付を命ずることに支障はないことになる。

第3節　親　　　子

　親子関係は，生物学上の血縁関係の有無により実親子関係と法定親子関係とに大別される。実親子関係は，さらに父母の婚姻関係の有無により嫡出親子関係と非嫡出親子関係とに分けられる。法定親子関係は，養親子関係である。

　また，親は子を社会の健全な一員となるように監護養育し，子の財産を適切に管理しなくてはならない。民法は，親権のところを中心に，親の権利義務に関する重要な規定をおいている。

I　実　　　子

1　嫡　出　子

　嫡出子について，民法は，明確に定義する規定は置いていないが，婚姻関係にある男女間に懐胎・出生した子のことをいう。

1　嫡 出 の 推 定

　令和4（2022）年12月の民法改正によって，施行時期は公布から1年6か月以内とされており未定であるが，嫡出推定に関する規定は大きく改正された。

(1)　**772条1項**　　父子関係は，立証には困難が伴い，容易には確定できない。そこで，嫡出の推定について，妻は夫の子を懐胎・出産する可能性が高いこと

から，妻が婚姻中に懐胎した子は，当該婚姻における夫の子と推定するとした。さらに，婚姻前に懐胎した子であっても，婚姻が成立した後に生まれた子については，父は夫である蓋然性が高いこと，懐胎を契機として婚姻に至る者の増加という社会実態，夫婦による養育が期待できるという事情等を踏まえて，当該婚姻による夫の子と推定するとした。

(2) 772条2項　　婚姻前に懐胎した子であるか，婚姻中に懐胎した子であるかの判断について，子の出生後に個別に争われることは避けるべきであることから，法的に画一的に定めることとした。そこで，妊娠の期間等に関する現在の医学的知見に照らし，合理的な期間として，出産時を基準として，婚姻の成立の日から200日以内に生まれた子は婚姻前に懐胎したものと推定し，婚姻の成立の日から200日を経過した後または婚姻の解消もしくは取消の日から300日以内に生まれた子は，婚姻中に懐胎したものと推定することとした（同条2項）。この嫡出の推定規定により夫の子と推定される子を**推定される嫡出子**という。

(3) 772条3項　　再婚禁止期間を廃止したことから，女性が子を懐胎したときから，子の出生までの間に，離婚と婚姻を複数回していることも想定され，そのような場合には，それぞれの夫たちとの間で父性推定が重なり得ることになる。そこで，このような場合に対処するために，父である蓋然性が相対的に高いこと，夫婦による子の養育が期待できること等の事情を踏まえて，女が772条1項の場合において，子を懐胎したときから子の出生の時までの間に2以上の婚姻をしていたときには，出産時において離婚している場合もあり得ることから，その子の父は，その出生の直近の婚姻における夫の子と推定することとした（同条3項）。なお，この規定により，無戸籍の子の出現という問題の大部分は解消されることになった。

(4) 772条4項　　3項の規定によって，父と推定された子の出生の直近の夫であっても，嫡出否認の訴え（774条）により推定が否認されることがある。

そこで，そのような場合には，否認された夫との間の婚姻を除いた上で，子の出生の直近の婚姻における夫の子と推定することとした。このことを明確に

するために，4項は，「同項中『直近の婚姻』とあるのは，『直近の婚姻（第774条の規定により子がその嫡出であることが否認された夫との間の婚姻を除く。)』とする。」と規定した。

2　嫡出の否認

(1)　意義　　772条によって，嫡出の推定を受ける子であっても，妻が父と推定される者以外の者と性交渉を持ったことにより，子が父と推定された者とは血縁上の親子関係がない場合もある。そのような場合，774条によって，父または子，事情により制限は付されているが母および前夫は，それぞれの嫡出に対する否認権が認められる。

推定される父と血縁上の父が一致していないことからは多様な問題が生じ，それらの問題は，子および母にとっても重大かつ切実な利害を及ばす。しかし，改正前の774条は，子の嫡出の否認権を夫のみに限定していた。そこで，事案に即した適切な解決を図ることができるように，否認権者を子，母，前夫にも拡大した。

774条改正の直接の目的には，母の否認権を認めることによって，無戸籍の子の出現の原因となることの解消があったことが指摘されている。

(2)　否認権者　　772条の規定によって子の父が定められる場合において，否認権者は父，子，母（774条1項・2項・3項）および前婚の夫（同条4項）である。

　(a)　子　　血縁上の父子関係に重大な利害関係を有する当事者であることから，第三者の精子を用いた生殖補助医療により出生した場合を除いて，当然の権利者として認められる（774条1項）。

なお，子が自らの判断で行使できないうちからも行使できるように，子の親権を行う母，親権を行う養親，未成年後見人にも，子のために行使が認められている（同条2項）。

　(b)　母　　一般的に，母は，血縁上の父子関係の有無を正確に認識していること，また，子の法律上の父が共に子を養育する者として望ましいかについて，子の利益の観点から適切に判断することが期待できるとして認められてい

る（同条3項本文）。

ただし，母による否認権の行使が，その行使の意図から権利の濫用に当たり，子の利益を害することが明らかである場合には，その行使は認められない（同条3項ただし書）。

(c) 前夫　772条3項により，母が子を懐胎した時から子の出生までの間に2以上の婚姻をしていたときは，その子の父は再婚後の夫の子と推定されることになる。しかし，母が離婚後に再婚しなかった場合には，前夫は父と推定される立場にあった。そのため，前夫に対しても，再婚後の夫の子であるという推定に対する否認権が認められている（同条4項本文）。

しかし，前夫の否認権の行使は，再婚後の家庭への介入となり，子の利益を害することが明らかである場合には認められない（同条4項ただし書）。

なお，前夫が否認権を行使したことにより，772条4項の規定により読み替えられた同条3項の規定によりその前夫が新たに子の父と定められたときには，その前夫は，第1項の規定にかかわらず，子に対して自ら嫡出を否認することはできないとされている（同条5項）。

3　出訴権者と相手方

子，父，母，前婚の夫が772条が規定する嫡出の推定を否認をする場合には，反証を挙げて推定を覆さなければならないが，そのことは嫡出否認の訴えによって行わなければならない（775条，人訴2条2号）。嫡出否認の訴えにおいては，否認権の行使者ごとに訴えの相手方が法定されている。

① 父が否認権を行使するときは，相手方は子または親権を行う母である（同条1号）。

② 子が否認権を行使するときは，相手方は父である（同条2号）。

③ 母が否認権を行使するときは，相手方は父である。（同条3号）。

④ 前夫が否認権を行使するときは，相手方は父および子または親権を行う母である（同条4号）。

なお，1号または4号が規定する親権を行う母を相手方として否認権を行使する場合において，親権を行う母がいないときは，家庭裁判所は，特別代理人

を選任しなければならない（同条 2 項）。

　また，父または母は，子の出生後において，嫡出であることを承認したときは，それぞれその否認権を失う（776条）。

4　出訴期間

（1）　原則　　出訴権が夫に加えて，新たに子と母さらに前夫にも認められたことから，それらの者の行使の機会の確保として十分であり，かつ子の身分関係を過度に不安定にはしない期間として，例外となる場合は別に法定するとして，原則規定として，それぞれの者について個別に定める起算のときから一律に 3 年と定められた（777条）。

　3 年とされた理由は，子の発達に関する一般的知見から，子の認知・記憶は 4 歳前後に大きく発達し，5 歳頃には出来事の記憶が長期にわたって残るということにより，その前が適切であるということによる。

①　父の否認権の出訴期間は，父が子の出生を知った時から 3 年以内である（同条 1 号）。

②　子の否認権の出訴期間は，その出生の時から 3 年以内である（同条 2 号）。

③　母の否認権の出訴期間は，子の出生の時から 3 年以内である（同条 3 号）。

④　前夫の否認権は，前夫が子の出生を知った時から 3 年以内（同条 4 号）である。

　ただし，前夫の否認権は，子が成年に達した後は行使できない（778条の 2 第 4 項）。

（2）　772条 3 項の規定により父が定められた子について，774条の規定により嫡出であることが否認されたときの特則　　772条 3 項の規定により，父が定められた子が，774条の規定により嫡出が否認されたときに，否認権を行使する者は，それぞれ当該子に係る嫡出否認の裁判が確定したことを知った時から，1 年以内に提起しなければならない（778条）。

　このような場合に，否認権を行使した者以外の者が自らが否認権を行使できることを確定的に知ることができるときは，当該子に係る嫡出否認の裁判が確定したことを知った時であることから，このときを基準として，777条の規定

にかかわらず，行使が可能な十分な期間として1年以内に提起しなければならないとされた。

　ただし，前夫の否認権は，子が成年に達した後は行使できない（778条の2の4項）。

　なお，裁判所は，772条3項の規定により父が定められた子について，嫡出否認の判決が確定したときは，774条4項に規定する前夫に対して，訴訟記録上においてその氏名および住所または居所が判明している場合に限るが，当該判決の内容を通知することが新たに規定された（人訴42条）。

　(3)　子の否認権の特則　　子が否認権を行使する場合については，2つの場合に期間の延長が認められる。

　　(a)　子が未成年であり，777条2号または778条2号が定める子の否認権の出訴期間の満了前6か月以内の間に子に代わって否認権を行使できる親権を行う母，親権を行う養親および未成年後見人がいない場合　　子は，母もしくは養親の親権停止の期間が満了し，親権喪失もしくは親権停止の審判の取消しの審判が確定し，もしくは親権が回復された時，新たに養子縁組が成立した時または未成年後見人が就職した時から6か月を経過するまでの間，嫡出否認の訴えを提起することができる（778条の2第1項）。

　　(b)　子が，父と継続して同居した期間が3年を下回る場合　　子は，父との同居期間の一定の長さという客観的な基準によって，推定される父子関係が社会的実態としては形骸化していると判断される場合に，否認権の行使が認められる。

　子は，その父と継続して同居した期間が，その期間が2つ以上ある場合には，そのうちの最も長い期間について，3年を下回るときには，777条2号および778条2号の規定ににかかわらず，21歳に達するまでの間，嫡出否認の訴えを提起できる。ただし，子の否認権の行使が父による養育の状況に照らして，父の利益を著しく害するとされるときは，この限りでない（778条の2第2項）。

5　子の監護に要した費用の償還の制限

　子が否認されるまでに長期間が経過していることもあり得，監護に要した費

用が大きな金額になることが想定できる。そこで，嫡出であることが否認された場合であっても，子は，父であった者が支出した子の監護に要した費用を償還する義務を負わないとされた（778条の3）。

6　相続の開始後に新たに子と推定された者の価額の支払い請求権

相続の開始後に，774条の規定により否認権が行使され，772条4項の規定により読み替えられた同条3項の規定により，被相続人が新たな父と定められた場合については，子が相続人として，被相続人である父に対して遺産の分割の請求をする場合が生ずる。そこで，その場合には，その子は，他の相続人が既にその分割その他の処分をしていたときは，当該被相続人の遺産分割の請求は，価額のみによる支払いの請求により行うとされた（778条の4）。

7　嫡出推定の及ばない子

(1)　意義　　772条によって嫡出推定を受ける子ではあるが，妻が夫の子を懐胎することが客観的に不可能な場合がある。妻がその子を懐胎すべき時期に，夫が服役中であったり海外滞在が証明されたり，既に事実上の離婚状態にあり夫婦としての実態が失われていたりして，夫婦間に性交渉の機会がなかったことが明らかであるなどの事情が存在する場合である。

このような事情がある場合の子は，判例上，772条の適用の前提条件を実質上欠いていることにより，772条が規定する嫡出の推定を受けない子であるとされ，このような子に対しての父子関係の存否の争いは，嫡出否認の訴えによることなく，親子関係不存在確認の訴えによるとされている（最判昭44・5・29民集23・6・1064）。このような子を**嫡出推定の及ばない子**と称する。

したがって，子が，嫡出推定の及ばない子とされる場合には，父子関係の存否の争いに，嫡出否認の訴えを定める775条は適用はされない。

(2)　嫡出推定の及ばない子の範囲　　嫡出推定の及ばない子に対しては，妻が夫の子を懐胎することが客観的に不可能とされる事情のうち，どのような事情がある場合までを認めるか，その範囲が問題となる。判例は，DNA鑑定により前夫との父子関係がないことが確認され，子が血縁上の父と一緒に暮らしている場合にも，婚姻中懐胎した子として嫡出推定を受けた子である以上，そ

の子は推定の及ばない子ではなく，父子関係を否定することはできないとしている（最判平26・7・17民集68・6・547）。夫の服役中，海外滞在中，事実上の離婚による別居生活中等のように外観からわかる事情に限定するべきとする立場（**外観説**）のもとで判断しているといえる。

8 親子関係不存在確認の訴え

嫡出推定の及ばない子とされる子について，戸籍上の父子関係を否定するときは，嫡出否認の訴えによるのではなく，親子関係不存在確認の訴えによる（大判昭15・9・20民集19・1596，最判平10・8・31家月51・4・75）。この訴えは，現在も民法上には規定されていない。学説，判例において認められ，実際に裁判所で採用されてきたことを踏まえて，平成15年に制定された人事訴訟法において明文で定められた（人訴2条2号）。

この訴えは，親子関係不存在の確認の利益のある利害関係人であるならば，原則として法律上の父はもちろん誰もが提起できる。また，出訴期間の制限もない。それゆえ，子がこの訴えの対象となることは，法律上の父を血縁上の父に合わせ易くはするが，反面子の法的地位を不安定にする可能性を高めることになる。そのため，特に推定の及ばない子の範囲を広げることについてはこのことを十分考慮して判断する必要がある。

9 父を定めることを目的とする訴え

重婚を禁止する732条の規定に違反して婚姻をした女が出産した場合において，嫡出の推定を規定する772条によりその子の父を定めることができないときは，裁判所が定める（773条）。

2 嫡出でない子

婚姻関係にない男女間に生まれた子を**非嫡出子**という。民法は「嫡出でない子」と表記している。非嫡出子は，嫡出推定がなされないため，父子関係の成立のためには**認知**という手続きを要する（779条）。認知には，**任意認知**（781条）と**強制認知**（787条）の2つの方式がある。

1　任意認知

(1)　方式　　任意認知は，戸籍法の定めるところにより届け出ることによっ
てする（781条1項，戸60条）。この認知は遺言によってもすることができる（同条
2項）。

(2)　父が認知するときに，一定の者の承諾が必要な場合　　(a)　成年の子の
認知　　成年の子を認知するときは，その本人の承諾がなければならない（782
条）。未成年の子を放置しておきながら，扶養等の請求を目的として，成年とな
った子を認知するという身勝手を防ぐためである。

　(b)　胎児の認知　　胎児を認知することができるが，その場合には，母の
承諾を得なければならない（783条1項）。母に確認することにより誤った認知を
防ぎ，同時に母の名誉および母子の利益を損なわないためとされている。

なお，胎児のときに認知された子が出生した場合において，772条の規定に
よってその子の父が定められるときは，その認知は無効となる（同条2項）。

　(c)　死亡した子の認知　　死亡した子に対しても，その子に直系卑属がい
るときに限り，認知することができる。その場合には，(a)の成年の子の認知と
同じ理由で，その直系卑属が成年であるときは，それぞれの者の承諾を得る必
要がある（同条3項）。

(3)　認知能力　　認知をするには，意思能力があればよく，父が未成年者ま
たは成年被後見人であるときであっても，法定代理人の同意を要しない（780
条）。

2　母の認知

条文上は父又は母と規定されていることから（779条，780条，783条3項，785条，
789条2項），母にも認知が適用されるように読める。しかし，母の非嫡出子につ
いての母子関係の成立は，母がその子を出産したという事実が証明されること
により当然に生じ，認知は不要であると解されている（最判昭37・4・27民集16・
7・1247）。母子関係の成立は親子関係存在確認訴訟によってする。

3　認知の取消しの禁止

(1)　意義　　認知をした父または母は，その認知を取り消すことができない

（785条）。この規定は，なされた認知について，血縁上の親子関係が存在している場合を前提としていると理解されている。

判例も，血縁上の父子関係がないことを知りながら認知をした場合でも，自らした認知の無効を主張することができ，認知に対して反対の事実を主張することができるとしている（最判平26・1・14民集68・1・1）。認知が法的に有効であるための前提として，認知者の認知の際の意思よりも血縁上の親子関係の存在を重視している。

（2）　認知の無効との関係　　認知の取消しを判例・通説のように理解する立場からは，たとえ認知が詐欺・強迫，誤った認識によってなされた場合でも，認知者の認知の際の意思内容よりも血縁上の親子関係の存在という事実の方に重きを置くことになるので，血縁上の親子関係が認められる限り，取消しは認められないこととなる。785条はこのことを意味しているものと解釈することとなる。

なお，その結果として，血縁上の親子関係の不存在という事実が認められる場合には，認知者の意思にかかわらず，その認知は無効ということとなり，取消しではなく，その認知に対して利害関係を有する子，母はもちろん，認知者も786条の規定にしたがって，反対の事実を主張することができることとなる。

4　認知の無効の訴え

（1）　原則　　血縁上の親子関係が存在しない者による事実に反した認知は無効ということとなる。無効であることから，無効を主張することについて何らの制限を置かないときには，利害関係がある者は誰でもが期限の制限なくできることともなる。このようなことは，認知を前提として形成された社会的な親子関係の保護を図るという理念を無視することとなり，子の身分関係をいつまでも不安定にし，子にとって重大な不利益を生じさせる。

そこで，認知の無効の訴えの提起権者を，認知により成立する法律上の親子関係の当事者と子を養育する主体となり得る者に限定し，子またはその法定代理人，認知をした者，子の母とした。そして，各提起権者は，それぞれの者について定められたときから7年以内に限り，認知無効の訴えを提起することが

できるとした（786条1項）。

①　子またはその法定代理人は，認知を知った時から7年以内（同条1項1号）。

②　認知をした者は，認知をした時から7年以内（同条1項2号）。

③　子の母は，認知を知った時から7年以内（同条1項3号）。

(2)　胎児の特則　　胎児に対しては，認知の効力が生じるのは，子の出生時以降であるので，胎児の出訴期間の起算点は，訴えを起こすことが可能となる子の出生の時とされた（同条1項）。

(3)　子の母の特則　　子の母については，認知者と子の間に社会的な父子としての実態があるにもかかわらず，認知の無効の訴えを提起することがあり得る。そこで，認知の無効の主張が，子の利益を害することが明らかであるときは，この限りでないとして，認知の無効の訴えを提起できないとされた（同条1項ただし書）。

(4)　子の出訴期間の特則　　社会的な父子としての実態の存否を，継続して同居した期間で判断することとした。そこで，子は，その子を認知した者と認知後に継続して同居した期間が，その期間が2つ以上ある場合には，そのうちの最も長い期間について，3年を下回るときは，同条1項1号の規定ににかかわらず，21歳に達するまでの間，認知の無効の訴えを提起できるとされた（同条2項本文）。ただし，子による認知の無効の主張が，認知をした者による養育の状況に照らして認知をした者の利益を著しく害するとされるときは，この限りでない（同条2項ただし書）。

なお，同条2項が規定する子の法定代理人が1項により認知の無効の訴えを提起する場合には，子についての2項は不要となる。そこで，同条2項の適用による認知の無効の訴えは，同項が規定する子の法定代理人が同条1項が規定する認知の無効の訴えを提起する場合には，適用しないとされた（同条3項）。

5　子の監護のための費用の償還義務の制限

認知の無効の訴えが認められた場合には，父の子に対する養育状況の事情によっては，父が子の監護のために支出した費用の精算が子との間でも必要となり子の負担となる場合が生じ得る。そこで，786条1項および2項の規定によ

って認知が無効とされた場合であっても，子は，認知をした者が支出した子の監護に要した費用を償還する義務は負わないとされた（786条4項）。

6　認知の効力を有する届出

　夫が妻以外の女性との間に生まれた子を妻との間の嫡出子として出生届をしたとき，その届出に認知届としての効力が認められるかが問題となる。要式性の緩和が許され，虚偽の嫡出子出生届に認知の効力を認めることができるかである。判例および多数説は，父子間に嫡出親子関係を認めることはできないが，非嫡出親子関係は認められるとして，虚偽の嫡出子出生届に認知届としての効力を認めている（最判昭53・2・24民集32・1・110）。なお，判例は，自己の非嫡出子をいったん他人夫婦の嫡出子として出生届をして，その後にその戸籍上の父母の代諾によって自己と養子縁組をした場合については，養子縁組の方式と認知の方式とは異なることを理由として，要式性の緩和を認めず養子縁組届に認知の効力は認められないとしている（大判昭4・7・4民集8・686）。ただし，このような縁組も子が15歳以上になったときに，縁組を追認するならば有効となるとされている（最判昭39・9・8民集18・7・1423）。

7　強制認知（認知の訴え）

　(1)　**当事者と出訴期間**　　父が任意に認知をしない場合には，子，その直系卑属，またはこれらの者の法定代理人は，認知の訴えを提起することができる。これを，**強制認知（裁判認知）**という。父が死亡した後であっても，死亡の日から3年を経過するまで提起することができる（787条）。この死後認知における出訴期間の制限は，証拠の収集の困難，濫訴の防止等を理由とする。

　(2)　**父子関係の証明**　　この訴えにより認知が認められるためには，原告が父子関係の存在を立証しなくてはならない。この立証について，かつて判例は，懐胎可能期間に性交渉が存在したことだけでは足らず，その期間中に他の男性とも性交渉を有しなかったことの証明をも要するとしていた（大判明45・4・5民録18・343）。そのため，学説は，被告からその期間中の他の男性との性交渉の存在の抗弁（不貞の抗弁，多数当事者の抗弁）がなされると，この抗弁を覆すことは大変な困難を伴うこととなるとして，批判をしていた。そこで，現在では，

判例は，原告が被告と継続的に情交を結んだ事実を立証し，被告も他の男性と情交関係があった事実を証明することができず，血液型上の背馳もないときには，別段の事情がない限り，父子関係を認めるとしている（最判昭32・6・21民集11・6・1125）。なお，この訴えにおいても，日本では，被告が同意しない限り，DNA 鑑定を強制することはできないことになっている。

(3)　認知請求権の放棄　　認知請求権は，判例，通説とも，子の利益の保護の観点から放棄は許されないとしている（最判昭37・4・10民集16・4・693）。したがって，子や母に金銭等を与えて将来にわたって認知の訴えを起こさないことを約束させても，その契約は無効である。

8　認知の効果

(1)　効果　　認知の効果は任意認知，強制認知とも同一である。認知によって法律上の父子関係が発生し，相互に扶養の権利・義務，相続の権利等が生ずる。認知の効果は，出生時にさかのぼって効力を生ずる。ただし，第三者が既に取得した権利を害することはできない（784条）。すでに相続人たちにより遺産分割やその他の処分がなされた後に認知がなされた場合には，認知された子は，自分の相続分に相当する価額の支払いのみを請求できる（910条）。

(2)　氏，親権者，戸籍　　子は，認知されても母の氏を称する（790条2項）。認知によって戸籍の変動も氏の変更も生じない。ただし，家庭裁判所の許可を得て，父の氏を称することは可能である（791条1項）。親権は，母が行うが，父が認知した子については，父母の協議で父を親権者と定めたときに限り父が行う（819条4項）。認知されると，子が記載されている母の戸籍の子の身分事項欄に，認知があったこと，認知日，認知者として父の氏名が記載され，父の戸籍にも身分事項欄に，認知をしたこと，認知日，認知した子の氏名と戸籍の記載がなされる。

9　準　　正

準正とは，嫡出でない子が嫡出子の身分を取得する制度である。民法は2つの場合を定めている。

(1)　婚姻準正　　父が婚姻前に認知していた子は，父が子の母と婚姻したと

きは，その子は嫡出子となる（789条1項）。

(2) 認知準正　父が子の母と婚姻したときは，婚姻後に子を認知すると，その子は認知のときから嫡出子となる（789条2項）。

なお，多数説は，認知準正のとき，嫡出子としての身分の取得時について，条文は認知のときからとしているが，子の利益の観点から，婚姻準正の場合と同じく，婚姻のときからと解している。戸籍実務も同様な取り扱いをしている（昭和42年3月8日民事局長回答民事甲373号）。また，準正の規定は，子がすでに死亡した場合でも準用される（789条3項）。

Ⅱ　養　　子

1 普 通 養 子

親となる者と子となる者との間で，法律によって人為的に親子関係を創設する制度である。現行法が認める唯一の法定血族関係である。養子制度は，歴史的にみると，「家のため」から「親のため」へ，そして「子のため」へと主たる目的を変えてきている。わが国の養子制度は，戦後に子のための養子制度へと法律条文において大きな改正がなされた。しかし，いまだ完全に徹していないとの批判がなされている。

1　形式的要件としての養子縁組届

養子縁組が成立するためには，届出が必要である。この届出を形式的成立要件と解するのは婚姻届と同じである。届出には婚姻の届出の規定が準用される（799条・739条）。

藁の上からの養子というが，他人の子を自己の嫡出子として出生届をして，以後その子を自分たち夫婦の子として育てる場合がある。学説には，肯定する有力な見解もあるが，判例は，このような虚偽の嫡出子出生届は無効であり，養子縁組届としての効力も持たないとしている（最判昭25・12・28民集4・13・701）。

2　実質的要件

(1)　縁組意思の合致　　養子縁組は，両当事者の合意によって成立する。婚姻の場合と同様，縁組の無効の規定からも，当然の要件とされる（802条1号）。縁組意思も実質的意思説あるいは法律的定型説で理解することができる。離婚意思の場合と同様である。判例は，真に親子関係の設定による親子関係の効果の享受を欲しており，公序良俗に反するものでない限り，他の目的を達する方便としての意図があるものであっても認めている（最判昭46・10・22民集25・7・985）。

(2)　縁組能力　　本人意思の尊重という要請から，意思能力があることが前提とされる。成年被後見人も成年後見人の同意を要しない（799条・738条）。意思能力がある限り，15歳以上の未成年者は，自ら単独で有効な縁組をすることができる。ただし，未成年者が自己または配偶者の直系卑属である場合を除いて，家庭裁判所の許可を得なければならない（798条）。

(3)　縁組適齢　　(a)　養親となる者は20歳に達していなくてはならない（792条）。成年年齢に達しただけでは養親となれない。

　(b)　養子となる者は，養親より年長，また尊属であってはならない（793条）。一定の年齢差は要求されていず，同年齢でもよい。

(4)　後見人と被後見人間の縁組　　後見人が未成年被後見人および成年被後見人を養子とするときは，家庭裁判所の許可を要する。後見人の任務が終了した後であっても，管理の計算が終わらない間は許可を要する（794条）。後見人による財産不正費消事実の隠蔽を防ぐ趣旨である。

(5)　配偶者のある者の縁組　　(a)　配偶者のある者が未成年者を養子とするときは，配偶者とともにしなければならない（795条本文）。これを**夫婦共同縁組**という。養父，養母との間に2つの縁組が成立する。ただし，配偶者の嫡出子を養子とする場合，一方の配偶者が縁組の意思表示ができない場合は，他方配偶者のみで縁組ができ，共同縁組は要しない（同条ただし書）。

　(b)　配偶者のある者が単独で縁組ができるときは，養親となるときも養子となるときも，その配偶者の同意を要する（796条本文）。夫婦の一方の縁組によ

り，姻族関係，相続，扶養，氏等で他方配偶者に影響が生じるからである。ただし，夫婦共同で縁組する場合と他方配偶者が同意の意思表示ができないときは，要しない（同条ただし書）。

(6) 代諾縁組　養子となる者が15歳未満であるときは，法定代理人がその子に代わって縁組の承諾をする（797条1項）。これを**代諾縁組**という。父母が婚姻中で共同で親権を行使しているときは，父母が共同で代諾する。養子となる者の父母で監護をする者が他にいるときには，代諾権者である法定代理人はその者の同意を得ることを要する。親権を停止されている父母がいるときにも，その父母の同意を要する（同条2項）。

(7) 未成年養子の許可　未成年者を養子とするには，家庭裁判所の許可を得なければならない。ただし，自己または配偶者の直系卑属を養子とするときは不要である（798条）。

3　縁組の無効と取消し

(1) 縁組の無効　縁組の無効の原因として，婚姻の無効と同じ内容の規定が置かれている（802条）。縁組意思がないと認められるときである。なお，届出は成立要件と解されるので，届出をしないときは縁組は不成立と解するべきである。

(2) 縁組の取消し　縁組の取消しは，一定の場合に限定されている。縁組の実質的要件を満たしていないとき，縁組意思に瑕疵があるときである。取消事由，取消権者，取消期間等については804条から808条までで規定されている（803条）。

縁組の取消しには，詐欺又は強迫による婚姻の取消し（747条），婚姻の取消しの効力に関する規定（748条）が準用されている（808条1項）。したがって，遡及効はなく，将来に向かってのみ効力が生ずる。また，詐欺又は強迫による取消権は，当事者が詐欺を発見しもしくは強迫を免れた後6か月を経過し，または追認をしたときに消滅する（808条1項）。離婚による復氏の際の権利の承継（769条），離縁による復氏等の規定（816条）も準用されている（同条2項）。

4　縁組の効果

(1)　嫡出子としての地位の取得　　養子は，縁組の日から養親の嫡出子としての身分を取得する（809条）。養子が未成年であるときは，養親の親権に服する（818条2項）。

(2)　法定血族関係の発生　　養子と養親およびその血族との間においては，養子縁組の日から，血族間におけるのと同一の親族関係を生ずる（727条）。普通養子縁組にあっては，実方との親族関係は終了しない。

(3)　養子の氏　　養子は，養親の氏を称する。ただし，婚姻によって氏を改めた者については，婚姻の際に定めた氏を称すべき間はその氏を称し，養親の氏は称しない（810条）。

5　離　　縁

養子縁組は離縁によって解消する。離縁の方式としては，協議離縁，調停離縁，審判離縁，裁判離縁がある。また，新たな離縁方法として，平成16（2004）年施行の人事訴訟法によって定められた訴訟法上の和解による離縁，認諾による離縁がある（人訴44条・37条）。

一方当事者が死亡した場合でも，離縁をすることは可能である。**死後離縁**という。家庭裁判所の許可が必要である（811条6項）。

(1)　協議離縁　　縁組当事者は，協議によって離縁をすることができる（811条1項）。その届出によって，離縁は成立する（812条・739条）。養子が15歳未満であるときは，養子の離縁後にその法定代理人となるべき者と養親との協議で行う（811条2項）。**代諾離縁**という。なお，この場合において，養子の父母が離婚しているときは，その協議で，その一方を養子の離縁後に親権者となるべき者と定めなければならない（同条3項）。また，夫婦共同縁組の場合において，未成年者である養子と離縁をするときは，夫婦の一方がその意思を表示することができない場合をのぞいて，夫婦共同で離縁をしなければならない（811条の2）。

(2)　裁判離縁　　(a)　方法　　裁判での離縁の前に，調停前置主義の適用があり（家事257条），最初に家庭裁判所に調停を申し立てる。調停が不成立となり，審判がなされなかったか異議が申し立てられて失効したときに，同じく家庭裁

判所に離縁の訴えを提起する（人訴2条3号）。養子が15歳未満のときは，離縁の訴えは，811条の規定により養親と離縁の協議ができる者から，またはこの者に対して提起する（815条）。

　　(b)　離縁の原因　　(ア)他の一方からの悪意の遺棄，(イ)他の一方の3年以上の生死不明，(ウ)その他縁組を継続し難い重大な事由である（814条1項）。(ア)について，主に扶養義務の不履行が該当するが，判例は，これを広く解し，単なる扶養義務の不履行に限らず，正当な理由なく一般に合理的な親子関係として要請される精神的共同生活を破棄したような場合も含まれるとする（大判昭13・3・24民集17・5・499）。(イ)は，養子からも養親からもこの事由で訴えを提起できる。(ウ)は，共同生活の維持，回復が著しく困難な程度に破綻していることを意味する。なお，(ア)と(イ)については，その存在が認められても，裁判所は，一切の事情を考慮して縁組の継続を相当と認めるときは，離縁の請求を棄却することができる（814条2項・770条2項）。

　破綻について有責である者からの離縁請求が認められるかについては，裁判離婚の場合と同様な問題がある。判例は，実質的な親子関係の破綻の原因が全面的もしくは主として請求する側にあるなど，その者からの請求が著しく正義に反する特段の事情がない限り，認められるとする（最判昭40・5・21家月17・6・247）。

　(3)　離縁の効果　　養子と養親およびその血族との法定血族関係は終了する。縁組後に養子の配偶者となった者ならびに縁組後に生まれた養子の直系卑属およびその配偶者と養親およびその血族との間の親族関係も終了する（729条）。

　養子は，離縁によって縁組前の氏に復する（816条1項本文）。ただし，配偶者とともに縁組をした養親の一方のみと離縁した場合は，復氏しない（同条1項ただし書）。縁組の日から7年を経過してから後，離縁により縁組前の氏に復した者は，離縁の日から3か月以内に届け出ることによって，離縁の際に称していた氏を称することができる（同条2項，戸73条の2）。また，離婚による復氏の際の権利の承継の規定も準用される（817条・769条）。

2　特 別 養 子

　特別に保護を要する子に，家庭を与えることにより健全な養育環境のもとで養育をはかることを目的として，新たに特別養子という名称のもとで制定された養子制度である。この制度を定めた法は昭和62（1987）年に成立し翌年1月1日から施行された。この養子制度の最大の特徴は，家庭裁判所の審判によって成立し，実方の血族との親族関係が終了することである（817条の2・817条の9）。

1　成 立 要 件

　(1)　養親の夫婦共同縁組　　養親となる者は，配偶者のある者でなければならない（817条の3第1項）。夫婦双方が養親となる共同縁組が原則である（同条2項本文）。ただし，配偶者の嫡出子（特別養子縁組以外の縁組による養子を除く）を特別養子とするときは，単独縁組が可能である（同条同項ただし書）。

　(2)　養親の年齢　　養親となる者は，25歳以上の年齢でなくてはならない。ただし，夫婦の一方が25歳以上であれば，他方は20歳以上であればよい（817条の4）。

　(3)　養子の年齢　　養子となる者は，縁組の審判の申立てのときに15歳未満でなくてはならない。また，その子が特別養子縁組が成立するときに18歳に達しているときは養子になれない（817条の5第1項）。ただし，15歳に達する前から養親となる者が引き続き監護していた場合で，15歳に達するまでに特別養子の申立てをしなかったことにやむを得ない事由があったときは，15歳に達している者であっても，特別養子縁組が成立するときに18歳に達していない限り可能である（同条第2項）。なお，養子となる者が15歳に達しているときには，特別養子縁組の成立には，その者の同意がなくてはならない（同条第3項）。この817条の5の規定は，主に児童養護施設に入所中の児童に家庭的な養育環境を提供するために，対象となる子の年齢の成立要件を緩和すること等により，制度の利用を促進することを目的として，それまでの規定が原則として6歳未満であったのを令和元（2019）年に改正し，翌年4月1日から施行したものである。

(4) 父母の同意　養子となる者の父母の同意を必要とする。ただし，父母がその意思を表示することができない場合，または父母による虐待，悪意の遺棄その他養子となる者の利益を著しく害する事由がある場合には，同意は不要である（817条の6）。

(5) 要保護性　成立の審判は，父母による監護が著しく困難または不適当であること，その他特別の事情がある場合において，子の利益のために特に必要があると認められるときになされる（817条の7）。特別養子の成立のための核心となる要件である。具体的には，虐待，放任，養育意思の欠如などで，父母のもとでは子の健全な生育が不可能かそれに近い状態にあり，かつ親子関係を終了させることが子の利益に適うときになされる。

(6) 試験養育期間　養親となる者が養子となる者を6か月以上の期間監護した状況を考慮しなくてはならない（817条の8第1項）。この養親となる者による6か月以上の監護期間を試験養育期間という。この期間は，養親となる者が家庭裁判所に請求したときから起算される。ただし，請求前の監護状況が明らかであるときは，起算点を請求前にしてその間の監護期間も算入することができる（同条2項）。

2　効　　果

特別養子縁組が成立すると，その成立のときから養子と実方の父母およびその血族との親族関係は終了する（817条の9本文）。ただし，配偶者の嫡出子を特別養子としたときは，その子と実親である他方の配偶者およびその血族との親族関係は終了しない（同条ただし書）。なお，実方との親族関係は終了するが，その後も，近親者間の婚姻の禁止，直系姻族間の婚姻の禁止の規定は適用される（734条2項・735条）。特別養子も養子であるので，明文の規定があるものを除いて，特別養子の趣旨と矛盾しない限り，普通養子縁組の規定が適用される。

3　戸　　籍

特別養子縁組の審判が確定すると，養親は確定の日から10日以内に裁判の謄本を添附して届出をする（戸68条の2・63条1項）。戸籍の記載は，普通養子縁組とは異なり，養父母の戸籍に，養子という用語は用いられず，嫡出子と同様な

体裁でなされる（戸20条の3）。続柄欄は，長女，長男等と記載される。ただし，民法817条の2による裁判確定日という記載はなされる。また，当該戸籍のみからは，実父母がわからないように工夫されている。

4　離　　縁

特別養子縁組は，原則として離縁は認められない。実親子関係と同様な親子関係の創設を目的とするからである。しかし，例外的に，家庭裁判所は，養親による虐待，悪意の遺棄，その他養子の利益を著しく害する事由があり，かつ実父母が相当の監護をすることができるという場合に，特別養子の利益のために特に必要があると認めるときには離縁させることができる。申立て権者は，養子，実父母または検察官であり，養親は含まれない（817条の10）。離縁が認められると，普通養子の離縁の場合と同様な効果が生ずるとともに，養子と実父母およびその血族との間においては，離縁の日から，特別養子縁組によって終了した親族関係と同一の親族関係が復活する（817条の11）。

Ⅲ　親　　権

1　親権の意義

親は，未成年の子が健全な社会の一員となれるよう，子の福祉・利益に適うべく，子を保護・養育する義務を有している。親権は，親がこの義務を不当な干渉を受けることなく適切に履行するために親に与えられる必要な権限と理解できる。

2　親権に服する子と親権者

成年に達しない子は父母の親権に服する（818条1項）。子が養子であるときは，養親が親権者となる（同条2項）。親権は，父母が婚姻中は，父母の共同親権・共同行使が原則である（同条3項本文）。父母の一方が，行えないときは，他の一方のみで親権を行う（同条同項ただし書）。

父母が協議離婚をするときは，協議でどちらか一方を親権者と定めなくてはならない（819条1項）。離婚後は共同親権は認められず，父母のどちらかが親権者となる単独親権となる。裁判上の離婚のときは，裁判所が父母のどちらかを

指定する（同条2項）。子の出生前に父母が離婚した場合には，親権は母が行う。ただし，子の出生後に，父母の協議により，父を親権者と定めることができる（同条3項）。認知されていない非嫡出子の親権者は母であるが，父が認知したときは，父母の協議により，父を親権者と定めることができる（同条4項）。これらの親権者を定める父母の協議が調わないとき，またはできないときは，父または母の請求により，家庭裁判所は協議に代わる審判をすることができる（同条5項）。父母の一方の単独親権である場合に，子の利益のために必要があると認めるときは，家庭裁判所は，子の親族の請求によって，他方への親権者の変更の審判をすることができる（同条6項）。

3 親権の内容

(1) 子の身上に関する権利義務　(a) 監護および教育の権利義務　親権を行う者は，子の利益のために子の監護および教育をする権利を有し，義務を負う（820条）。子の監護に関してよく争われる問題としては，監護者の指定，引渡し，面会交流，養育費がある。これらの問題の解決には，離婚をするときに要求される766条の離婚後の子の監護に関する事項の定め等の規定が参考になる。

　　　(b) 子の人権の尊重等　改正前の822条においては，親権を行う者は820条の規定による監護および教育に必要な範囲内で子を懲戒することができると規定していた。そのため，子に対する体罰や虐待が，この規定の懲戒にあたるとして，この規定が正当化のための口実として利用されるという事実があった。そこで，令和4（2022）年の民法改正で，懲戒を含む改正前の822条の規定を削除し，新たに，821条を新設し，820条が規定する親権者の子に対する監護および教育のための行為規範として，児童虐待の防止となるべく，子の人格を尊重する義務，子の年齢および発達の程度に配慮する義務，体罰や子の心身の健全な発達に有害な影響を及ばす言動の禁止を明文で示した。

　どのような行為が，この821条が禁止する体罰その他の子の心身の健全な発達に有害な影響を及ぼす言動に該当するかの具体的判断に際しては，有害な影響という結果の発生は必ずしも必要ではなく，個別の事案における具体的な事

情を総合的に考慮し，社会通念に照らして，当該行為が監護教育権の行使とし
て相当なものか否かの観点から客観的に行うとされている。

　　(c)　居所の指定　　親権者は，子の居所を指定することができる（822条）。
子に適切な監護・教育をするために，親権者は子の居所を把握する必要がある
からである。

　　(d)　職業の許可　　親権者は，子が職業を営むことを許可する権限を有す
る（823条1項）。子が職業を営むことは，子の人格および財産形成に大きな影響
を及ぼす。そのため，親権者に子の利益に適うか否かの判断を委ねることとし
た。子が許可を得ないでした場合には，子自身または親権者から取り消すこと
ができる（5条・120条）。許可を得た場合であっても，子がその職業に堪えられ
ない事由があるときには，親権者は，許可を取り消したり，制限することができ
きる（823条2項，6条2項）。

　(2)　子の財産に関する権利義務　　(a)　財産行為の代理権・同意権　　親権
者は，子の財産を管理し，その財産に関する法律行為についてその子を代表す
る（824条本文）。ここでの代表は実質的には代理の意味と解される。ただし，そ
の子の行為を目的とする債務が生ずるときは，本人の同意を得なければならな
い（同条ただし書）。もっとも，労働基準法は，親権者が未成年者に代わって労働
契約を締結することを禁じている（労基58条1項）。

　　父母による共同親権の原則は，子の財産に関する法律行為においても，父母
の意思が一致しないときに，現行法による結論では，子の利益または取引の相
手方の保護という点で適切とならないことがあり得る。離婚後も共同親権を原
則とする場合には，この点に配慮した立法が必要となる。

　　(b)　財産管理権　　親権者は，子の財産を管理する権限を有するが（824条），
この管理権を行使するにあたっては，自己のためにするのと同一の注意義務を
払うことが要求されている（827条）。子が成年に達したときは，親権は終了す
るので，親権を行った者は，遅滞なくその管理の計算をしなければならない
（828条本文）。計算にあたっては，子の財産からの収益と子の養育費および財産
管理の費用とは相殺したとみなされる（同条ただし書）。ただし，無償で子に財産

を与える第三者が，その財産につきこの相殺したものとみなすことに反対の意思表示をしたときは，その財産に関しては，明確な計算をしなければならない（829条）。

　無償で子に財産を与える第三者が，親権を行う父または母にこの財産を管理させない意思を表示したときについては，830条が詳細に規定している。

　なお，財産の管理について生じた親権者と子との間の債権については，管理権が消滅してから5年の短期消滅時効，および起算点が特別となる場合が定められている（832条）。

4　利益相反行為

　親権を行う父または母とその親権に服する子との間において，利益が相反する行為については，親権者はその子のために，特別代理人を選任することを家庭裁判所に請求しなければならない（826条1項）。また，親権者が数人の子に対して親権を行う場合において，子の一人と他の子との利益が相反する行為についても，その一方のために同様にしなくてはならない（同条2項）。これらの場合においては，親権者は，子の利益を害するおそれがあり，また子どうしの間の公平をはかる必要があるため，特別代理人に代理権および同意権を行使させることにした。

　利益が相反するとは，当該の事例についての具体的な利害の対立ではなく，抽象的に利害の対立関係になりうる場合をいう。取引の安全のために，内部事情を容易に知り得ない取引の相手方を保護する必要があり，行為の外形から客観的に判定し，親権者の動機や意図をもって判断するべきではないとされている（最判昭42・4・18民集21・3・671）。判例は，親権者自身が子の養育費を得るために借財する場合であっても，子の所有不動産に抵当権を設定する行為は，利益相反になり（最判昭37・10・2民集16・10・2059），また親権者と未成年者の間に具体的利益の対立がない場合であっても，親権者が共同相続人である数人の子を代理して遺産分割の協議をすることは，利益相反になるとしている（最判昭48・4・24家月25・9・80）。

5　親権の制限

　834条以下が定める第3節親権の喪失については，平成23年法律第61号により改正がなされ，親権喪失要件の明確化，申立権者の未成年子本人等の付加，親権停止制度の導入等がなされた。

　(1)　親権喪失の審判　　親権喪失の審判について規定する834条は以下のように改められた。

　　(a)　親権喪失の宣告を審判に改めた。宣告という用語は否定的な評価を有するとして，価値中立的な審判という用語に置き換えた。

　　(b)　親権喪失の要件について，父母の親権の濫用または著しい不行跡とされていただけであったのを，例示として虐待または悪意の遺棄を入れ，さらに親権喪失の本質となる要件である親権の行使が著しく困難または不適当であることにより子の利益を著しく害するときという文言を入れて，明確化をはかった。

　　(c)　今回の改正で新たに設けられた親権停止との関係で，親権喪失の原因が2年以内に消滅する見込みがあるときは，親権喪失の審判はできないとした。

　　(d)　親権喪失の申立権者について，子の親族または検察官とされていたのを，子本人，さらに親権停止の審判との関係で未成年後見人および未成年後見監督人を付加した。なお，児童相談所長も申立権者とされている（児福33条の7）。

　(2)　親権停止の審判　　今回の改正によって，834条の2として新たに設けられた。子の保護のためには，親権喪失の要件には至らないが，親権の行使を制限した方がよい場合があるとして設けられた制度である。親権喪失の要件と比べると，著しくが除かれて，子の利益を害するときはとされ緩和されている。親権停止の期間は，親権喪失の要件には至っていない場合であるので，その原因が消滅するまでに要すると見込まれる期間，子の心身の状態および生活の状況その他一切の事情を考慮して，家庭裁判所の裁量により，2年を超えない範囲で定められる。

　なお，親権喪失および親権停止の審判がなされたときは，子の戸籍の身分事項欄に，その旨の記載がなされる（戸79条・戸63条1項）。

(3) 管理権喪失の審判　　今回の改正前からあった審判であるが，835条は，今回の改正によって，要件がゆるやかにされた。改正前は，管理が失当であることによってその子の財産を危うくしたときはとされていたが，今回の改正で，管理権の行使が困難または不適当であることにより子の利益を害するときはとされた。

(4) 親権喪失，親権停止または管理権喪失の審判の取消し　　新たに親権停止の審判が設けられたので，その取消しが836条に付加された。

(5) 親権または管理権の辞任および回復　　837条１項・２項で規定されている。今回の改正の対象とはならなかった。

第4節　扶　　　養

　扶養とは，自己の資産・収入によって生活を維持することができない人に対して，その生活に必要な援助を行うことである。民法は扶養に関する条文として第四編第七章で877条から881条までの規定をおいている。また，広い意味で730条（親族間の扶け合い），752条（夫婦間の同居，協力及び扶助の義務），760条（夫婦間の婚姻費用の分担），820条（親権者の監護及び教育の権利義務）も扶養に関する規定といえる。

1　私的扶養と公的扶養

　扶養には，大別すると，親族間の私的扶養と国または地方公共団体が福祉行政の一環としてする公的扶養とがある。公的扶養の中心をなすものとして，生活保護法に基づく生活保護がある。同法は，親族扶養優先の原則（生活保護４条２項）と世帯単位の原則（同10条）を定めており，公的扶養を私的扶養の補足制度として位置づけている。

2　生活保持義務と生活扶助義務

　民法上の扶養義務には，生活保持義務と生活扶助義務とがあるとされる。生活保持義務は，夫婦およびその間の未成熟子に対する扶養義務であり，一体的な生活関係を有する身分関係の本質的要素であり，その内容は，扶養義務者が

扶養権利者に自己と同等の生活をさせる義務であるとされる。これに対して，生活扶助義務は，その他の親族間に偶然的かつ例外的に発生する義務であり，その内容は，扶養義務者が自己の地位相応の生活をすることを犠牲にすることなく，余裕がある場合にその限度で扶養権利者を扶養する義務であるとされる。

しかし，このように区別をすることは，現在においては，親と成人した子が同居する場合のように両義務は明確に区別をすることが難しい場合もある。そのため，両義務はつきつめると程度の差にすぎないことになるともいわれている。また，生活保持義務を強調することは，公的扶養や各種の社会保障の後退を招くことになりかねないなどの批判もある。結局のところ両義務の峻別は実際にはあまり意味を有しないといえる状況にある。

3 扶養義務者と扶養義務発生の要件

直系血族および兄弟姉妹は，相互に扶養義務者である（877条1項）。3親等内の親族である血族および姻族間においては，特別の事情があるときに家庭裁判所の審判によって扶養義務が生ずる（同条2項）。審判の後に，その事情に変更が生じたときは，家庭裁判所はその審判を取り消すことができる（同条3項）。もっとも，これらの規定があっても，具体的な扶養義務が発生するためには，扶養権利者が扶養を必要とする要扶養状態にあること，扶養義務者が扶養義務の履行を可能とする資力等を有する扶養可能状態にあることが必要である。

扶養請求権は，一身専属権であるから，処分は禁止されている（881条）。過去の扶養料については，判例および通説は，扶養必要性と扶養可能性が存在したときから請求し得ることを認めている（最大決昭40・6・30民集19・4・1114）。

4 扶養の順序・方法

（1）順序　扶養義務者が数人，あるいは扶養権利者が数人いる場合においての順序は，まず当事者間の協議で，協議が調わないときまたは協議ができないときは，家庭裁判所が審判で定める（878条）。協議または審判後に事情に変更が生じたときには，家庭裁判所はその協議または審判の変更，取消しをすることができる（880条）。

（2）方法　まずは当事者間の協議で，協議が調わないときまたは協議がで

きないときは，扶養権利者の需要，扶養義務者の資力その他一切の事情を考慮して，家庭裁判所が審判で定める（879条）。具体的方法としては，生活物資や金銭を給付する給付扶養と扶養義務者が扶養権利者を引き取って監護や介護の世話をする引取扶養とがある。給付扶養が原則と解されている。引取扶養については，高齢社会を迎えて，老親との関係で重要な問題となっているが，扶養義務者が希望していたとしてもその判断には慎重さが要求される。なお，引取扶養を命ずるには扶養義務者の同意が必要であり，かつ強制執行はできない（大阪家審昭59・3・31家月37・1・129）。

|相談に対する回答|

(1) Yが離婚に応じない以上，協議離婚はできないので，家庭裁判所に離婚のための調停を申し立てることになる。調停が不成立で，審判が行われなかったり，審判に異議の申立てがあったときは，裁判で離婚を争うこととなる。第1審は家庭裁判所で，高等裁判所，最高裁判所と争うこととなる。裁判では，民法770条5号の婚姻を継続し難い重大な事由に該当するかが争点となる。5号の認定は，Xの主観ではなく客観的な判断基準でなされる。XがYの状態以前に有責配偶者であったり，Yの状況の原因がXにあるとされ，Xの有責性の方が大きいと判断されるときは，離婚は直ちに認められないこともある。その場合には，Yに相応の生活費を支払い，一定期間の別居後に再度の調停からの手続きをとることになる。

(2) 普通養子との大きな違いは，家庭裁判所の審判により成立したときから養子と実方の父母およびその血族との親族関係が終了することである（817条の9）。対象となる子は，縁組審判申立ての時に15歳未満であり，審判確定時に18歳未満であることを要する。ただし，15歳に達する前から養親候補者に引き続き養育されていて，やむを得ない事情で15歳までに申立てがなされなかった子は縁組可能である。縁組審判確定時に15歳に達している子は，その子の同意も必要である（817条の5第3項）。通常は6か月以上の試験養育期間も必要とされ，その間の監護状況も考慮される（817条の8）。対象となる子には，原則として父母の同意が必要であり（817条の6），父母による監護が著しく困難または不適当である等の特別

の事情があり，かつ子の利益のために特別の必要性がなくてはならない（817条の7）。戸籍の記載は，養子という用語は用いられず，嫡出子と同様な体裁でなされる。ただし，民法817条の2による裁判確定日という記載がなされる（戸20条の3）。離縁は，法定の厳格な要件を満たす場合のみに可能であるにすぎない（817条の10）。

第11章
相　　　続

> ─相・談・内・容─
>
> 　Ｘには妻Ｙと子供３人がいる。ある日，Ｘは交通事故に遭い死亡した。Ｙから
> 次のような相談を受けた。どのようにアドバイスできるか。
> (1)　Ｘの財産はどのように承継されるのか。
> (2)　Ｘの遺言が残されており，そこにはすべての財産を妻Ｙに相続させる旨が
> 　　記載されていた。Ｙはこの遺言通りに全財産を得ることができるだろうか。

第１節　総　　　説

　相続とは，自然人の財産法上の地位または権利義務を被相続人の死後に，死亡者の最終意思の効果として特定の者に承継させるものである。明治民法では，家督相続を規定して戸主に一切の財産権を相続できるものとし，直系卑属には親等の近い者を，男女では女子よりも男子（とくに長男）を優先する規定をおいた（旧970条）。

　ところが，戦後はこのような制度は日本国憲法の制定に伴い，「個人の尊厳と両性の本質的平等」（憲24条）に反するとされ，家督相続は全面的に廃止され，遺産相続による相続制度に改められたのである。これが現行相続法の基本になっている。

　相続は，遺言がない場合に法律の規定によって生ずる**法定相続**（または無遺言相続）と，遺言がある場合に財産法上の地位（あるいは身分上の地位の変動）を承継する**遺言相続**とがある。現行相続法は，この２つの相続形態が存在するのである。

第2節　相続人と相続分

1　相　続　人

1　相　続　人

　相続する人を**相続人**という。相続人となるためには相続開始時（882条）に自然人として生存していることが必要である。相続人が被相続人の死亡事実を知っているか否か，死亡届を提出しているか否かは問わない。相続人であれば，被相続人に属した財産の権利義務を承継することができる。

2　相続人の範囲

　法定相続人の範囲は，子（**代襲相続**によって孫，その他の直系卑属），**直系尊属**，兄弟姉妹および配偶者である（887条以下）。これらの法定相続人は，被相続人と血縁関係があることにより相続人となる「血族相続人」と，被相続人の配偶者であることによって相続人となる「配偶者相続人」の2つがある。前者は，血縁関係があれば相続人となることができる。後者は，いかなる場合でも配偶者である限り相続人となることができる（890条）。配偶者とは，法律上の配偶者（婚姻届が受理された者）をいい，事実上の共同生活をしている者（内縁，同棲者）は配偶者ではない。

3　相続人の不存在

　法定相続人がいない場合には，特別な縁故者として認められた者が相続財産を承継することができる。これが**特別縁故者への相続財産の分与**である（958条の3）。民法では，特別縁故者の範囲を「被相続人と生計を同じくしていた者（内縁配偶者や事実上の養子など）」，「被相続人の療養看護に努めた者（高齢者の義理の親を献身的に介護をした妻，付き添い看護婦など）」，「その他被相続人と特別の縁故があった者（長年の相談相手となった教え子や家計に援助した者など）」（958条の3）と定めている。特別縁故者の認定については家庭裁判所の裁量にまかされている。

これによって処分されなかった相続財産は，国庫に帰属する（959条）。

2 相　続　分

1　法定相続分の割合

【事例1】子および配偶者が相続人であるときは，子の相続分および配偶者
の相続分は，それぞれ2分の1である（900条1号）。

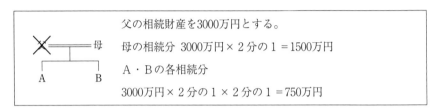

父の相続財産を3000万円とする。

母の相続分　3000万円×2分の1＝1500万円

A・Bの各相続分

3000万円×2分の1×2分の1＝750万円

【事例2】配偶者および直系尊属が相続人であるときは，配偶者の相続分は
3分の2である。直系尊属の相続分は3分の1である（900条2号）。

子の相続財産を3000万円とする。

父・母の相続分　3000万円×3分の1＝1000万円

妻の相続分　3000万円×3分の2＝2000万円

2　非嫡出子の相続分

嫡出子と非嫡出子の**相続分**（嫡出である子の相続分の2分の1である）に差が
あるのは法の下の平等に反するとして争われた裁判で，平成7年の最高裁は，
「相続制度をどのように定めるかは立法府の合理的な裁量判断にゆだねられて
いるものというほかない。」「法定相続分の定めは補充的に機能する規定である
ことをも考慮すれば……現行民法は法律婚主義を採用しているのであるから
……非嫡出子の法定相続分を嫡出子の2分の1としたことが……合理的理由の
ない差別とはいえず，憲法14条1項に反するものとはいえない」と判示した
（最大決平7・7・5民集49・7・1789）。しかし，平成25年9月4日の最高裁判決
は，「昭和22年民法改正以後の国内外の事情の変化は，子を個人として尊重す

べきであるとの考えを確立させ，婚姻共同体の保護自体には十分理由があると
しても，そのために婚姻共同体のみを当然かつ一般的に婚姻外共同体よりも優
遇することの合理性，ないし，婚姻共同体の保護を理由としてその構成員であ
る嫡出子の相続分を非構成員である嫡出でない子の相続分よりも優遇すること
の合理性を減少せしめてきたものといえる。こうした観点からすると，全体と
して法律婚を尊重する意識が広く浸透しているからといって，嫡出子と嫡出で
ない子の相続分に差別を設けることはもはや相当ではないというべきである。」
（最大決平25・9・4民集67・6・1320）と判示し，違憲とした。

　その結果，平成25年12月5日，民法の一部（900条4号）を改正する法律が成
立し，嫡出でない子の相続分が嫡出子の相続分と同等になった。（同月11日公
布・施行）。

　【事例3】父母の一方のみを同じくする兄弟姉妹の相続分は，父母の双方を
同じくする兄弟姉妹の相続分の2分の1とする（900条4号）。

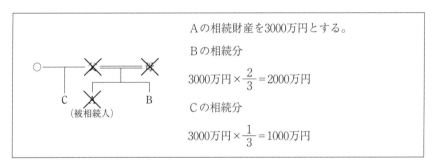

Aの相続財産を3000万円とする。

Bの相続分

$$3000万円 \times \frac{2}{3} = 2000万円$$

Cの相続分

$$3000万円 \times \frac{1}{3} = 1000万円$$

3　代 襲 相 続 人

　相続人となる者が被相続人の相続開始以前に死亡したとき，または欠格事由
の存在もしくは廃除によってその相続権を失ったときには，その者の直系卑属
（孫，またはおい・めい）はこれを代襲して相続することができる。これを**代襲
相続**という（887条2項）。代襲者は，被相続人の子の子（孫）または被相続人の
兄弟姉妹の子である（887条2項・889条2項）。直系尊属または配偶者は代襲相続

人にはなれない。

【事例4】代襲者がBの子である場合。

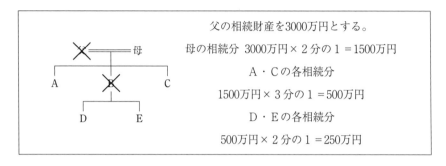

父の相続財産を3000万円とする。

母の相続分 3000万円×2分の1＝1500万円

A・Cの各相続分

1500万円×3分の1＝500万円

D・Eの各相続分

500万円×2分の1＝250万円

4 相続欠格・相続人廃除

1 相 続 欠 格

相続は，被相続人の死亡によって当然にその効力を生じる。しかし，相続人の中に相続に関して不正な利得をしようとした者がいた場合には，その者に相続させるわけにはいかない。そこで，民法は相続法の中で相続人の欠格事由の規定を設けて相続権を剝奪することにしたのである（891条）。

相続欠格は被相続人の意思とは無関係に認められる。**相続欠格**には，相続開始前に推定相続人の相続権を剝奪する方法と相続開始後に剝奪する方法の2通りがある。いずれの方法でもいったん欠格者となれば，その資格を回復することができない。相続欠格には次の事由が必要である。

① 故意に被相続人または相続について先順位もしくは同順位にあるものを死亡するに至らせまたは至らせようとして刑に処せられた者（同1号）

② 被相続人が殺害されたことを知りながら，これを告発せずまたは告訴しなかった者，ただし，その者に是非の弁別がないときまたは殺害者が自己の配偶者もしくは直系血族であったときはこの限りでない（同2号）

③ 詐欺または強迫によって被相続人が相続に関する遺言をし，これを取り消し，またはこれを変更することを妨げた者（同3号）

④　詐欺または強迫によって被相続人に相続に関する遺言をさせ，これを取り消させまたはこれを変更させた者（同4号）

⑤　相続に関する被相続人の遺言書を偽造し，変造し，破棄し，または隠匿した者（同5号）

2　廃　　　除

被相続人が子に虐待を受けたとか，重大な侮辱を加えられたような場合には，被相続人の意思によって遺留分を有する推定相続人の相続権を剥奪することができる。これが**廃除**である。民法の定める廃除は，①被相続人に対する虐待（たとえば，夫が再三にわたり妻に激しい暴行），②重大な侮辱（たとえば，父親に罵言を浴びせた場合），③著しい非行（たとえば，賭事，女遊びなど）などがある。

第3節　相続の効力

1　相続の一般的効果

相続人は，相続開始時から被相続人の財産に属した一切の権利義務を承継する（896条）。被相続人の有していた財産的権利義務は，相続人に個別的に承継されるのではなく，包括的に承継される。相続財産には，物だけではなく，物権（所有権に基づく物権的請求権など），債権（不法行為における損害賠償請求など）のような被相続人が有していた債権も含まれる。包括承継の例外としては，「被相続人の一身に専属したもの」（一身専属権）があり，これは相続人には承継されない（896条）。夫婦の同居・協力・扶助義務などのように他人がこれを行うことは性質上なじまないからである。被相続人が有していた祭具（仏壇，位牌など），墳墓（墓地，墓石など）などの祭祀財産も，その例外とされている。したがって，祭祀財産は相続財産とはならず，祖先の祭祀を主宰する者が承継する（897条）。家督制度を廃止した現行法は，祭祀の承継から家制度を切り離した法的構成となっている。

2 相続回復請求権

真実の相続人でない者が事実上の相続をしている場合に，真正の相続人が自己の相続権を主張して，その侵害者から財産を取り戻すことができる権利のことを**相続回復請求権**という（884条）。たとえば，戸籍上真実に反する記載のまま相続した場合や親の遺言を隠匿して相続人になりすましたような場合，あるいは後順位の相続人が前順位の相続人を無視して相続をしたような場合などである。

1 相続回復請求権の法的性質

相続回復請求権の法的性質については，次のような見解がある。

① 集合権利説（相続人は相続財産を包括的に承継し，多種多様な個別的な権利を一括して承継するもので，相続権の侵害はこの個別的権利の侵害であるから，相続回復請求権は便宜上1個の独立の請求権として取り扱うとする説）

② 独立権利説（相続回復請求権の基礎になるのは相続権であり，相続人が相続権を侵害されたということはその法的地位に対する侵害であるから，個別的請求権とは別個の特別な単一の権利であるとする説）

③ 総称説（民法884条の規定は期間制限の適用を受けるものを相続回復請求権とよんでいるにすぎず，相続回復請求権といった特別の種類の請求権を認めない説）などがそうである。

2 相続回復請求権の行使・消滅

相続回復請求権を行使できる者は，相続権の侵害を受けた真正相続人もしくはその法定代理人である（884条）。相続回復請求権の行使は，相続回復の訴として通常裁判で行われるが，裁判外でもかまわない。相続回復請求が認められた場合には，相手方は相続財産を返還し，戸籍の訂正，登記・登録・抹消などが行われる。相続回復請求権の消滅は，相続人またはその法定代理人が相続権を侵害された事実を知った時から5年間これを行わないときは時効によって消滅し，相続開始の時から20年を経過したときも同様である。

3　相続分の指定

　改正前民法902条は「被相続人は，……遺言で，共同相続人の相続分を定め，又はこれを定めることを第三者に委託することができる」。その1項ただし書には，「被相続人又は第三者は，遺留分に関する規定に違反することができない」と定めていたが，今回の相続法改正により，遺留分減殺請求権の行使の対象になることや，遺産の割合が受遺者又は受贈者の負担額の基準となること（1046条第1項・1047条第1項）などから削除された。

　新たに，改正民法902条の2として，「被相続人が相続開始の時において有した債務の債権者は，前条の規定による相続分の指定がされた場合であっても，各共同相続人に対し，第900条及び第901条の規定により算定した相続分に応じてその権利を行使することができる。ただし，その債権者が共同相続人の一人に対してその指定された相続分に応じた債務の承継を承認したときは，この限りでない。」が条文化された。改正理由は，これまで判例（要約すれば，遺言において法定相続分と異なる承継割合をしても，相続債権者にはその効力が及ばないとする理論）を明文化したものである。

4　特別受益者の相続分

　平成30（2018）年7月6日，「相続に関する民法等の規定を改正する法律」が成立した。（改正前同903条1項の文言「前3条」を「900条から902条」と改めた）。

　共同相続中に，被相続人から生前に贈与を受けたり，遺贈を受けたり，婚姻や養子縁組のため，もしくは生計の資本として贈与を受けた者があるときは，被相続人が相続開始の時に有した財産の価格にその贈与の価格を加えたものを相続財産とみなし，第900条から第902条までの規定により算定した相続分の中からその遺贈又は贈与の価額を控除した残額をもってその者の相続分とする。と改正した（903条）。このような制度を**特別受益の持戻し**という（903条・904条）。贈与とされる「婚姻や養子縁組のため」の具体例には，結納金，持参金などがあり，「生計の資本」としての具体例には，住宅購入の資金，高等教育を受けた

場合の教育資金，留学費用などがある。

　遺贈や贈与額が相続分の価格に等しいか，またはそれを超過するときは，その者はその相続分を受け取ることができない（903条2項）。しかし，被相続人が前項の規定と異なった意思表示をしたときは，その意思に従う。（903条3項）。前条の贈与の価格は，特別受益の受贈者の行為によって目的財産が減失したり，その価格に増減があったときでも，相続開始時になおその現状のまま存在するものとして評価される（904条）。評価の時期については，遺産分割時とする説もあるが，相続開始時の貨幣価値に換算して価格とする事例もある（最判昭51・3・18民集30・2・111）。

　さらに，同4項は，新たに新設された条文である。「婚姻期間が二十年以上の夫婦の一方である被相続人が，他の一方に対し，その居住の用に供する建物又はその敷地について遺贈又は贈与をしたときは，当該被相続人は，その遺贈又は贈与について第一項の規定を適用しない旨の意思を表示したものと推定する。」と改正された。被相続人が，その配偶者に居住の用に供する建物またはその敷地を遺贈しまたは贈与をする場合には，遺産分割における配偶者の相続分を算定するに当たって，その価額を控除してこれを減少させる意図はないと考えられるので，このような推定規定を設けることになった。一般的な被相続人の意思にも合致すると思われる。改正相続法は他方配偶者をより厚く保護するものである。

5　寄　与　分

1　寄　与　分

　被相続人の財産維持ないし増加につき特別な寄与をした者があるときには共同相続人の協議または家庭裁判所の定めにしたがい，寄与分を控除したものを相続財産とみなす制度である（904条の2）。昭和55年に導入された規定である。たとえば，共同相続人の1人が被相続人の介護などに尽くしていた場合に，その者に多めに財産を取得させるための共同相続人間の実質的公平を図ることを目的としたものである。

寄与者は，相続人である。寄与の行為は，特別な寄与でなければならない。寄与行為の種類には，被相続人の事業に関する労務の提供，被相続人の事業に対する財産給付，被相続人の療養監護，被相続人の扶養などがある。寄与分の算定は，共同相続人間の協議によるとし（904条の２第１項），協議が不調の場合には家庭裁判所の審判による（904条の２第２項，家事別表第２・14項）。

2　期間経過後の遺産の分割における相続分

改正前民法907条１項は，遺産分割の制限規定がなかったことから，被相続人の土地の遺産分割が行われずに，土地所有者の不明土地（不動産登記簿所有者が判明しない土地や，所有者が判明してもその所在が不明な土地など）が多く存在することになった。その対策として，令和３（2021）年４月28日，改正民法904条の３，改正民法908条２項〜５項の新設，そして相続土地国庫帰属法が公布された。

⑴　改正民法904条の３は，「前３条の規定は，相続開始の時から10年を経過した後にする遺産の分割については，適用しない。ただし，次の各号のいずれかに該当するときは，この限りでない。１　相続開始の時から10年を経過する前に，相続人が家庭裁判所に遺産の分割の請求をしたとき。２　相続開始の時から始まる10年の期間の満了前６箇月以内の間に，遺産の分割を請求することができないやむを得ない事由が相続人にあった場合において，その事由が消滅した時から６箇月を経過する前に，当該相続人が家庭裁判所に遺産の分割の請求をしたとき。」と規定された。この規定によって，原則相続開始から10年経過後の遺産分割は，相続人の協議が調わない場合には法定相続分又は指定相続分によって行われることになり，特別受益，寄与分は考慮されないことになった。

⑵　改正民法908条は，「２　共同相続人は，５年以内の期間を定めて，遺産の全部又は一部について，その分割をしない旨の契約をすることができる。ただし，その期間の終期は，相続開始の時から10年を超えることができない。３　前項の契約は，５年以内の期間を定めて更新することができる。ただし，その期間の終期は，相続開始の時から10年を超えることができない。４　前条第２

項本文の場合において特別の事由があるときは，家庭裁判所は，5年以内の期間を定めて，遺産の全部又は一部について，その分割を禁ずることができる。ただし，その期間の終期は，相続開始の時から10年を超えることができない。
5　家庭裁判所は，5年以内の期間を定めて前項の期間を更新することができる。ただし，その期間の終期は，相続開始の時から10年を超えることができない。」と規定された。改正民法908条2項〜5項は，期間制限を設けて遺産分割協議ができるように導入したものである。

　(3)　相続土地国庫帰属法とは，社会経済情勢の変化に伴い所有者不明土地が増加していることにかんがみ，相続又は遺贈により土地の所有権又は共有持分を取得した者等がその土地の所有権を国庫に帰属させることができる制度であり，所有者不明土地の発生抑制を図るのが目的とされている（同1条）。この規定は，第1条〜第17条からなり，条文の一部を紹介すれば，法務大臣に承認申請を行うこと（同2条），事実を調査すること（同6条），負担金を納付すること（承認申請者は，……国有地の……10年分の標準的な費用の額を……政令で定めるところにより算定した額の金銭を納付する，同10条），国庫帰属の時期（同11条）……などが規定されている。

3　特別の寄与（相続人以外の者の貢献）

　改正相続法では，先の寄与分制度とは別に改正民法1050条が新設された。改正前民法の寄与分は，相続人でない長男の妻の貢献は認められていないため，公平性を欠いていると指摘されていた。そこで，改正相続法では被相続人の相続人でない親族（特別寄与者）が無償で療養看護などの労務提供をして被相続人の財産の維持増加に特別の寄与をした場合には，相続の開始後相続人に対して金銭（特別寄与料）を請求できるとされた。この制度はあくまでも法律婚を前提としているため，被相続人の内縁の配偶者やその連れ子は対象とならない。また，貢献の内容は「無償で療養看護その他の労務の提供」に限定されており，寄与分制度で認められる「被相続人の事業に関する労務の提供又は財産上の給付」は対象にならない点にも注意が必要である。

6　遺 産 分 割

1　遺産分割とは

　遺産分割とは，相続人が数人いる場合に，被相続人の遺産を公平かつ合理的に分配することを目的とする手続である。共同相続人は，被相続人が遺言をした場合を除いて，いつでもその協議で遺産の全部または一部の分割をすることができる（907条１項）。

　今回改正民法907条１項の「遺産の」後に「遺産の全部又は一部」を加える理由は，全ての遺産が対象ではあるが，必要がある場合には一部分割も許容されるとの意味である。同条２項ただし書きの追加文にも例外的に一部分割ができない場合を示している。

　遺産分割の方法には，**指定分割**（被相続人が分割方法を指定しまたは相続人以外の第三者に分割方法の指定を委託する分割），**協議分割**（被相続人が遺言で分割を禁止した場合を除いて共同相続人間で遺産の分割），**家庭裁判所による分割**（共同相続人間に協議が整わないときあるいは協議することができないときに申し立てることができる分割）の３つが存在する。

2　遺産分割の対象

　相続が開始することによって，被相続人が有していた一切の権利義務は相続財産として相続人に承継されることになるが，これまで問題とされてきた預貯金について，平成28年12月19日の最高裁大法廷判決は，相続人らに当然に分割され，遺産分割の対象にはならないとする判例を変更し，預貯金も遺産分割の対象となると判示した（金法2058・6）。これにより，現金と同じように，預貯金債権を用いて具体的な遺産分割にあたって共同相続人の額を調整することができるようになった。

　改正相続法では，遺産分割における公平性を図りつつ，相続人の資金需要に対応できるように，改正民法909条の２は，①預貯金債権のうち相続開始時の債権額の３分の１は，家庭裁判所の判断を経なくても金融機関の窓口における支払を受けられる（ただし，同一金融機関に対する権利行使は，平成30年法務省令

29号で定める額（150万円）を限度とする），②仮払いの必要性があると認められる場合には，他の共同相続人の利益を害しない限り家庭裁判所の判断で仮払いが認められる（改正家事200条の３），預貯金の払戻し制度を設けることになった。①の場合では，預金債権600万，相続人子供２名であれば払戻金は100万円となる。

7　遺産分割の効力

遺産分割の効力は相続開始時に遡ってその効力を生ずる（909条）。これには２つの考え方がある。第１は，遺産分割によって財産を取得した各相続人は，相続開始時に財産を被相続人から単独で取得したものとして取り扱う方法である（これを分割の**宣言主義**という）。第２は，遺産はまずは相続開始によって共有財産となり，次に各共同相続人の単独所有に移行すると考える方法である（これを分割の**移転主義**という）。

問題は，遺産分割によって不動産を取得した相続人が，分割後に相続人の持分について権利を取得した第三者に登記なくして対抗することができるかである。判例は，「遺産の分割は，相続開始のときにさかのぼってその効力が生ずるものではあるが，第三者に対する関係においては，相続人が相続によりいったん取得した権利につき分割時に新たな変更を生ずるのと実質上異ならないものであるから，不動産に対する相続人の共有持分の遺産分割による得喪変更については，民法177条の適用があり，分割により相続分と異なる権利を取得した相続人は，その旨の登記を経なければ分割後に当該不動産につき権利を取得した第三者に対し，自己の権利の取得を対抗することができない」と判示した（最判昭46・１・26民集25・１・90）。

8　配偶者の居住の権利

1　配偶者居住権

改正民法1028条は，高齢化社会に伴い，原則としてその配偶者が亡くなるまでの間，その住宅に賃料などを払うことなく利用し続けることを認め，「被相

続人の配偶者は，被相続人の財産に属した建物に相続開始の時に居住していた場合において，……その居住していた建物の全部について無償で使用及び収益をする権利を取得する。ただし，被相続人が相続開始の時に居住建物を配偶者以外の者と共有していた場合にあっては，この限りでない」とし，「1　遺産の分割によって配偶者居住権を取得するものとされたとき」「2　配偶者居住権が遺贈の目的とされたとき」に成立すると規定した。

　遺産の分割の請求を受けた場合，家庭裁判所は「共同相続人間に配偶者が配偶者居住権を取得することについて合意が成立しているとき」，「配偶者居住権の取得を希望する旨を申し出た場合は，居住建物の所有者の受ける不利益の程度を考慮してもなお配偶者の生活を維持するために特に必要があると認めるとき」に配偶者居住権を認めるとした（1029条）。配偶者居住権の存続期間は終身とされ，遺産の分割の協議若しくは遺言に別段の定めがあるときまたは家庭裁判所が遺産分割の審判において別段の定めをしたときは，その定めるところによると規定した（1030条）。

2　配偶者短期居住権

　配偶者短期居住権とは，配偶者が相続開始時に遺産に属する建物に無償で住んでいた場合に，遺産分割が終了するまでの間は無償でその建物を使用するための権利である。配偶者が居住建物の遺産分割に関与するときは居住建物の帰属が確定する日または相続開始時から6か月を経過する日のいずれか遅い日とし，居住建物が第三者に遺贈された場合や，配偶者が相続放棄をした場合には，居住建物の所有者からの消滅請求を受けてから6か月を経過する日までは配偶者短期居住権が存続するものとした（1037条）。また，配偶者による使用方法（善管注意義務をもって使用することや，第三者に使用させる場合には居住建物の取得者の許可を得ることなど）（1038条），配偶者居住権の取得による配偶者短期居住権の消滅（1039条），居住建物の保管方法（配偶者居住権が消滅したときは建物を返還することなど）についても規定した（1040条）。

第4節　相続の承認と放棄

相続が開始されると相続財産は当然に相続人に移転するが，相続人が相続を放棄するかあるいは承認するかによって相続財産の帰属は異なってくる。相続人の確定には，相続人の承認または放棄という行為が必要とされる。

1　単純承認

単純承認とは，相続人が被相続人の権利・義務を無限に承継することをいう（920条）。積極財産に限らず，消極財産も承継する。

2　限定承認

限定承認とは，相続によって得た財産の限度においてのみ被相続人の債務および遺贈を弁済する相続の形態をいう（922条）。その手続きは，相続人が自己のために相続が開始したことを知った時から3箇月の熟慮期間内に財産目録を調製して家庭裁判所に提出し，限定承認をする旨を申述しなければならない（924条）。限定承認をした者は，清算が終了するまで自己の財産と同一の注意をもって相続財産を管理しなければならない（926条）。

3　相続放棄

相続放棄とは，相続人が相続の開始によって生じた相続財産の一切の権利義務を相続人が拒絶する行為である。相続を放棄しようとする者は，その旨を家庭裁判所に申述しなければならない（938条）。相続放棄をなし得る者は，相続人か法定代理人である。相続放棄をした者は，その相続についてはじめから相続人ではなかったものとみなされる（939条）。したがって，相続人の直系卑属は相続による期待権がないことになり，代襲相続をすることができない。

第5節　遺　　　言

1　遺言と遺留分

　我が国には，相続制度の1つとして遺言相続を認めている。遺言とは，遺言者の死亡とともに一定の効果を発生させることを目的とするものである。遺言を無制限に認めてしまうと，残された家族（相続人）の生活や身分関係に影響を与えかねない。そこで，被相続人の財産処分に一定の枠を設けることにしたのである。それが遺留分である。以下，遺言と遺留分について記述する。

2　遺言の方式

　遺言の方式には，大きくわけて普通方式と特別方式とがある。普通方式には，自筆証書遺言（968条），公正証書遺言（969条・969条の2），秘密証書遺言（970条，972条）がある。特別方式には，危急時遺言と隔絶地遺言があり，危急時遺言には，一般危急時遺言（976条）と難船危急時遺言（979条），隔絶地遺言には，伝染病隔離者遺言（977条）と在船者遺言（978条）とがある。ここでは，普通方式の遺言を紹介する。

1　自筆証書遺言

　自筆証書遺言は，遺言者が遺言書に全文・日附および氏名を自書し，これに印を押すことによって作成する方式である。簡易な方法で作成できるが，遺言の改変や毀滅の危険がある。ワープロ・タイプライター・複写機等で作成したものは自筆証書遺言とはならない。「昭和四拾壱年七月吉日」と記載された自筆証書遺言は，日附の記載を欠くものとして無効とされている（最判昭54・5・31民集33・4・445）。

　改正相続法では，自筆証書遺言の利用促進のため，方式を緩和して相続財産の目録については自書を要しないとした。改正民法968条2項は，「前項の規定にかかわらず，自筆証書にこれと一体のものとして相続財産の全部又は一部の

目録を添付する場合には，その目録については，自書することを要しない。この場合において，遺言者は，その目録の毎葉（自書によらない記載がその両面にある場合にあっては，その両面）に署名し，印を押さなければならない。」と定めた。なお，自筆証書遺言については，相続をめぐる紛争を防止するという観点から，法務局（遺言書保管所）において保管する制度が新たに設けられた（遺言書保管法）。

2 公正証書遺言

公正証書遺言は，証人 2 人以上の立会が必要であり，遺言者が遺言の趣旨を公証人に口授し，公証人が遺言者の口述を筆記し，これを遺言者および証人に読み聞かせまたは閲覧させることが必要である。遺言者および証人が筆記の正確なことを承認した後，各自これに署名し印を押すことによって作成する方式である。ただし，遺言者が署名することができない場合は，公証人がその事由を付記し，署名に代えることができる。公正証書遺言は，要件が厳しく費用もかかるが，遺言の改変や毀滅の危険がないことが利点である。公正証書遺言（969条の 2）の改正（平成12［2000］年）により，言語機能障害者は，「口授」に代えて「通訳人の通訳による申述（手話通訳等による申述）」または自書（筆談）により，遺言の趣旨を公証人に伝えることができるようになり，また，聴覚障害者である場合には，公証人は「読み聞かせ」に代えて「通訳人の通訳または閲覧」により，筆記した内容の正確性について遺言者に確認させることができるようになった（同条の 2 の 3 号）。

3 秘密証書遺言

秘密証書遺言は，遺言者が証書に署名し印を押して遺言者がその証書を封じ，証書に用いた印章をもってこれに封印する。遺言者が公証人 1 人および証人 2 人以上の前に封書を提出して，自己の遺言書である旨ならびにその筆者の氏名および住所を申述し，公証人がその証書を提出した日附および遺言者の申述を封紙に記載した後，遺言者および証人とともにこれに署名し印を押すことによって作成する方式である（970条）。秘密証書遺言は手続きが煩わしいが，遺言の内容を秘密にし，偽造・変造のおそれがないことが利点である。秘密証書遺

言は，ワープロ・タイプライターでもかまわないし他人に代書させてもよい。

3　遺言者の撤回と方法

1　遺言の撤回

遺言は人の最終意思を尊重するものであり，死後にその意思を実現させるところに意義がある。遺言者の意思が実際は真実の意思でないとすれば，それは遺言制度に反することになる。このような場合には，遺言者は何時でも遺言の方式に従ってその遺言の全部または一部を取り消すことができる（1022条）。

2　撤回の方法

撤回の方法には，遺言による撤回と法定による撤回とがある。遺言による撤回は，たとえばAがBに3億円の土地を与えると遺言した後に，Bに3億円の土地は与えないとする遺言をした場合である。

法定による撤回は，前の遺言と後の遺言が抵触する場合である（1023条1項）。たとえば，甲が乙に建物を与えると遺言した後に，甲が丙に建物を与えると遺言をした場合である。抵触した部分が，全部か一部かは遺言全体から判断されることになる（大判昭13・12・7判決全集6・1・8）。遺言が撤回された場合には，遺言は最初から存在しないことになるが，さらに撤回行為がなされた場合はその効力は回復できない（1025条）。

改正民法1025条は，ただし書の「詐欺」の前に「錯誤」を追加した。その理由は，錯誤の効力について債権法改正前民95条では無効とされていたが，改正後は「取り消すことができる」と変更されたため，本条においても変更したものである。

4　遺　留　分

今回の遺留分の主な改正点は，これまで論争されていた物権的効力を否定し，金銭債権に一本化した点である（1046条1項）。すなわち，遺留分減殺請求権から遺留分侵害額請求権へと制度が変更された。それに伴い全体の見直しが必要となり，改正前の民法1028条から民法1041条の規定は削除され，条文の配置の

入れ替えや，他の改正にあわせて字句も変更された。

1　遺留分権利者

遺留分は，相続財産の一定の割合を一定の近親者に確保することを目的とする制度である。その遺留分を有する者を遺留分権利者という。遺留分権利者は，兄弟姉妹以外の相続人である（1042条）。具体的には，被相続人の子，その代襲者，配偶者および直系尊属である。相続欠格・廃除・放棄により相続権を失った場合には遺留分権を失う。胎児については，すでに生まれたものとみなしているので遺留分権利者となる（886条）。

2　遺留分の割合

直系尊属のみが相続人であるときは，遺留分は遺産の3分の1である（1042条1号）。その他の場合は，遺産の2分の1である（1028条2号）。その他の場合とは色々な組み合わせが考えられるが，直系尊属と配偶者が相続人である場合，配偶者だけが相続人である場合，配偶者と兄弟姉妹が相続人である場合などが考えられる。

【事例1】直系尊属のみが相続人であるとき。

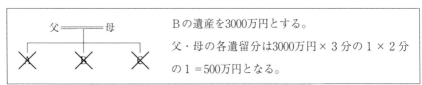

Bの遺産を3000万円とする。
父・母の各遺留分は3000万円×3分の1×2分の1＝500万円となる。

【事例2】配偶者と兄弟姉妹が相続人であるとき。

Bの遺産を3000万円とする。
Aの遺留分は，0
Dの遺留分は，3000万円×2分の1＝1500万円

5　遺留分侵害額の請求

先に説明した通り，改正前の遺留分減殺請求権の行使による持分権の処分（共有状態）に支障がでていたことから，改正民法1046条は，「遺留分権利者及

びその承継人は，受遺者又は受贈者に対し，遺留分侵害額に相当する金銭の支払を請求することができる。」と規定し，同 2 項では，遺留分侵害額の控除・加算方法について規定した（1046条）。

1　受遺者または受贈者の負担額

改正民法1047条は，遺留分の全体の見直しに伴い，受遺者または受贈者の負担額について規定したもので，本条 1 項ないし 4 項は，改正前民法1033条・1034条・1035条・1037条の規定を明確にし，本条 5 項は，改正民法1046条 1 項の金銭請求を認めて例外規定がないことを認めたものである。受遺者又は受贈者は，遺贈又は贈与の目的の価額を限度として，遺留分侵害額を負担する（本条 1 項 1 号）。受遺者と受贈者とがあるときは受遺者が先に負担する（本条 1 項 2 号）。受遺者が複数あるとき又は受贈者が複数ある場合，その贈与が同時にされたものであるときは，受遺者又は受贈者がその目的の価額の割合に応じて負担する（本条 1 項 3 号）。4 項では，受遺者又は受贈者の無資力によって生じた損失は遺留分権利者の負担とすると規定された（1047条）。

2　遺留分侵害額請求権の期間制限と放棄

改正民法1048条は，金銭債権に統一されたのを受けて，改正前民法1042条の字句等を改正したものである。改正民法1048条は，「遺留分侵害額の請求権は，遺留分権利者が，相続の開始及び遺留分を侵害する贈与又は遺贈があったことを知った時から一年間行使しないときは，時効によって消滅する。相続開始の時から十年を経過したときも，同様とする。」と改正された。改正民法1049条の遺留分の放棄は，改正前民法1043条と同じである。

相談に対する回答

(1)　X の相続財産は，妻と子供 3 人の計 4 人に相続される。子および配偶者が相続人の場合は，妻 2 分の 1，子 2 分の 1 が法定相続分である（900条参照）。したがって，妻 Y の相続分は，2 分の 1，各子供の相続分は，2 分の 1 × 3 分の 1 ＝ 6 分の 1 となる。

(2)　Y は全財産を取得することはできない。民法には遺留分に関する規定があり

（1042条），それを侵害した部分は無効となる。ここでは，相続人（子供3人）の遺留分が侵害されているので，各遺留分は，6分の1（1/3×1/2＝1/6）である。侵害された相続人が1年以内に遺留分侵害額の請求をしなければ時効によって消滅する。相続開始時から10年の場合も同様である（1048条）。

索　　引

【さ 行】

［編者略歴］

宮本健蔵［みやもと　けんぞう］

　昭和49年　法政大学法学部法律学科卒業

　昭和58年　法政大学大学院社会科学研究科博士課程単位取得満期退学

　昭和58年　明治学院大学法学部専任講師

　昭和61年　明治学院大学法学部助教授

　平成 4 年　明治学院大学法学部教授

　平成 6 年　博士（法学）・法政大学

　平成12年　法政大学法学部教授

　令和 4 年　法政大学名誉教授

ワンステップ民法［第 2 版］　　　　　　　　　　　　　《検印省略》

2022年 3 月31日　第 1 版第 1 刷発行
2023年 9 月20日　第 2 版第 1 刷発行

編 著 者　宮　本　健　蔵

発 行 者　前　田　　　茂

発 行 所　嵯峨野書院

〒615-8045　京都市西京区牛ヶ瀬南ノ口町 39　電話(075)391-7686　振替 01020-8-40694

©Kenzo Miyamoto, 2022　　　　　　　　　　創栄図書印刷・吉田三誠堂製本所

ISBN978-4-7823-0620-8

━■ マルシェ民法シリーズ

Ⅰ 新・マルシェ民法総則
宮本健蔵 編著

民法総則の部分性を十分に認識した上で，法律関係を全体的に把握し，総合的に検討することで，興味や親近感だけでなく学習意欲も喚起する，初学者向けのテキスト。

A5・上製・358頁・定価(本体3200円＋税)

Ⅱ 新・マルシェ物権法・担保物権法 ［第2版］
宮本健蔵 編著

民法の制定から約120年ぶりの大幅改正に対応した新シリーズ第2巻。民法制度の趣旨や法解釈の本質を的確に解説。近時注目される所有者不明土地の問題や，それに伴い及ぼされうる物権法への影響も含め，現行法のみならず社会のあるべき姿を模索する学びのための1冊。

A5・上製・476頁・定価(本体3700円＋税)

Ⅲ 新・マルシェ債権総論 ［第2版］
宮本健蔵 編著

新しい債権法の平易な解説を主眼としつつ，旧法との連続性と断絶という点に着目することで，新法の枠組みを明らかにする。現行法を基礎としながら一つの問題を多面的・複眼的に分析し解決に導くリーガルマインドを習得する，法学部学生向けテキスト。

A5・上製・504頁・定価(本体3850円＋税)

Ⅳ マルシェ債権各論
宮本健蔵 編著

契約・事務管理・不当利得・不法行為を中心とする債権各論を主要判例・学説の状況を踏まえて平易に解説。判断力と適応力を培うのに最適の一冊。

A5・上製・484頁・定価(本体3800円＋税)

━━━━━━━━━━━━━━━━━━━━ 嵯峨野書院 ━